동서양의 인간 이해

이 책은 1997년도 계명대학교 비사연구비 지원에 의한 것이다.

동서양의 인간 이해

— 희랍, 기독교, 불교, 유가의 인간관 비교 연구 —

한자경 지음

서광사

동서양의 인간 이해

한자경 지음

펴낸이 ― 김신혁, 이숙
펴낸곳 ― 도서출판 서광사
출판등록일 ― 1977. 6. 30.
출판등록번호 ― 제 406-2006-000010호

(10881) 경기도 파주시 회동길 77-12 (문발동)
대표전화 · (031) 955-4331 / 팩시밀리 · (031) 955-4336
E-mail · phil6161@chol.com
http://www.seokwangsa.co.kr / http://www.seokwangsa.kr

제1판 제1쇄 펴낸날 · 2001년 6월 30일
제1판 제7쇄 펴낸날 · 2020년 4월 10일

ISBN 978-89-306-2097-0   93110

지은이의 말

인간은 어디에서 와서 어디로 가는가? 인간은 과연 무엇을 위해 살고 있는 것인가? 이것은 결국 "나는 누구인가?"의 물음이다. 치워놓을 수 없는 화두, 멀리하고자 달아나 다른 곳으로 가보아도 나보다 먼저 그곳에 와 있어 나를 맞이하는 물음이다. 그래서 반갑고 그래서 또 서럽다. 수천 년 동안 수많은 사람들이 묻고 또 물었지만 아무도 더 이상의 의문의 여지가 없을 만큼 확실하고 궁극적인 답을 제시할 수 없었던 물음, 어디에서 어떤 방식으로 답을 찾아야 하는지, 답의 진위의 기준이 무엇인지, 답이 과연 있기나 한 것인지, 아니 물음 자체가 제대로 물어진 것인지, 그것조차 분명치 않은 물음, 그럼에도 불구하고 누구나 철들기 시작하면 묻기 시작하고, 누구나 인생의 짐이 무겁고 아프게 느껴질 때 애타게 그 답을 찾아 헤매지만, 끝내 그 답에 이르지 못해서는 더 큰 허전함만 갖게 되는 물음, 지금 여기에서 그 물음이 다시 물어지고 있다.

나는 누구인가? 그 물음의 답을 내가 처한 시공간적 한계 속에

서만 구하고자 한다면, 그 나의 한계가 곧 얻어진 답의 한계가 될
것이다. 그렇다고 나의 한계 너머, 나의 보이지 않는 시작과 보이
지 않는 끝 너머를 사유한다는 것이 과연 가능하겠는가? 한계 너
머로 나아가기 위해 내가 할 수 있는 일은 다른 사람의 사유를
좇아보는 것뿐이다. 알고 싶은 그 물음에 대한 진지한 사유의 흔
적이 있는 곳은 어디든지 찾아가 그의 사유를 나의 사유로 바꿔
보는 것뿐이다. 그렇게 해서 형이상학적이거나 종교적인 서적을
뒤적이게 되었다.

　"인간은 어디에서 와서 무엇을 위해 살다 어디로 가는가?"라는
물음 아래 현재의 내 안에 뒤섞여 있을 사상들을 구분하여 정리
해 보려는 생각에서 처음에는 희랍 사상과 불교와 유가와 도가의
네 항목을 구상하였었다. 그러나 정리하는 과정에서 다시 생각해
보니 희랍 사상과 기독교가 서양 사상으로 혼합되어 있기는 해도
서로 구분할 필요가 있는 것 같고, 유가와 도가는 동양 사상 내에
서 서로 구분되기는 하지만 근본적으로는 크게 다르지 않은 것
같아 결국 희랍, 기독교, 불교, 유가의 네 항목을 구성하게 되었다.
구성을 해놓고 보니 그 사상 원류에 있어 소크라테스, 예수, 석가,
공자라는 4대 성인과 만나게 되었는데, 그 만남이 결코 우연은 아
닌 듯 싶다.

　그러나 처음부터 4대 성인의 사상을 포괄적으로 정리할 생각은
없었다. "인간은 어디에서 왔는가?"의 물음은 인간 존재의 시작인
근원에 대한 물음이고, "인간은 무엇을 위해 사는가?"의 물음은
중간 과정에서의 인간 본질에 대한 물음이며, "인간은 어디로 가
는가?"의 물음은 인간 삶의 끝인 죽음에 관한 물음이기에, 오직
그 세 주제, 즉 인간 존재의 근원과 본질과 귀착점에 대해서만 논

하고 싶을 뿐이었다. 따라서 각 주제를 하나의 장으로 삼아, 각 장에서 그 한 주제에 대해 네 관점 각각을 서술하면서 서로 비교하는 방식을 취하였다.

한 주제에 대해 각 관점을 설명함에 있어서는 가능한 한 각 관점을 객관적으로 정확하게 전달하려는 목적으로 각 관점을 대변한다고 생각되는 구절을 찾아 인용하고 설명하는 방식을 택했다. 물론 인용문의 선택과 해설에 있어 나 자신의 개인적 판단에 따른 치우침이 있을지도 모르겠다. 인용문은 그 자체의 고전적 가치에 의하기보다는 오히려 논하고자 하는 물음에 대한 답으로서의 적합성과 그것이 우리의 한국적 사유에 미친 영향력의 여부에 따라 선택하고자 하였다. 희랍 사상에서는 주로 플라톤의 《티마이오스》나 《국가론》을 인용하였지만, 기독교 사상에서는 《성서》 이외에 중세 신학자 아우구스티누스의 《고백록》을 인용하였다. 왜냐하면 우리에게 알려진 기독교가 순수 히브리 사상이기보다는 이미 중세 교부철학을 거쳐 희랍화된 서양 사상이기 때문이다. 또 불교에서는 원시근본 불교사상을 담고 있는 《잡아함경》 이외에 유부의 《구사론》이나 대승경전도 인용하였는데, 이는 우리 나라의 불교사상이 대승, 특히 유식이나 여래장 또는 선사상에 많이 기울어져 있다고 여겨졌기 때문이다. 그리고 유가에서 《맹자》 이외에 주돈이의 《태극도설》이나 주희의 《주자어류》를 인용한 것은 우리 나라 유교가 주로 주희 성리학의 영향을 입었다고 보았기 때문이다.

어떤 문제의식으로 그 각 주제의 논의를 시작하려 하는지, 그리고 그 각 주제에 대한 네 관점의 논의를 마치면서 어떤 결론에 이르고 있는지는 각 장에서의 본격적 논의에 앞선 서언과 논의 말미의 결언에서 알아볼 수 있을 것이다. 서언에서는 각 주제에 대한 현대 과학적 관점에서의 대답을 정리해 보았다. 그렇게 함으로써 그러한 과학적 대답이 여기서 문제 삼고 있는 철학적 또는 형이상학적 물음에 대한 최종적인 답이 아니라는 것, 우리의 물음은 경험적이고 과학적인 지평을 넘어서는 새로운 차원의 물음이라는 것을 말하고자 하였다. 결언에서는 앞서 논의된 네 관점들을 다시 비교 정리하면서 지나친 단순화의 위험을 무릅쓰고 도식화해 보았는데, 여기서 다시 나의 개인적이고 주관적인 평가가 너무 두드러진 것은 아닐까 염려되기도 한다. 그러나 어찌 보면 인용문을 통한 본격적 논의 전체가 실은 그 결언을 위한 논증 자료일 수도 있다. 또 순수 개인적이고 주관적인 생각이라는 것이 어디 있겠는가? 개인적이라고 해도 그것이 나 일 개인의 생각만은 아닐 것이고, 주관적이라고 해도 한 역사 속에서 한 핏줄로 이어져 있는 우리의 상호주관성을 떠나 있지는 않을 것이다. 그 상호주관성을 다시 한 번 더 확인하고픈 마음에 이렇게 별 볼 일 없는 생각들까지도 한 권의 책으로 엮어 세상에 내놓는 것이리라.

인간 존재를 이해하기 위해 인간 삶의 시작과 끝을 묻는다는 것, 그렇게 인간의 근원을 밝힌다는 것은 곧 인간의 심연 안에서 인간 이상의 것을 발견한다는 것을 의미한다. 그 심연의 근원에 있어 개체적 경계는 소멸하고 나는 너와 하나가 된다. 인간이 신과 다르지 않고 인간이 자연과 다르지 않은 것이다. 이 한 권의 책을 쓰는 동안 내 마음 속에 품고 있던 생각은 사실 이게 다이다. 신도 인간 안으로 내재화되고, 자연도 인간 속으로 융해되었다. 의식 표면에 나타나는 모든 대상적인 것, 모든 이원화의 산물을 의식 심층의 근원, 대상화 불가능한 근원적 주체로부터 사유하고자 한 것이다.

인간 안의 인간 이상의 것, 그 근원적 주체로부터 사유하고자 하였기에, 이 책은 처음부터 끝까지 오로지 인간만을 논하고 있다. 누군가 이것을 또 다른 인간 중심주의라고 비판한다면, 그것은 그가 아직도 인간과 신과 자연이 서로 대립해 있는 의식 표층에서 사유하기 때문이다. 나는 희랍 사상이나 기독교 사상이나 유가 사상이 모두 근원적 주체로부터의 사유가 아닌 표층적인 대상적 사유라고 생각한다. 그것들은 궁극적 근원을 이성 대상의 이데아나 신앙 대상의 신 또는 도덕 실천 대상의 리(理)로 설정하기 때문이다. 오직 불교만이 명상의 수행을 통해 인간 심연 속의 인간 이상의 것, 근원적 일자를 자각함으로써 주체적으로 사유할 수 있었다고 본다. 근원적 일자에 있어서는 인간과 신과 자연이 하나이다. 그것이 곧 하나로서 전체이며 전체로서 하나인 너와 나의 마음, 바로 일심(一心)인 것이다.

인간 안에서 인간 이상(以上)을 발견하지 못한다면, 즉 인간이란 본래 우리가 대상적으로 규정하여 아는 그 이상의 존재라는 것을 알지 못한다면, 자연이란 본래 우리가 파악하는 자연 그 이상이라는 것, 신이란 본래 우리가 생각하는 신 그 이상이라는 것을 어떻게 감지할 수 있겠는가? 신 또는 자연을 대상으로가 아니라 그 자체로 이해하기 위해서는 객관적 사유가 아닌 주체적 사유 능력이 요구된다. 인간이 인간 자신에 대해서조차 주체적으로 사유하지 못한다면, 그 인간이 다른 무엇에 대해 주체적으로 사유할 수 있겠는가? 인간이 그 자신 안에서 인간 이상의 신비를 깨닫지 못한다면, 존재하는 그 모든 것이 우리가 표면적으로 인식하는 그 이상의 신비라는 것을 어떻게 예감할 수 있겠는가? 대상화된 신이나 대상화된 자연 너머의 그 이상의 것이 바로 인간 자신 안의 그 이상의 것과 근원적으로 하나라는 것, 인간의 본질이 바로 그 근원적 하나, 우리의 마음, 즉 일심(一心)이라는 것을 그려 보고자 하였다.

2001년 5월
대구에서 한자경

차 례

제3장 인간 삶의 끝

1 인간 존재의 근원

서언: 인간과 우주의 근원은 무엇인가?

　인간은 어디에서 왔는가? 인간이 태초의 순간부터 지금 현재의 모습 그대로 존재해 왔다고 주장한다면, 우리는 그런 주장을 지나치게 인간 중심적인 사유라고 비난할 것이다. 왜냐하면 우리는 이 지구가 없는 인간을 떠올릴 수 없는데, 현대 자연과학에 따르면 이 지구 자체도 태초부터 원래 있었던 것이 아니라 다른 무엇인가로부터 형성된 것이기 때문이다. 지구가 속한 태양계, 태양계가 속한 은하계, 그리고 은하계를 포함하는 전체 우주 역시 현대과학에 따르면 처음부터 그 모습 그대로 존재했던 것이 아니라, 과거의 어느 순간부터 존재하기 시작한 것이다. 현대과학이 밝히는 우주·지구·인간의 시작을 추적해 보자.

　우주는 어떻게 시작되었는가? 밤하늘의 별들을 바라보면서 우리는 우주가 무한한 공간을 차지하는 영원한 존재인 데 반해, 그 속의 우리 인생은 제한된 공간 속의 덧없는 존재라고 느끼게 된다. 우리 존재의 유한성과 무상함을 느끼게끔 하는 기준으로서의 무한성과 영원성을 바로 우주에서 발견하는 것이다. 이 우주는 마치 언제나 현재의 모습 그대로 예전부터 존재해온 것처럼 시작도 끝도 없는 무한한 것으로 여겨진다. 이것이 곧 우주는 영원하여 시작도 끝도 없다는 '우주 영원설'이다. 우주는 시작도 끝도 없이 그냥 그 스스로 그렇게 있는 것, 즉 '자연'이다. 스스로 자(自), 그럴 연(然)의 자연 개념에 가장 합당하게 들어맞는 존재가 바로 우주, 즉 우리를 감싸고 있는 가장 넓은 집인 집 우(宇), 집 주(宙)의 우주이다. 여기서 '우'는 상하사방(上下四方)의 공간적 지평을, '주'는 고왕금래(古往今來)의 시간적 지평을 의미한다. 그러나 우주가 영원하다고 해서 그것이 항상 동일한 모습으로 정지해 있는 고정적 존재라는 말은 아니다. 우주 별들의 움직임, 춘하추동의 변화, 밤낮의 바뀜은 끊임없는 자연의 운동성을 말해 주기 때문이다. 결국 우주는 멈추어 있지 않고 운동하고 있되, 시작과 끝이 있는 유한한 운동이 아니라, 시작도 끝도 없는 영원한 운동, 즉 원운동을 하고 있는 것이다.[1] 누가 있게 한 것도 아니고, 누가 움직이게 한 것도 아니고, 그냥 그렇게 스스로 운동하고 있는 것이다. 그냥 그렇게.

그러나 이 우주가 어떻게 그냥 그렇게 있게 된 것일 수 있단 말인가? 그리고 왜 아무것도 없기보다는 무엇인가가 존재하는 것

---

1) 우주를 시간과 공간 차원에서 분리하여 고찰하기 시작할 때, 즉 공간적으로는 무한하지 않고 유한하되 시간적으로는 시작도 끝도 없이 무한하다고 간주할 때, 그 우주의 운동은 흔히 원 운동 내지 일정한 반복적 순환 운동으로 이해된다. 제한된 공간 안에서 무한한 시간에 걸쳐 진행될 수 있는 운동, 그러면서도 질서있는 동일한 방식의 운동이 가능하자면, 그것은 결국 원 운동 또는 반복적 순환 운동일 수밖에 없기 때문이다. 희랍인이 생각한 천체의 원 운동이 그러하며, 중국의 고전 《周易》에 나타난 개천설(蓋天說)에서의 우주 순환 운동이 그러하다. 니체(F. Nietzsche) 형이상학에서의 "동일한 것의 영원회귀" 역시 공간적 유한성과 시간적 무한성에 입각한 사유의 결과라고 볼 수 있다.

일까? 이것은 분명 형이상학적 물음이다. 형이상학자들은 우주의 시작을 묻기 시작한다. 우주는 시작도 끝도 없이 존재하는 영원한 것이 아니라 무엇인가에 의해 비로소 만들어진 것이 아닐까? 이런 생각이 왜 자연스러운 것인지를 유신론적 과학자 뉴턴(I. Newton)의 다음 일화가 잘 보여준다.

언젠가 뉴턴은 숙련된 기계공에게 태양계의 모형을 만들도록 했는데, 그 모형은 각각의 혹성이 움직이도록 아주 정교하게 설계된 것이었다. 뉴턴은 그것을 집안에 있는 큰 테이블에 올려 놓았다. 어느 날 뉴턴이 그 방에서 독서를 하고 있을 때, 한 친구가 찾아왔는데, 그는 무신론자이지만 과학자였기에 그 모형을 보고는 곧 그것이 태양계의 모형임을 알아챘다. 그것을 움직이면 모형에 있는 각 혹성들이 각각의 속도로 태양 주위를 회전하게 되어 있는 것을 보고, 감탄하여 그가 물었다. "정말 훌륭하다. 누가 만들었니?" 뉴턴이 책에서 눈도 떼지 않고 대답했다. "아무도 아니야." 그가 말했다. "내가 뭘 묻는지 모르나보군. 이것을 누가 만들었는지를 묻는 거야." 그러자 뉴턴이 그것은 누가 만든 것이 아니고 여러 물건들이 모여서 우연히 그런 형태로 된 것이라고 말했다. 친구는 흥분하여 말했다. "누굴 바보로 아는 거니? 이걸 만든 사람은 보통 천재가 아닐 텐데… 난 지금 그 사람이 누구인지를 묻고 있는 거야." 뉴턴은 무신론자인 친구에게 말했다. "이것은 엄청나게 큰 우주계의 아주 작은 모형에 불과해. 이런 작은 장난감 같은 모형이 설계자나 제작자 없이 그냥 만들어졌다고 하면 믿지 않으면서, 이 원형이 되는 진짜 우주계는 설계자나 제작자 없이 그냥 생겨났다고 믿다니, 어떻게 그런 일관성 없는 사유가 가능한지 네가 설명해 봐."[2]

우주의 규모나 질서 또는 아름다움이 크게 보이면 크게 보일수록 우리는 그 우주가 그냥 그렇게 생겨난 것이 아니라 누군가에 의해 계획되고 만들어진 것이라고 생각하게 된다. 그리고 우주가 만들어진 것이라면, 우주를 만든 자는 우리가 생각해 온 우주의 영원성과 절대성보다 더 큰 영원성과 절대성을 지닌 존재이어야 한다. 이렇게 해서 형이상학자들은 우주를 만드는 신적 존재를 생각하게 된 것이다. 플라톤(Platon)의 《티마이오스》에 나오는 신(神) 데미우르고스는 우주를 만드는 신이다. 그리고 이는 곧 아리스토텔레스(Aristoteles)의 '부동(不動)의 운동자'와 다를 바 없다. 일월성신 천체의 움직임은 일체를 움직이게 하지만 그 스스로는 움직이지 않는 부동의 운동자에 의해 비로소 시작된 것으로 간주되는 것이다. 《성서》에 나오는 기독교의 신 야훼 역시 기원전 4004년경 우주를 창조한 신이다. 이렇게 해서 우주는 그냥 그 스스로 그렇게 있게 된 것이 아니라, 우주 초월적 존재에 의해 만들어졌거나 창조되었다는 '우주 창조설'이 주장된다.

그러나 신이 우주를 만들었든 창조했든 그렇게 형성된 우주는 처음부터 지금까지 동일한 방식으로 존재한다고 간주되어 왔다. 동일한 범위의 공간에서 동일한 궤도를 따라 원 운동하는 것으로 생각된 것이다. 이 점에서는 우주 창조설도 우주 영원설과 그다지 다르지 않다. 시작만 설정되었을 뿐 시작된 이후 지금까지 우주의 존재방식은 일정하고 불변적이라고 간주되어 온 것이다. 우주 창조설이나 우주 영원설은 모두 '정적 우주론'에 속한다.[3]

---

2) 구보 아리마사, 이종범 역, 《지구, 그 아름다운 설계》(도서출판 CUP, 1998), 59~60면.

3) 근세의 철학자 칸트(I. Kant)나 과학자 뉴턴(I. Newton) 역시 이와 같은 정적

19세기 초부터 이러한 정적 우주론에 대한 비판이 행해졌다. 우주가 예나 지금이나 그 모습 그대로 존재해 오고 있는 것이 아니라 현재와는 완전히 다른 모습에서 시작하여 현재와 같은 모습으로 변화해 왔다는, 즉 긴 역사를 두고 진화해 왔다는 '우주 진화설'이 주장된 것이다. 우주 진화설은 현재의 이 우주가 영원부터 본래 있었던 것이 아니라는 점에서는 영원설보다 창조설에 가깝지만, 현재의 우주의 모습처럼 된 것이 우주 외적인 타력에 의해서가 아니라, 우주 스스로에 의해서 그렇게 되었다는 점에서는 창조설보다 영원설에 더 가깝다. 다만 우주가 처음부터 지금까지 동일한 궤도를 따르는 동일 운동을 반복하는 것이 아니라, 완전히 다른 모습으로 시작하여 현재와 같은 모습으로 변화했다는 점에서 영원설과 다르다. 스스로 다르게 변화해 가기에 진화라고 하는 것이다.

그렇다면 무슨 근거에서 진화를 주장하게 되었는가? 어떤 실험 관찰이 우주 창조설이나 영원설을 부정하고 우주 진화설을 주장하게 하였는가? 방사성 동위원소 계산법에 따라 지구 암석이나 화석의 나이를 계산해 보니, 지구의 나이가 기독교 창조론에서 주장하는 것보다 훨씬 더 많다는 것이 밝혀졌다.[4] 그렇게 해서 기독

우주론을 주장하였다. 정적인 우주를 상정한 후, 그런 우주에 대해 그것이 과연 시간적으로 시작이 있는지 없는지 그리고 공간적으로 한계가 있는지 없는지의 문제를 논한 것이 칸트의 《순수 이성 비판》 변증론 중 이율배반론이다.

4) 방사성 동위원소 계산법은 1946년 리비 교수가 고안하였다. 방사성 동위원소의 반감기를 이용하여 사물의 절대나이를 계산하는 방법이다. 우라늄이 납으로 되는 반감기는 44억 7천만년, 사마륨이 네오본으로 되는 반감기는 1100억년, 탄소14가 질소14로 되는 반감기는 5700년이다. 말하자면 탄소는 안정된 탄소12와 방사성 동위원소인 탄소14로 되어 있는데, 탄소12는 안정되어 언제나 그대로 있는 데 반해 탄소14는 불안정하여 5700년이 지나면 그 중 반이 질

교적 우주 창조설이 부정된다. 또한 열역학 제2법칙인 엔트로피 증가의 법칙에 따라 볼 때, 현재의 우주가 완전한 무질서 상태가 아니라는 것은 우주가 경과한 시간이 무한하지 않고 유한하다는 것을 말해 준다.[5] 그러므로 우주가 시작 없이 영원히 있어 왔다는 우주 영원설도 부정된다.

그러나 우주가 변함없는 방식으로 존재한다는 정적 우주론에 대한 의문은 사실 뉴턴의 만유인력 법칙 자체가 가장 심각하게 제기한다. 뉴턴의 만유인력 법칙에 따르면 일체의 존재는 서로간에 잡아당기는 힘, 즉 인력을 가지고 있다. 그렇다면 우주에 퍼져

소[14]로 바뀌며, 또 5700년이 지나면 다시 또 그 반이 질소[14]로 바뀐다. 그러므로 물질 내의 탄소[12]와 탄소[14]의 비율을 알면 반감기가 몇 번 지났는지를 알수 있으며, 그 물질의 절대나이를 알 수 있다는 것이다. 그런데 이 방법은 그 물질이 만들어질 당시에도 대기 중의 탄소[12]와 탄소[14]의 비율이 현재의 비율과 동일하다는 것, 나아가 어떤 상황에서도 그 반감기가 정확하게 들어맞는다는 것 등을 전제하고 있다. 그러나 오천 년 전, 오만 년 전, 오억 년 전 나아가 오천억 년 전에도 우리가 계산한 그 반감기대로 그 물질이 그렇게 변화해 왔으리라는 것, 그것은 신념이지 확증 가능한, 아니면 적어도 반증 가능한 지식이 아니다. 방사성 동위원소 연대측정법에 대해서는 오글(L.E. Orgel), 소현수역, 《생명의 기원》(현대과학신서, 1986), 24면 이하 참조.
5) 열역학 원칙은 1824년 카르노(Carnot)가 정립한 것이다. 그릇을 땅에 떨어뜨리면 그릇이 산산조각나지만, 그 조각들을 다시 상에 올려놓는다고 해서 그것이 다시 그릇으로 되지는 않는다. 이런 식으로 존재는 무질서, 즉 엔트로피가 증가하는 방향으로 진행된다는 것이다. 그러나 생물의 진화 과정을 바탕으로 이에 대한 반론이 주장되기도 한다. 세포조직들은 점점 더 균형잡힌 질서로 나아가기 위해 보다 더 복잡한 구조를 창출해 나간다는 것이다. 무기물질들로부터 생체역학을 구성할 아미노산이 형성되고 그로부터 복잡한 DNA가 만들어지는 것이라면, 이는 질서의 증대인 것이다. 프리고진(I. Prigogine)이 주장하는 물질의 분자차원에서의 자체 조직화 현상 역시 무질서보다는 오히려 질서의 증대를 보여주는 것이다. 이에 관해서는 장 기통(J. Guitton), 김영일·김현주 역, 《신과 과학》(고려원, 1993), 70면 이하 참조.

있는 모든 별들 역시 서로 끌어당겨 결국은 하나로 모여들게 되지 않겠는가? 물론 하나의 별만을 고찰할 때는 온 우주에 별들이 퍼져 있어 사방으로 인력이 고루 작용하기에 어느 한 쪽으로 치우치지 않는다고 말할 수 있을 것이다. 그러나 그 별을 끌어당기는 다른 별, 다시 그 다른 별을 끌어당기는 또 다른 별 … 이렇게 계속 확대하여 전체 별들을 고려할 경우, 그 전체가 하나로 모여들지 않게끔 밖으로 잡아끄는 힘이 있는 것이 아니라면, 어째서 전체가 하나로 모여들지 않는 것인가? 반면 지구와 달 사이에 끌어당기는 힘이 있지만 그 둘이 서로 당겨지지 않는 것은 달이 지구를 중심으로 원 운동을 하고 있기 때문이다. 나아가 태양의 혹성들이 태양을 중심으로 모여들지 않는 것도 태양의 주위를 돌고 있기 때문이다. 그렇다면 우주가 하나로 모여들지 않는 것은 우주 전체가 원 운동을 하고 있기 때문인가? 그러나 그처럼 우주의 별들 전체가 원 운동을 할 수 있기 위해서는 그 운동의 중심별이 존재해야 한다. 그런데 현대과학에 의하면 우주는 어느 지점이든 다 동등하며 한 중심점이 존재하는 것은 아니다. 따라서 어느 한 점을 중심으로 별들 전체가 돌고 있다고 말할 수는 없는 것이다. 결국 그처럼 돌고 있는 것이 아니라면, 끌어당기는 힘 때문에 서로 모여들지 않겠는가? 그럼에도 불구하고 별들이 모여들지 않는다면, 그것은 인력보다 적지 않은 팽창력이 작용하고 있기 때문이라고 결론 내릴 수밖에 없다. 즉 별들은 서로 당겨지지 않을 만큼의 팽창력에 따라 서로 멀어지고 있는 것이다. 그리고 그 팽창력에 끌어당기는 힘이 작용하므로 별들의 팽창 속도는 감속하게 된다.[6)]

우주가 지금 이 순간도 팽창하고 있다는 사실은 1929년 허블(E.

P. Hubble)의 관측을 통해 확립되었다. 별빛이 스펙트럼 상으로 적색 편이 현상을 보이는 것은 별로부터 오는 빛이 점점 멀어져서 에너지가 감소하여 큰 파장을 그리기 때문이다. 즉 별이 후퇴하고 있기 때문이다. 그러나 팽창률이 매우 작기 때문에 어느 두 별 사이의 거리가 현재의 2배로 되자면 200억년쯤 걸린다고 한다. 허블의 법칙은 멀리 있는 별일수록 후퇴 속도가 빠르다는 것, 즉 별의 후퇴 속도는 거리에 비례한다는 것을 포함한다. 따라서 별의 후퇴 속도로부터 그 별의 거리를 알아내며, 별의 거리와 속도로부

---

6) 팽창 속도가 계속 감속한다면, 결국은 어떻게 되는가? 팽창 속도가 점점 작아져 —가 되는 경우와 무한히 0에 가까워지지만 —로까지 바뀌지는 않는 경우를 생각할 수 있다. 전자는 우주가 팽창하다가 어느 시점에선가부터 방향이 바뀌어 다시 수축하기 시작한다는 것을 의미하며, 후자는 우주의 팽창 속도가 점점 줄어들어 거의 0에 다가서지만, 그래도 낮은 속도로라도 무한히 팽창하지 결코 수축하게 되지는 않는다는 것을 의미한다. 전자는 우주 체적의 한계를 설정한다는 의미에서 '유한 우주'라고 하며, 후자는 우주의 무한한 확장이란 의미에서 '무한 우주'라고 한다. 유한 우주는 다시 둘로 구분된다. 즉 수축하던 우주가 점점 빠른 속도로 모여들어 한 점으로 응축되어버리는 경우와 어느 정도까지 수축하다가 다시 방향을 바꿔 팽창으로 바뀌게 되고 또 팽창하다 수축하는 식으로 팽창과 수축을 반복하는 경우이다. 전자는 우주가 빅크런치(Big Crunch)로 끝난다는 주장이며, 후자는 우주가 끝없는 팽창과 수축을 반복한다는 '진동우주론'이다. 여기서 우주가 과연 유한 우주인가 무한 우주인가 하는 것은 팽창 속도를 감속시키는 요인으로서의 우주 밀도가 얼마인가 또는 달리 말해 우주곡률이 얼마인가에 의해 결정되는데, 우리는 아직 그 값을 측정할 수가 없으므로, 이에 대해 과학적으로 답할 수는 없다고 한다. 우주 밀도는 우주 부피와 더불어 우주 안의 물질 질량에 의해 결정되는데, 우리가 과학적으로 확인할 수 없는 물질의 존재를 배제할 수 없기 때문이다. 이런 까닭에 우주의 시작과 끝에 관한 과학적 논의는 결국 형이상학적일 수밖에 없는 것이다. 가능한 여러 우주 모형에 관한 논의에 대해서는 스티븐 호킹 (S.W. Hawking), 김성원 역, 《시간과 화살》(두레, 1992), 25면 이하를 참조할 것.

터 그만큼 멀어지기까지의 시간을 알 수 있게 된다(속도＝거리／
시간). 이렇게 계산해 보면 우주가 한 점으로 모여 있던 시기는
약 200억년 전으로 추적되며, 그 지점이 우주의 시작점이 되는 것
이다.[7] 이와 같이 사변이나 신앙이 아닌 실험과 관찰의 방식으로
우주의 역사를 추적해 가는 현대 자연과학에 따르면 우주는 현재
팽창해 가고 있으며, 그 팽창의 시작점은 바로 150억년 전 또는
200억년 전으로 계산된다. 한 점으로부터 오늘날의 우주 형태로
진화해 갈 만물의 원형이 쏟아져나오는 그 팽창의 첫 순간을 큰
폭발, 빅뱅(Big Bang)이라고 한다. 우주 팽창설과 폭발 우주론(빅
뱅 이론)은 이제 우주론의 상식으로 된 것이다.[8]

---

7) 이런저런 방식으로 각각의 별이 우리로부터 얼마나 멀리 떨어져 있고, 얼마
나 오래 전부터 있어 왔는지를 계산해낼 것이다. 그러나 그렇게 구성되는 우
주 공간은 오늘 우리의 눈에 들어온 빛에 따라 우리가 그린 그림에 지나지
않는다. 우리는 어떤 별을 보며, '저것은 100만 광년이나 떨어져 있는 별이다.
저기서부터 이 빛이 오는 데 100만년이 걸렸으니 우리는 100만년 이전의 저
별의 모습을 보고 있는 것이다'라고 말하면서 마치 우리가 100만년 이전의
과거를 볼 수 있는 듯이 말한다. 그렇게 과거가 존재한단 말인가? 그러나 우
리가 실제로 보고 있는 것은 지금 현재 순간 내 눈 앞에 주어진 빛일 뿐이다.
그 빛이 형성하는 그 모양을 우리는 우리 스스로의 계산법에 따라서 그 거리
에 위치시키고(즉 먼 공간을 부여하고), 그만큼의 먼 과거 시제로 규정하는
것이다. 별의 공간적 거리와 그에 따른 시간적 거리 또는 별의 시간적 차이와
그에 따른 공간적 거리는 순전히 우리의 계산일 뿐이지 않는가? 우주는 결국
우리의 구성이 아닌가? 과학적이라는 것은 단지 일관되고 엄격한 계산법이라
는 것을 뜻할 뿐이다.
8) 물론 우주가 팽창한다고 해서 반드시 우주가 특이점으로부터 발생했다는 우
주 폭발론이 되는 것은 아니다. 우주가 팽창한다고 할지라도 그 우주 안에 끊
임없이 새로운 물질이 생성될 경우에는 우주 밀도가 동일하게 유지될 수 있
는데, 이런 관점을 '정상 우주론'(定常宇宙論) 또는 '항상 우주론'(constant
universe)이라고 한다. 허블 관측을 통해 우주가 팽창한다는 사실이 알려진
이후에도 과학자 아인슈타인(A. Einstein)은 그럼에도 불구하고 우주의 밀도

그러나 이처럼 우주가 한 지점에서부터 폭발하여 오늘날과 같은 모습으로 진화한 것이라면 그 최초의 모습은 과연 어떠했는가? 폭발하여 우주가 생겨난 것이라면, 우주가 있기 전의 그 폭발력은 과연 어디에서 온 것인가? 과학은 이에 대해 무엇을 말하는가?

왜 아무것도 존재하지 않기보다는 무엇인가가 존재하는 것일까? 왜 우주가 출현하였는가? 관측을 통해 끌어낸 어떠한 물리적 법칙으로도 우리는 이러한 질문에 답할 수 없다. 그럼에도 불구하고 바로 그 법칙이 우리로 하여금 태초에 발생한 일을 정확히 설명할 수 있도록 한다. 0시에 대한 환상 이후 10^{-43}초, 그것은 1 앞에 43개의 제로가 있어 상상을 초월하는 짧은 시간이다. 비유해 말하자면 10^{-43}초와 1초 간의 시간차는 우주의 출현이 있은 이후 흐른 150억년의 세월과 한차례의 번갯불 간의 시간차보다도 훨씬 더 긴 것이다. 그렇다면 태초에, 150억년 전에 어떤 일이 있었을까? 그것을 알기 위해 우리는 0시까지, 물리학자들이 '플랭크의 벽'이라고 부르는 바로 그 태초의 벽에까지 거슬러올라가 볼 것이다. 그 먼 과거에, 행성, 태양 그리고 수십 억의 은하수 등 대우주가 포함하는 모든 것은 상상할 수조차 없이 작은 소우주의 '단일성' 속에 모여 있었다. 겨우 진공 속의 번쩍임 정도였다. 물론 잊지 말아야 할 것이 우주의 출현을 야기함으로써 우리는 불가피하게 다음과 같은 질문에 이르게 된다는 사실이다. 즉 최초의 '실재원자'는 어디서 오는가? 오늘날 거의 전적인

는 항상되다는 정상 우주론을 주장하였다. 그렇게 함으로써 우주의 정적 모형에 머무를 수 있었던 것이다. 이에 대해서는 스티븐 호킹의 앞의 책, 57면 이하를 참조할 것.

신비 속에서 두 무한대를 향해 펼쳐지는 우주라는 거대한 융단의 기원은 무엇인가?[9]

폭발로부터 물질이 생겨나기 시작하는 것은 폭발이 있고 나서 10^{-43}초가 경과한 후라고 한다. 그 이전까지는 아직 물질이 생겨나지 않았으며, 물질이 없기에 중력, 전자기력, 강한 상호작용, 약한 상호작용의 네 가지 기본력도 서로 구분되지 않았다. 물질 이전에 물질로 진화할 수 있는 에너지만이 단 하나의 우주력으로 혼재되어 있었을 뿐이다. 폭발 이후 10^{-43}초 후부터 10^{-33}초 후에 이르기까지 우주는 급속도로 팽창하여 그 짧은 시간에 10^{-33}cm 정도 크기의 공 모양에서(원자핵의 지름은 10^{-13}cm) 지름 10cm 정도의 구 크기로 되었다고 한다. 그 사이에 최초의 우주적 물질인 쿼크, 전자, 뉴트리노, 광자 등이 형성된 것이다. 그렇다면 그런 물질이 형성되기 이전 폭발로부터 10^{-43}초에 이르기까지는 무슨 일이 벌어진 것일까?[10]

그러나 폭발 순간부터 10^{-43}초에 이르기까지의 과정에 대해서

---

9) J. Guitton, 앞의 책, 37면.

10) 폭발 이후의 첫 1초를 이런 식으로 세분한다는 것은 무엇을 의미하는가? 우리는 100분의 1초, 아니 10분의 1초도 잘 구분하여 감지하지 못한다. 그런데 1 다음에 0을 43개나 붙여 그것분의 1초가 경과한 순간과 다시 1에다 0을 33개 붙여 그것분의 1초가 경과한 순간을 구분하고, 그 앞 순간에서 그 다음 순간 사이에 우주가 10^{33}(다시 1에다 0을 33개 붙인 수)배 이상으로 커졌다고 말하는 것은 무엇을 의미하는가? 그런 시간 감각 속에서는 우리가 감지하는 1초의 길이는 마치 우리가 느끼는 영원과도 같이 긴 시간이 될 것이다. 그렇다면 빅뱅 순간부터 그에 이어지는 10^{43}초까지의 시간 역시 현재의 우리 감각으로는 극히 짧은 순간이지만, 그 자체로는 그 안에서 엄청난 일이 발생하는 마치 영원과도 같은 긴 시간성을 가지는 것일 수 있을 것이다.

26

는 알 수 있는 것이 별로 없다고 한다. 왜냐하면 10^{-43}초까지 온도가 열장벽이라고 불리는 최고열의 한계인 10^{32}도를 넘기 때문이다. 이 최고열의 한계에 이르면 에너지 밀도가 너무 커서 우리는 그 상태를 알 수가 없다. 알 수 없다는 말은 과학법칙에 따라 계산해낼 수 없다는 말이다. 우리의 모든 과학적 설명이 더 이상 통용될 수 없다는 뜻이다. 이 지점을 '플랭크의 벽'이라고 한다. 이 벽이 곧 우주 기원에 관한 과학적 연구의 종착점이자 한계점이다. 과학이 설명할 수 없는 특이점(特異點, singularity)으로부터 우주가 시작되었다고 보는 것을 '특이점 정리'라고 한다. 결국 우주의 진화를 과학적으로 설명해도 그 시작점은 알 수 없다는 이야기이다. 과학법칙 또는 과학적 설명이 가지는 한계를 드러내는 것이다.[11]

소위 과학이라는 우주 진화설에 있어 빅뱅의 최초 순간과 그로

---

11) 이에 반해 현대 물리학자 호킹은 우주에 있어 물리법칙이 통용될 수 없는 특이점으로서의 경계란 존재하지 않는다고 주장한다. 즉 "우주의 경계조건은 경계가 없다는 것이다"라는 "무경계가설"을 내세운다. 우주의 모든 경로가 넓이가 유한하므로 시작과 끝은 있지만, 그 시작이 과학법칙이 통용될 수 없는 특이점은 아니라는 것이다. 이를 설명하기 위해 흔히 우주의 시작 또는 끝점이 지구의 북극점 또는 남극점으로 비유된다. 북극점은 위도의 시작이고 따라서 그보다 더 북쪽을 묻는다는 것은 무의미하다는 점에서 시작이 있다. 그러나 북극점 역시 지구상의 평범한 시공점으로 과학법칙이 모두 그대로 통용되는 지점이지 특이점은 아니라는 것이다. 마찬가지로 우주의 시작 역시 특이점은 아니라는 것이다. 이 이론에 따르면 블랙홀 역시 완전한 암흑이 아니며 빛보다 더 빠른 속도의 소립자가 가능하기에, 블랙홀에 투입된 입자가 블랙홀을 벗어나 나올 수 있다고 한다. 그러나 우리가 주목해야 할 것은 이상과 같은 호킹의 주장, 즉 우주에 특이점으로서의 경계가 있지 않기에 모든 지점에 물리법칙이 그대로 적용될 수 있으며 따라서 물리법칙은 한계가 없다는 주장은 이미 그 자체 하나의 형이상학적 가설이지 그 자체 검증 또는 반증 가능한 과학적 주장이 아니라는 점이다. 호킹의 무경계 가설에 대해서는 스티븐 호킹, 현정준 역, 《시간의 역사》(삼성출판사, 1992), 206면 이하를 참조할 것.

부터 이어지는 일정 기간이 플랑크의 벽이라는 장벽으로 가려져 있다는 것은 무엇을 말해 주는가? 형이상학이 처음부터 문제로 삼았던 것은 우주의 시작, 존재의 시작이었지, 우주 진화의 중간 단계가 아니었다. 알고자 한 것은 존재의 한 단계에서 그 다음 단계로의 나아감이 아니라, 존재의 첫 단계는 어떻게 시작되었는가, 그리고 왜 무(無)가 아니고 유(有)인가 하는 것이다.

그런데 바로 그 처음 순간이 과학 내지 물리학에 있어서는 플랑크의 벽 뒤에 감추어져 있다. 그러므로 물리학(physics) 너머 (meta)의 학, 즉 형이상학(metaphysics)이 요구되는 것이다. 우주를 있게 한 최초의 에너지, 그 힘은 과연 무엇인가? 그것은 우주라는 가시적 형태로 현상화되기 이전에 존재하면서 스스로 형체화하는 비가시적 실재인 형이상학적 실재가 아닌가? 그것은 분명히 존재하되, 보이지 않는 것이 아닌가? 빛보다 더 빠른 속도로 운동하는 그런 것이 아닌가? 가시적 물질인 형(形)보다 더 근원적인 형(形) 이상(以上)의 존재, 그것이 문제인 것이다. 그러므로 형이상학은 가시적 현상의 비가시적 근원을 묻는다. 가시적 물질을 가시적 물질이게끔 하는 그 힘은 과연 무엇인가? 우주는 어떻게 해서 존재하게 된 것인가? 그것은 순수 이념(Idee)의 힘인가? 신(神)의 힘인가? 아니면 살아 있는 생명체인 유정의 업력(業力)인가? 또는 자연적 우주력으로서의 순수 에너지, 기(氣)인가? 이와 같이 해서 희랍적 또는 기독교적 사유, 그리고 불교적 또는 유가적 사유가 펼쳐지는 것이다.

그런데 폭발을 야기시킨 힘이 무엇이고 그러한 폭발 후 최초의 몇몇 순간에 무슨 일이 발생했는지는 플랑크의 벽 속에 가려져 있다고 할지라도, 현대과학은 그 이후의 발생에 대해서는 다시 비교적 상세한 설명을 내놓는다.[12] 그것은 무려 200억년 이전의 일이다. 10^{-33}초가 경과하는 사이에 단일한 우주적 에너지로부터 쿼크, 전자, 뉴트리노, 광자, 글루온 등의 입자와 그에 상응하는 반입자들로 이루어진 원시국물 같은 것이 형성되었으며, 1초도 지나기전에 온도가 급속도로 내려가고 기본력들이 분리되며 쿼크와 반쿼크가 만나 상쇄되는 과정에서 광자와 전자 등이 생기고, 세 개의 쿼크가 결합하여 양성자나 중성자 같은 핵입자를 형성한다. 그후 양성자와 중성자가 충돌하여 중수소를 만들고, 중수소 두 개가결합하여 헬륨핵이 된다.[13] 그리고 3억년이 지나면서부터 원자의시기가 된다. 원자핵들이 돌아다니다가 전자를 붙잡아서 수소 원자, 헬륨 원자 등 원자가 형성되기 시작한 것이다.

그러면서 형성되는 작은 밀도 차이로 말미암아 물질이 집중되는 지역이 발생하는데, 그곳에서는 중력으로 인해 점점 더 많은수소와 헬륨의 물질구름이 모여 회전하게 된다. 중력이 물질을 더응집시키면, 열핵반응이 일어나 수소핵이 다른 원자핵으로 융합되면서 빛을 내기 시작한다. 이것은 약 150억년 전에 일어난 일이라고 한다. 그 초기의 항성(초신성)은 짧은 수명 후 강한 폭발로 사라지게 되었는데, 그 과정에서 새로운 물질인 질소·산소·철·무

---

12) 폭발 이후의 우주생성 과정에 대해서는 와인버그(S. weinberg), 김용채 역, 《처음 3분간》(현대과학신서, 1991), 137면 이하와 J. Guitton, 김영일·김현주 역, 《신과 과학》, 40면 이하에서도 이에 대한 비교적 간단한 설명을 찾아볼수 있다.

13) 우선 가장 간단한 원자핵부터 만들어지기 시작하는데, 가장 기본적인 것은양성자 1개로 이루어진 수소 원자핵이다. 그 다음 양성자 1개와 중성자 1개가 결합한 것을 중수소 원자핵이라고 하며, 다시 중수소 2개가 결합한 것, 즉양성자 2개와 중성자 2개가 결합한 것을 헬륨 원자핵이라고 한다.

거운 원소 등이 만들어진다.

그렇게 해서 우주 공간에 일어난 가스와 먼지들이 여기저기 모여 새로운 행성들이 만들어졌는데, 그 중 하나가 약 46억년 전에 만들어진 지구이다.[14] 여기에 우주로부터 날아오는 운석들이 쌓여 커지게 되었다. 처음에는 지면이 충돌에너지로 인해 녹아 흐르는 액체 마그마로 뒤덮여 있었고, 철·니켈 등 무거운 물질이 가라앉아 지구핵이 형성되었다. 고온의 대기는 수증기·이산화탄소·질소 등으로 대류 현상이 일어나고, 점차 온도가 낮아지면서 비가 내리기 시작했다. 지구상에 생명이 발생할 수 있기 위해서 물은 중요한 역할을 하였다.

약 35억년 전부터 철이나 유황을 섭취하고 메탄 가스를 만들어내는 원시 박테리아를 거쳐 박테리아의 원핵 생물(핵은 있으나 핵막은 없음)이 생겨나고, 27억년 전부터 시아노 박테리아와 해조류가 생겨나 광합성을 하여 산소를 만들기 시작하였다. 그 산소 덕분에 약 21억년 전부터 유전자를 가진 핵을 지니는 진핵 생물이 발생하였고, 12억년 전쯤부터 녹조류, 홍조류, 곰팡이 등 다세포 생물이 출현하였으며, 세포 분열과 유성 생식이 있게 되었다. 그러다가 9억년 전쯤부터는 동물들이 생겼다. 여기까지가 전캄브리아기에 해당한다. 약 5억 4천만년 전 캄브리아기로 시작되는 고생대에는 삼엽충·산호·곤충 등 주로 무척추 동물이 발달하였으며, 이어 어류와 양서류 등도 등장하였다. 약 2억 4천만년 전의 중생대는 지상에는 공룡이, 바다에는 암몬조개가, 공중에는 새가 나타난 시기이다. 그러다가 약 6천만년 전부터 현재까지의 신생대에

---

14) 46억년에 걸쳐 현재와 같은 지구 환경이 형성되기까지의 과정에 대한 이하의 설명은 장순근, 《지구 46억년의 역사》(가람기획, 1998)를 주로 참조하였다.

포유류와 어류가 번성하고 결국 인류가 등장하게 된 것이다.

약 500만년 전쯤부터 등장하기 시작한 인류는 두 계통으로 추적되는데, 하나는 100만년 전쯤 멸종한 뇌용적 400~500cc의 오스트랄로피테쿠스 계통이고, 다른 하나는 250만년 전쯤 출현한 뇌용적 600~750cc의 호모 계통이다.[15] 그러나 이 두 계통이 과연 어떻게 연관되는지는 아직 확실하게 밝혀지지 않고 있다. 호모 계통 원시인은 250만년 전부터 160만년 전까지 주로 아프리카에 서식한 호모 파베르(도구제작인)와 180만년 전부터 30만년 전까지의 호모 에렉투스(직립인)가 있는데, 북경 원인은 후자에 속한다. 약 30만년 전부터 3만년 전까지 네안데르탈인이 생존하였는데, 그들의 조상은 호모 에렉투스이며 약 4만년 전 유럽으로 건너갔다고 추적된다.

오늘날의 인간인 호모 사피엔스(지능인)는 약 10만년 전부터의 인간으로 크로마뇽인이 이에 속한다. 이들은 불을 사용하다가 약 4만년 전에는 등잔도 만들어 쓰고, 약 3만 5천년 전부터 체계적인 언어도 사용한 듯하다. 1만 5천년 전에 흑인·유럽인·인도인·아시아인 등의 인종으로 나뉘게 되고, 처음에는 사냥과 채집 및 유목생활을 하다가 빙하기가 끝나고 나서는 모여서 원시농경사회를 형성하였다. 기원전 6000년경 신석기시대가 되고, 기원전 3700년경 이집트에서 청동기 문명이 발생하며, 기원전 3200년경 문자가 발명되어 역사가 기록된 역사시대가 된다. 4대 인류문명 발상지가 형성된 것은 기원전 3000년쯤인데, 나일 강 유역의 이집트 문명, 티그리스 유프라테스 강 유역의 메소포타미아 문명, 인더스

---

15) 현재 침팬지의 뇌용적은 출생시 128cc이고 성장시 415cc이며, 인간의 뇌용적은 출생시 384cc이고 성장시 1350cc이다.

강 유역의 인더스 문명, 황하 유역의 황하 문명이 그것이다. 기원
전 1200년경 중동 지방에서 철기 문명이 형성되고, 기원전 1000년
경 중국에서 석탄을 발견하였지만, 제대로 사용되지 않았다. 그러
다가 16세기에 이르러 영국에서 본격적으로 석탄을 연료로 사용
하기 시작하였으며, 18세기 초 코르크스의 발명을 통해 석탄이 근
대 산업혁명의 기초가 되었다. 18세기 말에 전기가 발견되고, 19세
기에 전지와 발전기의 원리가 발견되어 본격적인 전기시대가 되
었다. 다시 19세기 중엽에 석유가 발견되었으며, 20세기에 원자력
이 에너지원으로 사용되게 되어 오늘날의 현대사회의 모습이 갖
추어지게 되었다.

이상과 같은 물리학과 천문학 그리고 지구과학 및 화학과 생물
학 등 현대의 자연과학의 이론을 종합해 보면 결국 수십억 년 전
우주의 가스와 먼지로부터 어떻게 지구가 만들어지고, 그 지구 위
의 무기물로부터 어떻게 유기물질, 박테리아 등이 만들어지며, 그
로부터 점차적으로 어류, 양서류, 파충류, 조류 등을 거쳐 포유류
가 나오게 되고, 다시 그들로부터 인간이 진화해 나오게 되는가가
대략 윤곽이 잡힌다.

그와 같은 현대 과학적 설명에 있어 인간의 기원과 관련하여
주목해야 할 것은 인간의 생명이 다른 생명들과 마찬가지로 궁극
적으로는 무생명의 무기물로부터 형성되었다는 것이다.[16] 물론 상
상을 초월하는 긴 시간을 통해서이지만 말이다. 우리는 상식적으
로 광물류의 무생물과 식물·동물 등의 생명체를 질적으로 서로

---

16) 이하 무생물로부터 박테리아를 거쳐 고등동물인 인간으로 진화되기까지의
　　과정에 대한 설명은 L.E. Orgel, 소현수 역, 《생명의 기원》(현대과학신서,
　　1986)을 주로 참조하였다.

다른 것으로 이해한다. 엄밀히 말해 오늘날 유기물이란 생명 유무와 관계없이 탄소화합물을 뜻할 뿐이지만, 19세기 중반까지는 화학에 있어서도 무생물을 다루는 무기화학과 생물의 화학을 다루는 유기화학은 서로 다른 것으로 이해되었다. 그러다가 1832년 뵐러(F. Woehler)라는 화학자가 무기화합물인 시안산암모늄을 가열하여 유기화합물인 요소가 생성된다는 것을 발견하였다. 그로써 무생물의 화학과 생물의 화학 간에 메울 수 없는 간격이 있지 않다는 것이 증명된 셈이다. 이런 생각에 입각해서 지구상의 생명이 결국은 무생물로부터 생겨났다는 것을 증명하려는 시도가 있었다. 1953년 밀러(S. Miller)의 실험이 이를 보여준다. 실험기구 안에 고온의 원시바다처럼 물을 끓이면서 원시대기라고 생각되는 메탄과 수소, 암모니아와 수증기를 섞어놓고 그것에다 원시환경 격으로 번개를 방전시켜 보았더니, 1주일 후에 물 속에서 아미노산으로 된 걸죽한 물질이 생겨났다. 무기물로부터 유기화합물이 발생한 것이다. 무기물로부터도 생성 가능한 이 아미노산은 모든 생명체에서 발견되는 중요한 생화학적 화합물이다. 즉 생명체의 세포핵 속에 들어 있는 이중 나선형 사슬의 핵산 DNA와 RNA는 단백질 합성의 종류 및 서열을 결정짓는 유전정보를 간직하고 있는데, 그 유전정보에 따라 합성될 단백질이 바로 20종의 아미노산으로 이루어진 중합체이며 세포활동의 대부분을 담당하는 생명체의 주요 성분이기 때문이다. 이처럼 생명체의 주요 성분인 단백질을 구성하는 아미노산이 무기물로부터 합성 가능하다는 점에 입각하여 생명 자체가 무기물로부터 만들어졌다고 주장된다. 나아가 박테리아나 아메바 등 단순한 생명체뿐 아니라 고도로 복잡한 인간 정신까지도 모두 물질의 산물로 간주되는데, 그러기 위해 단순생명체로부터 인간 정신에 이르기까지의 진화를 주장하게 되는 것이다. 즉 오늘날의 인간 존재를 궁극적으로는 약 35억년 전 지구상에 무기물로부터 최초로 만들어진 조잡한 생명체인 원시 박테리아로부터 점차적으로 진화한 것으로 설명하고 있다.

그렇다면 이 진화는 어떻게 진행되는 것인가? 생명체의 특징은 바로 그 세포핵 속에 들어 있는 DNA 유전인자 정보에 의해 결정되는데, 이 DNA는 자기 복제됨으로써 개체에서 다음 개체로의 유전이 성립한다. 그러므로 제대로 자기 복제가 된다면, 한 세대로부터 동일한 유전자만이 그 다음 세대로 전달될 것이다. 그런데 뜻하지 않게 그 자기 복제 과정에서 염기 배열에 있어 대치·삽입·삭제 등의 실수가 발생하는 경우가 있는데, 이를 돌연변이라고 한다. 바로 이 경우에 다른 종류의 생명체가 나타나게 되는 것이다. 따라서 인간까지도 박테리아로부터 진화해온 것이라고 볼 경우, 그러한 진화를 가능하게 한 원동력은 바로 DNA 자기 복제상의 실수, 즉 돌연변이가 된다.[17] 나아가 돌연변이 결과 나타난 새로운 변종의 자기 복제 속도가 이전 본래 종의 복제 속도보다 빠를 경우 그것이 지배적이 되고, 그렇지 못한 것은 점차 자연도태된다. 빠른 복제 속도로 번식하면서 환경에 잘 적응하는 것이

---

17) 개별 생명체의 자기 보존 본능이나 종족 보존 본능을 그들 생명체 내에서 작동하는 유전자를 보존 유지하기 위한 노력으로 해석할 경우, 우리는 실제로 가장 강력한 자기 보존 본능의 주체로 유전자를 생각하는 것이다. 그런데 그 유전자가 자기 복제하는 과정에서 자기 정체성을 보존하지 못하고 다른 유형으로 돌연변이하는 실수가 발생하고 그런 실수를 통해 새로운 유형의 생명체로의 진화가 가능해진다는 것은 결국 무엇을 말해 주는가? 박테리아로부터 인간 발생을 설명한다는 것은 결국 자기 동일성을 유지하려는 유전자의 자기 보존 본능에 대해 새로운 유형으로의 돌연변이가 모순적인 것만큼 자기 모순성을 내포하고 있는 것이다.

도태되지 않고 살아남게 되기 때문이다. 이러한 돌연변이에 의한 변종의 발생과 자연 도태에 의한 진화 과정이 곧 인류가 출현하게 되는 과정으로 간주된다. 이와 같이 인류 기원에 관한 과학적 설명은 인간을 인간 아닌 동물과 나아가 동식물도 아닌 무생물로부터 진화된 것으로 간주한다. 생명이 없던 무기물 세계에서 수억 년에 걸쳐 저절로 생명체가 생겨나고, 그로부터 다시 수억 년 진화를 거쳐 인간이 생겨나게 되었다는 것이다.

그렇다면 지구상에 박테리아와 비슷한 생물들이 출현하기까지 약 10억 년 동안에는 무슨 일이 일어났는가? 모든 생명체가 다 동일한 기원에서 발생한 것인가? 박테리아로부터 인간에 이르기까지의 진화단계는 정확히 어떠한가? 그러나 무엇보다도 근본적인 물음은 생명이 과연 무생물로부터 자연 발생할 수 있는가 하는 것이다. 무기물의 화합으로부터 발생한 아미노산의 출현이 과연 생명체의 출현을 의미할 수 있는가? 단백질이 생명의 필요조건이라고 해서 생명의 충분조건이 될 수 있겠는가? 정육점에 걸린 단백질 고깃덩어리 속에도 과연 생명이 있단 말인가? 생명체인 나무를 죽여 만든 나무인형 피노키오가 사람이 될 수 있겠는가? 인간이 아닌 것에서 인간이 나오고 개가 아닌 것에서 개가 나올 수 있는가? 희랍시대부터 사람들은 인간이나 고등동물은 신이 창조했지만, 곤충이나 쥐 같은 생물은 진흙이나 부패한 유기물로부터 저절로 발생하게 된다고 생각하였다. 아리스토텔레스(Aristoteles)도 곤충이나 쥐 등 하등 생명체에 대해서는 그와 같은 자연 발생설을 주장했다. 고기가 썩으면 그곳에 저절로 구더기가 생기고, 더럽고 지저분하면 그곳에 저절로 쥐가 생긴다고 말이다.[18] 그러나 이런 생각이 틀렸고 심지어 박테리아조차도 같은 류의 박테리아로부터가 아니면 생겨날 수 없다는 것을 밝힌 것이 1862년의 파스퇴르(L. Pasteur)의 실험이다. 구더기에 의해서 구더기가 생기지 구더기 아닌 것으로부터 구더기가 생길 수는 없는 것이다. 이렇게 보면 종(種)은 이미 고정된 본질을 가진 종으로서 처음부터 존재하지 않으면 안 되는 것이 된다. 일반적으로 종이란 암수가 함께 관계하여 번식 가능한 경우 같은 종에 속하는 것으로 분류한다.

그런데 밀러의 실험이 밝히고자 한 것은 무엇인가? 무기물로부터 유기물이, 유기물로부터 생명체가 만들어진다는 것은 생명이 자연적으로 발생한다는 말이 아닌가? 나아가 종의 구분이 불변적인 것이 아니라 한 종이 다른 종으로부터 변화하여 생겨날 수 있다는 의미에서 '종의 기원'을 논하는 다윈(C. Darwin)의 진화론은 그와 같은 생명의 자연발생이 구더기나 쥐에 대해서뿐 아니라 인간에 대해서까지도 타당하다는 것을 말해 주는 것이 아닌가? 비록 수억 년 긴긴 시간 속에서일지라도 말이다.

이 상호모순적인 주장은 1923년 오파린(A. I. Oparin)의 주장에 의해 다소 완화된다. 즉 그는 생명이 자연적으로 발생할 수 있었던 원시 대기는 현재 지구의 대기와는 완전히 다르다고 주장한다. 오늘날의 대기는 산소가 있는 산화성 대기인 데 반해, 원시 대기는 수소가 많은 환원성 대기이다. 환원성 대기에서만 생화학적 화

---

18) 이와 같은 발생이 불교에 있어서는 태생·난생·화생과 구분되는 습생(濕生)이라고 분류된다. 습한 무기물로부터 저절로 유기체적 생명체가 발생한다는 것이다. 주희 성리학은 인간을 포함해서 일체 존재가 바로 우주적 기로부터 저절로 발생하는 것이라는 의미에서 그 발생 원리는 불교의 습생과 마찬가지라고 설명한다. 단 주희가 불교 용어를 혼동하고 있어 "습생" 대신에 그것을 "화생"이라고 잘못 칭하고 있다.

합물이 합성될 수 있다. 오늘날과 같이 생명체가 살아남기 위해 요구되는 산소가 많은 산화성 대기에서는 생명체가 발생할 수 없다. 결국 원시의 환원성 대기가 수억 년에 걸쳐 점차적으로 산화성 대기로 바뀌어왔다는 것이다. 물론 생명체가 나오기 위해 대기가 바뀐 것이 아니라, 대기가 바뀌었기 때문에 생명체가 나온 것이 된다.

그러나 열역학 제2법칙에 따르면 엔트로피는 증가하게 되어 있다. 진화론이 타당할 경우 원시 박테리아로부터 여러 생물 단계를 거쳐 인간으로 진화해 가는 과정은 질서의 창조인가, 무질서의 증가인가? 진화 과정이 질서의 증가를 뜻한다면, 어떻게 자연은 무질서의 증가방향으로 진행되어 가는데, 진화는 그와 반대되는 질서 증가의 방향으로 나아갈 수 있단 말인가? 더구나 어떻게 돌연변이라는 실수 또는 우연에 의해 보다 나은 질서가 창출될 수 있단 말인가? 그것은 계획되고 예정된 돌연변이, 결국 돌연변이가 아닌 것이 아닌가? 인간이 원숭이 또는 더 나아가 박테리아로부터 진화된 유전자의 구성물이라는 진화론에 반대의견을 가진 자들은 현실적으로 돌연변이라는 것이 결코 보다 나은 개량종을 낳는 것이 아니라 언제나 오래 지속되지 못하는 불량종을 낳을 뿐이라고 주장한다. 돌연변이로 기형아가 생겨나지 천재가 생겨나는 것은 아니라는 말이다. 나아가 돌연변이에 의해 산출된 새로운 종은 생식 능력을 갖지 못한다고 한다. 예를 들어 말과 당나귀 사이의 노새는 새끼를 낳지 못한다. 드물게 암노새가 새끼를 낳을 수도 있지만, 숫노새와 교배하면 새끼를 못 낳고, 말과 교배하면 말을, 당나귀와 교배하면 노새를 낳으므로, 암노새는 노새로서 새끼를 낳기보다는 오히려 말로서 낳는다고 볼 수 있다는 것이다. 이

렇게 해서 종은 그 자체의 본질과 그 자체의 기원을 가지는 것이
지, 다른 종으로부터 기원된 것이 아니라는 것이다.[19]

　이와 같은 진화에 관한 찬반의 의견 대립 사이에서 우리는 다
시 물음을 던지게 된다. 인간은 과연 어떤 방식으로 존재하기 시
작한 것인가? 인간은 신이 만든 존재인가, 물질로부터 형성되어
점차 진화된 존재인가, 아니면 우주보다 먼저 존재하여 자신의 터
전을 스스로 창출하는 존재인가? 생명체는 과연 처음부터 생명체
로 존재한 것인가, 그렇지 않은가? 문제는 우주의 근원, 생명체의
근원, 인간의 근원, 그 어느 것 하나도 과학에 의해 완전무결한 답
을 얻지 못한다는 것이다. 설혹 인간이 우주를 떠다니던 먼지나
흙으로부터 자연스럽게 형성된 것이라고 해도, 그 먼지나 흙이 지
금 우리가 우리 자신과 완전히 구분되는 별개의 것으로서 생각하
는 그런 먼지나 흙은 아니어야 하는 것이다. 그것은 수억 년을 거
쳐서일지라도 이미 인간으로 화할 만한 잠재력을 가진 흙이었던
것이다. 결국 그것은 신의 입김이 불어진 흙일 수도 있고, 신처럼
무시 이래로 존재하는 우리 영혼의 힘에 의해 활성화된 흙일 수
도 있고, 본래부터 존재한 우주적 에너지, 기의 산물일 수도 있다.
결국 철학의 근원적 물음으로 다시 되돌아오게 된다. 그 먼지와
흙은 어떻게 해서 있게 된 것인가? 왜 아무것도 없기보다는 무엇

19) 이상과 같은 진화론에 대한 반대 의견은 서양에 있어서는 주로 창조론을 주
　　장하는 기독교 사상가들에 의해 제기된다. 그들은 현대과학적 제발견들을 기
　　독교 창조론과 병행될 수 있는 한계 내에서만 수용하고자 하는 것이다. 창조
　　론 대 진화론에 관한 논의에 대해서는 토마스 헤인즈(T.F. Heinze), 권달천
　　역, 《창조론 대 진화론》(생명의 말씀사, 1997): 원용국, 《창조와 진화 비교연
　　구》(호석출판사, 1998): 린드버그(D.C. Lindberg) 편, 박우석·이정배 역, 《신
　　과 자연》 하권(이화여대출판부, 1999) 등을 참조할 것.

인가가 존재하는 것인가? 그 존재의 기원은 과연 무엇인가? 현상
세계를 형성하는 먼지와 흙 그리고 인간은 과연 무엇인가?

1. 희랍: 이데아와 질료

　우주에 관한 고찰에 있어 우선 탐구되어야 할 것은 우주가 어떠
한 생성적 시초도 갖지 않은 채 언제나 존재해 온 것인가 아니면
어떤 시초에서 시작하여 생성된 것인가 하는 것이다. 우주는 생성
된 것이다. 그것은 볼 수 있고 접촉할 수 있으며 몸을 갖고 있는데,
그처럼 감각에 의해 지각될 수 있는 것들은 생성된 것들이기 때문
이다. 또한 생성된 것은 반드시 원인이 되는 어떤 것에 의해 생성
된 것이다. 그 다음으로는 우주를 만든 자(demiourgos)가 어떤 원
형(paradeigma)을 바라보며 우주를 만들었는지를 생각해 봐야 한
다. 그는 영원한 것을 바라보았을 것임에 분명하다. 이 우주가 생겨
난 것들 중에서 가장 아름답고, 이를 만든 자 또한 원인들 중에서
가장 선하기 때문이다.
　생성된 것은 물체적인 것이며 볼 수 있고 접촉할 수 있는 것이어
야 한다. 그런데 불 없이는 볼 수 없으며, 단단한 것 없이는 접촉할
수 없고 흙 없이는 단단한 것이 될 수 없다. 그러므로 신은 불과 흙
으로 우주의 몸통을 만들면서, 다시 그 둘을 결합하는 끈으로 하나
를 만들어야 했는데, 우주가 입체적 형태가 되게 하기 위해 두 개
의 중항으로 결합하고자 하였다. 그리하여 신은 물과 공기를 불과
흙 사이의 중간에 놓고 그것들을 서로 같은 비례관계를 이루도록
하여 우주를 볼 수 있고 접촉할 수 있는 것으로 구성하였다. 그는

불·공기·물·흙 네 가지 것 각각의 전부를 써서 우주를 완전하여 늙지도 병들지도 않는 하나뿐인 전체로 구성하였다. 형태에 있어서도 중심에서 모든 방향으로 끝점에 대해 같은 거리를 갖는 구형으로 둥글게 돌려 만들었는데, 이 형태가 모든 형태 가운데 최대의 자기 동일성을 지닌 것이기 때문이다. 우주 밖에는 아무것도 없으므로 볼 눈도 들을 귀도 숨쉴 코도 먹을 입도 배설구도 필요 없으며 돌아다닐 필요도 없으므로 사지도 필요 없고, 따라서 그 표면은 완벽하게 매끄러운 구로써 자족적인 원 운동만을 하게 하였다.

신은 몸통을 만들기에 앞서 몸통의 주인으로서 우주의 혼을 만들었는데, 존재(ousia)와 같음과 다름 각각의 불가분적인 것과 가분적인 것을 섞은 다음 섞은 세 항들을 다시 하나로 섞어서 적당한 비율로 나누어 긴 띠를 만들었다. 그리고 그것을 둘로 잘라서 적도와 황도처럼 X자로 교차하는 원환으로 굽힌 다음 전자가 후자의 밖에서 서로 반대 방향으로 돌게 하여 전자에 지배권을 주고, 전자를 같음의 운동, 후자를 다름의 운동이라고 명명하였다. 그는 우주의 원형이 가지고 있는 영원성에 따라 그 모상을 만들었는데, 그것이 곧 시간이다.

그러나 아직 다른 생명체들이 없었으므로 우주 천체의 신들, 즉 천체들을 가장 빛나는 불을 주재료로 하여 우주 전체처럼 둥글게 그리고 강력한 이성을 가지도록 만들어 우주 곳곳에 배치하고 가장 완벽한 운동인 자전 운동과 앞으로 가는 원 운동만을 하게 하였다. 그 다음으로 이리저리 방황하는 운동을 하는 천체들을 만들었고, 신화를 통해 아는 신들은 그 다음에 탄생한 것들인데 그 연원이 불분명하다.

천체의 신 외에 하늘과 땅과 물에 사는 생명체들이 아직 없었으

40

므로, 그는 자신이 직접 만들면 신과 같이 죽지 않을 것이기에 새
로 태어난 신들에게 그런 생명체들을 만들어 탄생하고 성장하게 하
며 죽으면 거두어들이라고 명령하였다. 단 그들에 있어 항상 신과
정의를 따르려는 불멸의 부분인 영혼만은 그 자신이 만들어 주겠
다고 하였다. 그리고는 세계 영혼을 만들었던 그릇에 이전에 쓰고
남았으나 순도가 떨어지는 재료를 섞어서 이전과 마찬가지 방식으
로 영혼을 만든 다음, 별의 수만큼으로 나누어 각 별에 거하게 하
였다.[20]

플라톤 철학에 따르면 존재하는 것 일체는 감각 가능한 가시적
현상계와 감각 불가능한 비가시적 이데아계라는 존재론적으로 서
로 다른 두 영역으로 구분된다. 전자는 시간의 흐름에 따라 생성
소멸하는 것으로서 그 자체 항구적 실재가 아니며, 후자는 언제나
그 자체로 존재하는 것으로서 생성 소멸이 없는 영원한 것이다.
전자는 감각(aisthesis)을 통해 알려지며 의견(doxa)의 대상이 되
고, 후자는 로고스적 사유(noesis)에 의해 포착되며 인식
(episteme) 대상이 된다.[21]

20) 플라톤, 《티마이오스》, 28b~44d의 글을 정리한 것이다. 플라톤(Platon)은 기
원전 427~347년에 생존한 것으로 추정되는 희랍의 대표적 철학자이다. 《티마
이오스》는 플라톤 후기의 저작으로 그의 우주론적 통찰을 보여주고 있다. 이
책은 다행히 2000년에 서광사에서 번역되었는데, 역자 박종현과 김영균은 이
책에 대한 상세한 해제와 역주를 첨가하고 있다. 위에 인용된 구절의 번역에
도 플라톤, 박종현·김영균 역, 《플라톤의 티마이오스》(서광사, 2000)를 참조
하였다.
21) 현상계와 이데아계로 구분되는 이 이원론은 플라톤 철학 도처에서 주장되
는 것이다. 《티마이오스》에서도 데미우르고스에 의한 우주 제작 과정을 설명
하기에 앞서 이 원리를 다시 한 번 강조하고 있음을 볼 수 있다. 《티마이오
스》, 27d~28a 참조.

그렇다면 우리가 살고 있는 이 우주 전체는 그 중 어디에 속하는가? 플라톤은 우주 전체를 그 자체로 존재하는 영원한 이데아계가 아니라 생성 소멸하는 현상계에 속하는 것으로 판단한다. 왜냐하면 우주 전체는 감각을 통해 접근 가능한 가시적인 것이기 때문이다. 우주는 "볼 수 있고 접촉할 수 있으며, 몸을 갖고 있는데, 그처럼 감각에 의해 지각될 수 있는 것들은 생성된 것들이기 때문이다." 이렇게 해서 플라톤에 있어 우주 영원설은 부정된다. 우주는 영원히 있어온 것이 아니라 그 시작을 가지는 것, 즉 없다가 있게 된 것이다. 앞의 인용은 그와 같이 없던 우주가 생겨나게 되는 과정을 묘사한 것으로서, 그와 같이 우주를 만들어낸 신이 곧 "데미우르고스"이다. 그러나 데미우르고스에 의한 우주 창조는 엄밀히 말해 무에서 유를 만들어내는 창조가 아니라, 이미 있는 무엇인가로부터 다른 무엇을 만들어내는 제작이다. 완전히 아무것도 없는 무에서 무엇인가를 만들어내는 것은 창조이지만, 이미 존재하는 무엇인가를 가지고 그것을 단지 변형하여 어떤 것으로 만들어내는 것은 제작이라고 할 수 있기 때문이다. 따라서 우리는 데미우르고스를 창조자가 아니라 제작자라고 부른다. 그러나 신이 우주를 만드는 과정조차도 창조가 아닌 제작으로 이해하는 까닭은 무엇인가? 이는 희랍인들이 존재와 무를 서로 뒤바꿀 수 없는 절대 모순적인 것으로 간주했기 때문이다. 존재는 존재이고 무는 무이다. 있는 것은 있고 없는 것은 없는 것이기에, 있는 것이 없게 될 수 없고, 없는 것이 있게 될 수 없다고 본 것이다. 이것이 파르메니데스(Parmenides)의 기본 명제이다.[22] 그것은 존재의 원리이

---

22) 물론 파르메니데스와는 상반되는 견해를 표방한 희랍 철학자도 있다. 대표

며, 신도 그 원리를 벗어날 수 없다. 신조차도 완전 무에서 유를 산출할 수는 없으므로 우주를 만들기 위해서는 무엇인가가 이미 있어야 한다. 그렇다면 데미우르고스의 우주 제작에서 앞서 이미 있던 것들은 어떤 것들인가?

데미우르고스는 과연 "어떤 원형을 바라보며" 우주를 만들었는 가? 플라톤은 그가 "영원한 것을 바라보았을 것임에 분명하다"고 말한다. 만들어진 우주가 아름답고, 만든 자가 선하기에 그것의 원형은 영원한 것이 분명하다는 것이다. 선과 미를 포괄하는 가치를 영원성 안에서 찾고 있음을 볼 수 있다. 그러나 그 영원한 원형에 따라 만들어진 것은 우주 영혼이며, 가시적 우주 몸통을 만들기 위해서는 또 다른 요소들이 요구된다. 즉 "신은 불과 흙으로 우주의 몸통을 만들면서 … 물과 공기를 불과 흙 사이의 중간에" 배치하여 결국 불과 흙 그리고 공기와 물을 가지고 우주의 몸통을 만들었다. 이렇게 해서 그의 우주제작에 앞서 본래 있었던 것은 한편으로는 우주의 원형으로서의 영원 불변적 본성인 이데아이고, 다른 한편으로는 가시적 우주 몸통을 이루는 지(地)·수(水)·화(火)·풍(風)의 물질적 요소들이 된다. 이데아와 물질이 데미우르고스가 우주를 만들 수 있는 전제조건으로 이미 있던 것이며, 데미우르고스는 그것들을 가지고 현상 세계를 만든 것이다. 그 둘이 곧 데미우르고스의 우주 제작의 이념과 질료가 되며, 현상적 우주의 근원이 되는 것이다. 이렇게 보면 플라톤에 있어 정신과 물질, 이념과 질료의 이원론은 현상 차원에서뿐 아니라, 그

적으로 헤라클레이토스(Herakleitos)가 그렇다. 그는 우주적 근원을 존재와 무의 관점에서 이해하지 않고 생성 소멸의 운동으로 이해하였다. 생성이란 무에서 유로, 소멸이란 유에서 무로 바뀌는 것이다.

런 현상 세계를 제작하는 신에게 있어서조차 타당한 원리로 간주되고 있다. 즉 신이 우주를 제작하는 순간에 있어서도 신이 바라보아야 할 영원한 이성적 질서와 신이 재료로 삼아야 할 물질적 기반은 서로 구분되는 상이한 두 종류의 존재이다. 그러면서 그 둘은 신조차도 그 자신 바깥에서 취해야만 하게끔 신으로부터도 독립적인 객관적 실재성을 가지는 것으로 간주된 것이다.

그러한 두 원리인 이데아와 질료에 의거해서 데미우르고스가 우주를 만드는 과정은 일정한 순서를 밟는다. 그는 우선 이데아에 의거하여 우주 영혼을 만들고 그 다음 물질에 의거하여 우주 몸통을 만든다. 그리고는 기본물질인 불을 가지고 천체의 신을 만들었으며, 그 다음으로 희랍 신화에 나오는 신적 생명체들이 탄생한다. 신화의 신을 데미우르고스의 우주 제작 과정 중에 탄생하는 것으로 간주하는 것은 철학적 신을 신화적 신보다 더 근원적 존재로 간주하는 것을 의미하며, 이는 곧 희랍에 있어 신화적 사유에서 철학적 사유에로의 진전, 한마디로 미토스(mythos)로부터 로고스(logos)에로의 진전을 말해 주는 것이다. 그럼에도 불구하고 신화적 신의 연원이 불분명하다고 언급함으로써 로고스로 완전 환원될 수 없는 미토스의 영역을 남겨놓는 측면도 있다.

그 다음 인간 개체를 만드는데 데미우르고스는 천체의 신과 신화적 신들로 하여금 사멸하는 것으로서 인간 개체의 신체를 만들게 한다. 즉 데미우르고스는 "자신이 직접 만들면 신과 같이 죽지 않을 것이기에 새로 태어난 신들에게 그런 생명체를 만들어 탄생하고 성장하게 하며 죽으면 거두어들이라고 명령한다." 그리고는 "불멸의 부분인 영혼만은 그 자신이 만들어주겠다고 하였다." 그리하여 인간에게 있어 불사의 부분인 영혼만은 우주 영혼과 동일한 방식으로 존재와 같음과 다름으로부터 그가 직접 만든다. 그리고는 이 불사의 영혼을 언젠가 죽을 수밖에 없는 신체에다 결합시켜 인간을 완성시킨다. 그렇게 해서 인간은 불사의 영혼과 사멸적 신체의 결합으로 탄생하게 된 것이다. 이와 같이 해서 인간 영혼은 인간 신체와는 전혀 다른 기원을 가진 것으로 이해된다. 즉 정신은 물질로부터 독립적인 기원을 가지며 물질과 달리 불멸적인 것이다. 반면 인간 신체는 물질에 기반을 둔 것으로서 사멸적인 것이다. 이것이 서양 사유에 있어 근현대에까지 이어지는 정신과 물질, 마음과 몸의 이원론이다.

그런데 인간 영혼의 불멸성은 영혼 전반의 특징이 아니다. 플라톤은 인간의 영혼을 다시 불멸하는 신적 부분과 사멸적 부분으로 구분하는데, 이는 데미우르고스가 영혼을 신체와 결합시킬 때 그 영혼을 신체의 어느 부분에 위치시키는가에 따라 구분되는 것이다.[23] 즉 오직 신체의 머리 부분에 위치한 영혼만이 이성(nous)이라고 불리는데, 오직 그 이성만이 사멸적 인간에 있어 유일하게 불멸적 부분인 것이다. 바로 이 점으로부터 '이성적 인간'이라는 희랍적 인간 본질 규정이 성립한다. 데미우르고스는 머리뿐 아니라 목 아래의 가슴과 횡경막 아래의 배 부분에도 각각 영혼을 배치시켰는데, 가슴에 위치한 영혼을 기개(thymos), 배에 위치한 영혼을 욕망(epithymia)이라고 부른다.[24] 우주 영혼을 만들 때 사용

---

23) 인간 영혼을 머리·가슴·배의 신체 각 부분에 배치시키는 것에 대해서는 《티마이오스》 69d 이하 참조.

24) 이상과 같은 인간 영혼의 세 부분인 이성과 기개와 욕망이 《티마이오스》에서는 감각과 감정과 욕망으로 분류되어 칭해지기도 한다. 감각은 이성과 구분되기는 하지만, 이성을 넓은 의미의 인식 능력으로 볼 경우 감각 역시 그 아래 포섭될 수 있기 때문이다. 결국 이러한 플라톤의 인간 영혼 삼분설은 흔히

된 세 가지 원리인 '존재'와 '같음'과 '다름'의 원리가 그 각각의 영혼과 연관되는데, 이성은 비존재가 아닌 존재를 인식하는 능력으로서 존재의 원리에 상응하며, 기개는 이성과 같아지려고 하는 같음의 원리에, 욕망은 이성과 다르고자 하는 다름의 원리에 상응한다. 우주 영혼에 있어서도 다름보다 같음에 주도권이 주어졌듯이, 인간 영혼에 있어서도 이성과 같아지려고 하는 기개는 이성과 다르고자 하는 욕망에 대해 주도권을 가져야 하며, 결국 욕망에 대항하여 이성적 질서를 따를 수 있는 힘을 가져야만 하는 것으로 간주된다.

그런데 이상과 같은 데미우르고스에 의한 우주 제작과 그 안에서의 인간 창조 설명에 있어 해명되지 않고 남겨지는 물음은 바로 그와 같은 제작의 근거가 되는 이데아와 지·수·화·풍의 물질은 과연 어떤 존재인가 하는 것이다. 우주의 생성을 설명한다는 것은 곧 일체 존재의 시작을 설명하는 것인데, 데미우르고스에 의한 우주 제작설에 있어서는 이데아와 지·수·화·풍의 물질이 우주 제작에 앞서 이미 존재하는 것으로서 전제되고 있기 때문이다. 우주 창조의 원형으로서의 이데아 그리고 그러한 창조 재료로

인간의 의식 활동을 인식과 의지와 느낌 또는 지(知)와 의(意)와 정(情)으로 구분하는 것과 상응한다. 이성은 인식 능력, 기개는 의지 능력, 욕망은 정감의 능력 이외의 다른 것이 아니기 때문이다. 이 세 부분의 영혼이 각각 자기 능력을 다하는 것, 자기 몫을 다하는 것을 덕(德, arethe)이라고 하는데, 플라톤에 따르면 이성의 덕은 지혜이고 기개의 덕은 용기이며 욕망의 덕은 절제이다. 이 세 가지 덕목은 또한 인간이 추구하는 세 가지 가치인 진과 선과 미에 상응하는 덕목이기도 한데, 플라톤은 이 세 덕목을 인간 개인에 있어서는 그 각각의 능력이 놓여 있는 신체상의 부분인 머리·가슴·배 각각이 실현시켜야 할 덕목으로, 전체 국가에 있어서는 그 각각의 능력에 뛰어난 계층인 지배층·수호층·생산층 각각이 실현시켜야 할 덕목으로 간주한다.

서의 물질은 과연 무엇인가? 그것들은 어떻게 해서 존재하게 된
것인가? 그리고 그 둘은 서로 어떤 관계에 있는가?

　플라톤의 이데아와 물질은 그의 제자 아리스토텔레스에게서 현
상을 구성하는 두 원리로 간주되어 확고한 철학적 개념을 부여받
게 되는데, 그것이 곧 형상(eidos/form)과 질료(hyle/matter)이다.
현상적 사물세계에 있어 우리의 이성이 파악할 수 있는 부분은
사물의 형상이며, 그 형상을 담지하고 있는 사물 자체는 정신과
구분되는 물질적 질료이다. 따라서 현상적 개별 사물들은 모두 형
상과 질료의 종합인 것이다. 그렇지만 형상과 질료는 또한 상대적
개념이다. 예를 들어 대리석을 가지고 소크라테스 상을 만들 경
우, 대리석에 조각되어 드러날 소크라테스의 모습은 대리석에 대
해 형상이고, 그 대리석 조각은 그 형상에 대해 질료이다. 그러나
그렇게 만들기 위해 원기둥으로 정리된 그 대리석 조각 역시 흙
에 묻혀 있던 바윗덩어리에 대해서는 원기둥이라는 모습의 형상
이 첨가된 것이며, 그 모습으로 다듬어지기 이전의 바윗덩어리가
그에 대해 질료가 된다. 즉 그 다음 단계의 형상에 대해 이전 단
계의 것은 재료 역할을 하기에 질료이지만, 그 질료도 더 이전 단
계에 대해서는 형상이 추가된 것이다. 이와 같은 방식으로 첨가된
형상을 배제시켜가면서 재료로 계속 나아갈 경우 결국은 더 이상
무엇의 형상이라고 말할 수 없게끔 형상적 요소가 완전히 배제된
질료가 남게 되는데, 이를 '순수 질료'라고 한다. 마찬가지로 질료
적 요소가 완전히 배제된 형상을 순수 형상이라고 한다. 순수 질
료는 순수 물질적 존재이고 순수 형상은 순수 정신적 존재라고
말할 수 있다. 질료와 형상이 결합된 현상적 사물은 우리가 볼 수
있고 만질 수 있는 가시적 존재이지만, 형상이 없는 순수 질료와

질료가 없는 순수 형상은 그렇게 보고 만질 수 있는 가시적 존재가 아니다.

현상 세계는 무규정적 순수 질료에 형상적 규정이 가해짐으로써 가시적으로 규정된 세계이다. 그리고 그 규정적 형상을 통해 우리는 사물을 지각한다. 노란색이나 사각형 또는 크기나 맛 등의 형상을 따라 그런 색과 모양과 크기와 맛을 가진 사물을 지각할 수 있는 것이다. 따라서 형상을 제외시킨 사물 자체 또는 사물과 결합되지 않은 순수 형상은 지각 불가능한 것이다. 그러나 순수 형상은 지각될 수는 없지만 이성적으로 사유될 수 있는 것이다. 순수 형상이 곧 가지계에 속하는 이데아들이기 때문이다. 따라서 질료가 배제된 순수 형상은 이성적 사유를 통해 인식 가능하며, 질료와 형상이 결합된 현상 세계 사물들은 감각 또는 지각을 통해 인식 가능하다.

그렇다면 형상이 완전히 배제된 순수 질료는 어떻게 인식될 수 있는가? 그것은 이성적으로도 감각적으로도 인식될 수가 없는 것이다. 그것은 이데아계에도 현상계에도 속하지 않기 때문이다. 따라서 플라톤은 그것을 '제3의 류'라고 말한다.[25] 질료는 형상에

25) 이렇게 제3의 류를 설정하게 되는 것은 존재를 비가시적 이데아와 가시적 현상 두 종류만을 가지고는 다 설명해낼 수가 없기 때문이다. 그럼에도 불구하고 이 제3의 류를 파악하는 것이 결코 쉽지 않다는 것을 플라톤은 거듭 강조하고 있다. "이전에는 우리가 두 가지 종류만을 구분했지만, 이번에는 제3의 류를 설정해야만 한다. 앞에서는 두 가지로 충분했다. 하나는 원형으로서 전제된 것으로 이성에 의해 알려지는 것이고 언제나 같은 상태로 있는 것인데 반해, 다른 하나는 원형의 모상으로서 생성하는 것으로 가시적인 것이다. 그 때 우리는 세 번째 것을 구분하지 않았는데, 두 가지로 충분하다고 보았기 때문이다. 그러나 이제 제3의 것을 설정할 수밖에 없는데, 그러나 그것을 파악하는 것은 무척 어렵고 분명하지 않다." 《티마이오스》, 48e 이하. 이 제3의

의해 규정됨으로써만 현상적으로 존재할 수 있고 인식될 수 있을 뿐, 형상에 의해 규정되지 않은 순수 질료란 그 자체 인식될 수 없는 것이다. 규정되지 않은 것, 한계지어지지 않은 것은 인식될 수 없는 것이기 때문이다. 다시 말해 존재하는 것 그리고 우리가 인식할 수 있는 것은 바로 자기 경계와 한계를 가진 규정된 것이어야 한다. 다른 것이 아닌 바로 그것으로서의 자기 경계를 통해서만 현상적 존재가 확립되며, 그 경계를 통해서만 인식이 성립한다. 한계가 곧 그 사물의 규정 내지 속성이 되며, 우리는 속성을 통해서만 사물을 인식할 수 있는 것이다. 이 한계를 희랍어로 페라스(peras)라고 한다. 반면 한계지어지지 않은 것, 한계를 가지지 않은 것은 부정어 a를 붙여 아페이론(apeiron)이라고 하는데, 이것이 곧 무규정자, 무한정자, 무한을 뜻한다. 규정 또는 한계에 의해 규정되지 않은 것, 한정되지 않은 것, 그것은 결국 무엇인가? 사물을 한계짓고 규정하는 것은 바로 형상이다. 형상이 사물에 있어 한계, 페라스의 역할을 하는 것이다. 그러므로 페라스에 의해 한계지어지지 않고 규정되지 않은 아페이론은 곧 형상에 의해 규정되지 않은 무규정적 순수 질료가 된다. 결국 아페이론의 무규정성은 곧 순수 질료의 무규정성을 뜻하는 것이다. 따라서 데미우르고스의 우주 제작은 바로 그러한 무규정자를 형상을 통해 규정함으로써 현상 세계로 가시화하는 일이 된다. 즉 질료에다 형상을 부여하고, 아페이론에 이데아적 질서를 부여함으로써 가시적 현상 세계를 만들어내는 것이다. 이와 같은 데미우르고스의 우주 제작

류를 "생성의 수용자", "유모" 등으로 간주하는 것은 바로 그것이 이데아에 의해 규정됨으로써 가시적 현상으로 성립하게 되기 때문이며, 이런 의미에서 그것은 아직 형상에 의해 규정되지 않은 순수 질료적 의미를 가지는 것이다.

을 그 제작 이전부터 있었던 것들과 그 제작을 거쳐 비로소 생겨
난 것들로 구분하여 정리해 보면 다음과 같다.

제작 이전의 존재	제작 결과물
데미우르고스	
순수 형상(이데아=규정자: 가지계)	→ 형상+질료: 규정된 현상 세계
순수 질료(무규정자)	(우주: 가시계)

　여기에서 순수 형상의 이데아계는 곧 비가시적 사유세계이며,
현상 세계는 가시적 사물세계를 뜻한다. 그리고 무규정적 순수 질
료는 인식 불가능한 것으로 남는 것이다. 물론 어느 철학에서든
궁극적으로 설명되지 않고 남겨지는 신비적 부분이 있을 수 있다.
문제는 바로 그 신비를 무엇으로 이해하는가이다. 그것은 로고스
의 이성적 질서로도 다 설명되지 않고, 현상 경험으로도 다 해명
될 수 없는 신비의 영역일 것이다. 우리는 흔히 그것을 무한이나
절대로 파악한다. 절대란 현상계의 상대성에 대비되는 것이며, 무
한이란 현상계의 유한성에 대비되는 것이다. 우리는 일반적으로
유한보다는 무한을 더 높은 가치로 평가하며 그것을 유한한 현상
너머의 절대적 정신 또는 신적 존재로 떠올린다. 그런데 희랍에서
는 규정되지 않은 무한을 그런 의미로 파악하지 않았다. 이성적
사유로도 감성적 지각으로도 접근될 수 없는 것, 즉 이데아계에도
현상계에도 속하지 않는 어떤 것, 그것을 플라톤은 순수 질료, 순
수 물질이라고 간주한 것이다. 무한은 한계지어지지 않은 것, 규

정되지 않은 것, 정신적 형상이 완전 배제된 것, 한마디로 규정적 질서를 결한 무질서, 혼동으로 이해된 것이다.[26] 무엇인지는 알 수 없지만 정신 바깥에 실재하는 객관적인 물질적 실재로 실체화 된 것이다. 이것이 바로 중세를 거쳐 근현대에 이르기까지 서양인 들의 정신 속에 잠재해 있는 근본적인 유물론적 태도를 보여주는 것이다. 신이 우주를 만들기 전부터 그 우주의 재료로서 이미 있 어야 했던 것, 그것은 이데아와 구분되는 순수 물질이다. 이런 방 식으로 물질이 정신에 대해 끝까지 타자로 남게 되는 이원론이 성립하는 것이다.

2. 기독교: 신(神)과 무(無)

신이여, 태초의 시간도 당신으로부터 있게 되었고, 지혜도 당신 의 존재로부터 생겨난 것입니다. 당신은 그러한 태초에 그러한 당 신의 지혜로부터 일체를 창조하였으며, 그것도 무(無)로부터 창조 하였습니다.

그러므로 당신은 "하늘과 땅"을 당신 자신으로부터 만든 것이 아 닙니다. 왜냐하면 그럴 경우 당신에 의해 만들어진 피조물이 당신 의 속성, 즉 당신 자신과 같은 것이 되겠기 때문입니다. 그러나 당 신이 아닌 존재[피조물]이면서도 당신과 같은 것이 존재한다는 것은

---

26) 이런 점에서 고대 희랍에 있어 무한(아페이론)의 개념과 중세 스콜라철학에 있어 무한자의 개념은 근본적으로 서로 다른 것이 된다. 전자는 한정이나 규 정이 결핍된 무규정적 혼동 또는 무질서로 이해된다면, 후자는 한정과 규정의 결핍보다는 오히려 한정이나 규정을 넘어서는 의미의 무한한 신적 존재로 이 해되는 것이다.

결코 있을 수 없는 일입니다.

그리고 단일한 삼위이시며 삼위의 단일성이신 하나님, 당신 이외에는 다른 어떤 것도 존재하지 않았으므로, 당신이 가지고 만들 수 있을 그런 어떤 것[제작의 재료]이란 존재하지 않았습니다.

그러므로 당신은 무로부터 '하늘과 땅'을, 큰 것과 작은 것을 창조하셨습니다. 왜냐하면 당신은 전능하시며, 큰 하늘과 작은 땅, 그 모든 것을 선하게 창조할 수 있는 선한 분이시기 때문입니다. 당신만이 존재하셨으며, 그 외에는 무밖에 없었습니다. 그 무로부터 당신은 '하늘과 땅', 두 가지 것을 창조하셨습니다. 하나 위에는 오직 당신만이 계시고, 다른 하나 아래에는 오직 무만이 있을 수 있도록, 하나를 당신 가까이에, 다른 하나를 무 가까이에 창조하셨습니다.

그 "하늘의 하늘"은 당신의 것이지만, "땅"은 당신이 인간에게 보고 만질 수 있도록 주셨습니다. 그러나 그것은 우리가 지금 보고 만질 수 있는 땅이 아닙니다. 그것은 보이지 않고 질서지어지지 않은 "심연"이며, 그 심연 위에 빛이 없었습니다. 또는 다른 글은 "흑암이 심연 위에 있었다", 즉 심연보다 더 짙었다고 합니다. 왜냐하면 우리가 심연이라고 부르는 것은 이미 가시적인 바다에서의 심연처럼 그 깊이에서 그래도 그 나름대로 물고기나 벌레류의 생물들에게 빛이 느껴질 수 있기 때문입니다. 반면 그 근원질료의 심연은 일종의 '유사무'(prope nihil, 무 가까이의 것)입니다. 그것 자체는 전적으로 형상을 결한 것으로 단지 형상에 의해 규정될 수 있는 그런 것입니다.

당신은 세계를 그 형상없는 질료로부터 만드셨습니다. 그리고 그 형상없는 질료인 유사무는 당신이 그것으로부터 우리 인간이 경탄하는 큰 것을 만들기 위해 무로부터 만드신 것입니다. 정말 경탄스럽게도 당신은 그 유사무로부터 물질적 하늘을 만드셨습니다. 빛의 창조 이후 둘째날, 물과 물 사이의 궁창으로서 '있으라'고 하시니 그렇게 있게 되었습니다. 이 '궁창'을 당신은 '하늘'이라고 부르셨지만, 그것은 당신이 셋째날 만드신 바다인 땅에 대한 하늘로서의 하늘입니다. 당신은 그 땅을 며칠 전에 만드신 형상없는 질료에다 가시적인 형태를 부여함으로써 만드셨습니다. 그리고 그 전에 이미 '하늘'을 만드셨는데, 그것은 바로 이 지상적인 '하늘'의 '하늘'입니다. 당신은 "태초"에 "천지"를 창조하셨기 때문입니다.

당신이 창조한 그 '땅'은 형상없는 질료입니다. 왜냐하면 "그것은 보이지 않고 질서지어지지 않은 심연 위의 흑암이었기" 때문입니다. 이 보이지 않고 질서지어지지 않은 '땅', 이 무형상의 것, 이 유사무로부터 당신은 모든 것을 만드셔야 했으며, 그로부터 이 변화하는 세계가 존재하게 되었습니다. 그 '땅'은 존재하는 것이 아닙니다. 왜냐하면 그 땅으로부터 변화성이 나타나며, 그 변화성에서 시간이 느껴지고 계산될 수 있기 때문입니다. 시간은 그 보이지 않는 땅을 원질료삼아 만들어진 현상이 변화하고 바뀜에 따라 그 사물들의 변화와 바뀜과 더불어 생겨났습니다. …

당신이 "태초에" 창조하신 그 "하늘의 하늘"은 일종의 정신의 창조입니다. 그것은 결코 삼위이신 당신처럼 영원하지는 않지만 그럼에도 불구하고 당신의 영원성에 잘 어울리는 것이며, 그 자신 안에 변화적인 것이 있지만 당신을 바라보는 기쁨으로부터 자신을 억제하여, 결코 추락하거나 잘못함이 없이 당신을 좋아하며 자신을 모든 흘러가는 시간변화성으로부터 고양시킵니다.

그런데 그 형상없는 "비가시적이고 질서지어지지 않은 땅" 역시 '날짜'로 계산되지 않습니다. 왜냐하면 형태와 질서가 없는 곳에는 아무 것도 오지 않고 가지 않기 때문입니다. 그러한 경과가 존재하지 않는 곳에는 당연히 '날'도 없고 시간적 공간성 안에서의 변화도 없습니다.[27]

기독교에서는 신의 우주 창조가 무로부터의 창조(creatio ex nihilo)임을 강조한다. 태초에 신 이외에 다른 어떤 것도 존재하지 않았다고 보는 것이다. 일체는 신에 의해 만들어진 것이지 처음부터 있었던 것은 없다. "당신 이외에는 다른 어떤 것도 존재하지 않았으므로, 당신이 가지고 만들 수 있을 그런 어떤 것이란 존재하지 않았습니다"가 그것이다. 이는 희랍에서 생각된 데미우르고스의 우주 제작과 대비되는 것이다. 희랍에서는 순수 형상인 이데아와 순수 질료가 신과 더불어 존재하였으며 신이 그것을 가지고 세상을 만들었다면, 기독교의 신은 그러한 어떤 것을 가지고 세계를 만든 것이 아니라, 완전 무로부터 만든 것이다. 그렇다면 아우구스티누스는 왜 굳이 신 이외에는 다른 아무것도 있지 않았다고 강조하는 것일까? 만일 신이 세상을 만들기 전에 이미 무엇인가가 존재했다고 한다면, 그 때 그 무엇은 곧 신과 마찬가지로 근원적이고 절대적인 존재가 될 것이다. 그 경우 궁극적 존재는 신과

---

27) 아우구스티누스(Augustinus), 《고백록》, 제12권 중 일부를 번역한 것이다. 아우구스티누스(354~ 430)는 기독교 초기의 신부로서 기독교사상을 희랍적 사유와 결합하여 중세 스콜라 철학의 초석을 마련한 사상가이다. 《고백록》은 자신의 삶과 신앙에 있어서의 고민과 방황과 회개와 다짐 등을 거짓없이 신 앞에 고백하는 글이면서도 여기저기 중요한 형이상학적 주제들이 철학적으로 심도있게 논의되고 있다. 국내에는 1989년 을유문화사의 세계사상 전집 중 제5권 아우구스티누스, 《신국/고백》이란 제목으로 윤성범의 번역이 있는데, 《고백록》 전체 13권 중 앞의 10권까지만 번역되어 있으며 그 부분마저도 완역이 아닌 부분 번역일 뿐이다.

그 '어떤 것' 둘이 되는 것이다. 그 어떤 것을 우주의 재료로 이해한다면, 신은 정신적 창조자인 반면 그 어떤 것은 물질적 궁극 존재가 되어, 결국 이 우주는 정신적 신과 물질적 존재라는 두 원리의 결합이 될 것이다. 아우구스티누스는 그와 같은 정신과 물질의 이원론을 피하고자 한 것이다. 그가 기독교로 개종하기 이전에 가졌던 종교가 바로 그와 같은 이원론적 마니교이다.[28] 마니교에서는 선신과 악신이라는 두 신을 인정한다. 선신이 정신적 신이라면, 악신은 물질적 신이라고 할 수 있으며, 이 세상은 바로 그러한 선신과 악신의 대립과 투쟁의 장소로 이해된다. 그러나 그 둘 모두 근원적 존재이기에 그 싸움은 최후로 선신이 승리하는 역사의 마지막 날까지 그칠 날이 없으며, 우리 삶의 역사 자체가 일종의 투쟁으로 이해되는 것이다. 아우구스티누스는 그런 대립 투쟁의 양신론보다는 기독교적 유일신론을 더 합리적이라고 생각했다. 현상 세계의 재료가 될 물질 자체도 신이 직접 무로부터 만든 것이므로, 물질은 결코 신처럼 절대 무한의 것이 아니다. 절대 무한의 존재는 오직 신뿐이다. 이렇게 해서 정신과 물질의 이원론은 신적 차원에서 극복되고 부정된다.[29]

---

28) 마니교는 당시 페르시아인들의 종교로서 불을 숭배하는 종교라는 의미에서 배화교라고 칭해지기도 하며 일명 조로아스터교라고도 불린다. 아우구스티누스는 이 세상에 존재하는 악(惡)의 근원에 관하여 마니가 그 답을 제시해 준다고 믿고 마니교를 신봉하였지만, 수년의 세월이 흐른 후에 결국은 기독교로 개종하였다. 이에 대해서는 아우구스티누스, 《고백록》, 제7권과 피터 브라운(P. Brown), 차종순 역, 《어거스틴》(한국장로교출판사, 1993), 60면 이하를 참조할 것.

29) 이런 관점에서 보면 악은 더 이상 실재하는 것이 아니다. 마치 어두움이 빛에 대립하여 실재하는 것이 아니라 단지 빛의 부재에 지나지 않는 것처럼, 악이란 실재하는 것이 아니라 단지 선의 부재 또는 선의 결핍일 뿐이다. 이처럼

그런데 기독교의 무로부터의 창조는 '어떤 것'으로부터의 창조
와도 구분되지만, 또한 '신 자신'으로부터의 창조와도 구분된다.
그러므로 아우구스티누스는 "당신은 하늘과 땅을 당신 자신으로
부터 만든 것이 아닙니다"라고 말한다. 그러나 이 세상에 신 이외
에 다른 아무것도 존재하지 않는다면, 즉 오로지 신만이 존재하고
그가 전 우주를 만들었다고 하면, 결국 모든 것은 신으로부터 만
들어진 것이 아니겠는가? 그런데도 아우구스티누스는 그렇지 않
다고 강조한다. 왜? "왜냐하면 그럴 경우 당신에 의해 만들어진
피조물이 당신의 속성, 즉 당신 자신과 같은 것이 되겠기 때문입
니다." 신이 신 자신으로부터 세상을 만들 경우, 이 세상은 신으로
부터 만들어졌기에 결국 신과 같은 것, 즉 신적인 것이 될 텐데,
그럴 리가 없다는 것이다. 피조물들 중 대표적으로 인간을 들어
말한다면, 아우구스티누스가 강조하는 것은 결국 피조물인 인간은
결코 창조자인 신과 같을 수 없다는 것이다. "당신이 아닌 존재이
면서도 당신과 같은 것이 존재한다는 것은 결코 있을 수 없는
일"이라는 것이다. 이것은 창조자와 피조물, 신과 인간은 질적으
로 서로 다르다는 말이다. 이와 같은 인간과 신의 질적 차이의 강
조, 따라서 무한하고 절대적인 신에게 인간 스스로는 결코 접근해
갈 수 없다는 인간 유한성과 무(無)의 강조가 기독교적 인간 본질
규정의 핵심이 된다.

그렇다면 기독교는 왜 굳이 신과 인간의 질적 차이를 그렇게
강조하는 것일까? 중세에는 우주의 형성 과정을 '무로부터의 창

악이란 실재하는 것이 아니므로, 그 악의 책임은 모든 실재성의 근원으로서의
신으로 돌아가는 것이 아니라, 단지 선을 실현하지 못하는 인간에게 돌아가게
되는 것이다.

조'로 보지 않고 '일자(一者)로부터의 유출(流出, emanatio)'로 보는 견해도 있었다. 이는 신플라톤주의자 플로티노스(Plotinos)로부터 독일 신비주의자 에크하르트(M. Eckhart)에 이르기까지 이어지는 사상으로, '무로부터의 창조'를 주장하는 정통 기독교에 의해 이단으로 배척된 신비주의 전통이다. 일자는 절대적 존재로서 신을 의미하므로, 일자로부터의 유출은 곧 신으로부터의 일체 존재의 유출을 뜻한다. 에크하르트는 신의 우주 형성 과정을 끓는 죽냄비로부터 죽이 넘쳐 흐르는 모습에 비유한다. 신은 차고 넘치는 존재의 충만함이다. 마치 냄비 속에 가득찬 죽이 끓어 넘치듯이, 신은 존재의 충만함에 차고 넘쳐 하나에 머물러 있지 못하고 바깥으로 넘쳐 흘러 만물을 이룬다는 것이다. 일체의 존재는 신의 존재의 충만함에서 넘쳐 흘러 나와 형성된 신의 외화물, 곧 신의 자식들이다. 그렇다면 이런 신비주의가 왜 정통 기독교에 의해 이단시되었을까?

정통 기독교에 따르면 창조자인 신과 피조물인 인간은 질적으로 서로 다른 존재이며 따라서 그 둘 간의 직접적 교통이란 가능하지 않다. 그러므로 그 둘 간의 교통을 통한 인간의 구원이 가능하기 위해서는 제3의 매개자가 요구되며, 그가 곧 예수이다. 따라서 정통 기독교에 있어 예수의 역할은 절대적이 된다. 그에 반해 신비주의 전통에서 일자인 신으로부터 일체 존재의 유출은 마치 부모가 자식을 낳는 것과 같다. 자식을 낳은 부모와 그에 의해 낳아진 자식이 질적으로 서로 다른 존재가 아니듯이, 신과 인간은 질적으로 서로 다른 존재가 아니며, 따라서 그 둘 간에는 직접적인 신비적 교통이 가능하다. 그래서 '신비주의'라고 불리는 것이다. 신비주의자 에크하르트는 설교에서 끊임없이 신과 인간 간의

관계가 창조가 아니라 낳음의 관계임을 강조한다. 낳는 신과 낳아
지는 인간이 본질적으로 하나라는 것을 강조하는 것이다.[30] 따라
서 "예수만 신의 아들이 아니라, 인간 누구나가 다 신의 아들이
다"라고 선포한다. 이처럼 신비주의는 정통 기독교와 달리 창조자
와 피조물 간의 질적 차이 그리고 피조된 것들 간의 질적·계층
적 차이를 인정하지 않으며, 따라서 질적으로 서로 다른 둘을 매
개하는 구세주 예수의 역할을 그다지 중시하지 않는다. 예수는 철
저하게 자신의 신성(神性)을 실현시킨 완전한 인간의 한 전형일
뿐이며, 인간은 누구나 다 본질적으로 예수와 다를 바가 없다고
보는 것이다. 이와 같은 급진적 사상으로 인해 신비주의는 정통
기독교에 의해 이단시된 것이다.

정통 기독교가 존재 전체를 계층적 질서로 이해하는 것은 본문
에서 인용한 아우구스티누스의 글에서도 볼 수 있는데, 우리는 그
안에서 중세 스콜라철학의 장을 여는 아우구스티누스의 사유가
한편으로는 희랍적 사유로부터 거리를 취하고 있음에도 불구하고
또 다른 한편으로는 어쩔 수 없이 희랍적 사유의 맥을 유지하고
있음을 발견하게 된다. 그 구절은 《성서》〈창세기〉에 대한 해석으
로서, 그가 해석하고자 한 〈창세기〉 구절은 다음과 같다.

---

30) 에크하르트에게 있어 신과 인간의 관계는 아버지와 아들의 관계일 뿐만 아
니라 이에 한 걸음 더 나아가 아들 안에서 아버지가 다시 태어난다는 식으로
아버지와 나, 신과 인간 간의 본질적 동일성이 강조되고 있다. 내가 나에 대
해 나 자신이라고 생각하는 거짓된 허상들을 모두 제거하고 나면 그 영혼의
핵심에는 바로 나 자신인 신이 활동하고 있다는 것이다. "하나님께서는 나를
당신의 아들로서뿐만 아니라 당신 자신으로서 낳으시는 동시에 자신의 본성,
곧 하나님 자신의 존재 안에서 나를 낳으시면서 나 자신으로 당신 자신을 탄
생시킵니다." M. 에크하르트, 블레크니(L.B. Blakney) 편, 이민재 역, 《마이스
터 에크하르트》(다산글방, 1994), 300면.

　태초에 하나님이 천지를 창조하시니라. 땅이 형상이 없고 공허하며 흑암이 심연 위에 있고 하나님의 정신이 물 위에 운행하시니라. 하나님이 빛이 있으라 말씀하시니 빛이 있었고 그 빛이 하나님이 보시기에 좋았더라. 하나님이 빛을 어두움으로부터 구분하여 빛을 낮이라 칭하시고 어두움을 밤이라 칭하시니라. 저녁이 되며 아침이 되니 이는 첫째 날이니라. 하나님이 물 가운데 궁창이 있어 물과 물을 구분하게 하라 말씀하시고, 궁창을 만들어 궁창 아래의 물과 궁창 위의 물을 구분하시니. 그렇게 되었다. 하나님이 궁창을 하늘이라 칭하시니라. 저녁이 되며 아침이 되니 이는 둘째 날이니라. 하나님이 궁창 아래의 물이 한곳으로 모이고 마른 뭍이 나타나라 말씀하시니 그대로 되었다. 하나님이 마른 뭍을 땅이라 칭하시고, 모인 물을 바다라 칭하시니라. 하나님이 보시기에 좋았더라. … 땅에는 풀과 씨맺는 채소와 씨가진 열매맺는 과목을 있게 하니 … 이는 셋째날이니라. … 하늘의 궁창에 두 광명을 있게 하니 … 이는 넷째날이니라. … 물에는 생물을, 땅위 하늘의 궁창에는 새를, 물고기와 물에서 번성하는 생물을 있게 하니 … 이는 다섯째날이니라. … 땅에 생물을, 육축과 기는 것을 있게 하며, … 하나님이 우리의 형상을 따라 우리의 모양대로 사람을 만들고 그로 하여금 바다의 고기와 공중의 새와 육축과 온 땅과 땅에 기는 모든 것을 다스리게 하리라 말씀하시고 하나님이 자신의 형상, 곧 하나님의 형상대로 사람을 창조하시되 남자와 여자를 창조하시고, 그들에게 복을 주시며 이르시되 생육하고 번성하여 땅에 충만하라, 땅을 정복하라, 바다의 고기와 공중의 새와 땅에 움직이는 모든 생물을 다스리라 하시니라. 하나님이 말씀하시기를 내가 온 지면의 씨맺는 모든 채소와 씨가진 열매맺는 모든 나무를 너희에게 주노니 너희 식물이 되리라. 또 땅의 모든 짐승과 공중의 모든 새와 생명이 있어 땅에 기는 모든 것에게는 내가 모든 푸른 풀을 식물로 주노라 하시니 그대로 되니라. 하나님이 그 지으신 모든 것을 보시니 보시기에 심히 좋았더라. 저녁이 되며 아침이 되니 이는 여섯째 날이니라. 천지와 만물이 다 이루니라. 하나님의 지으시던 일이 일곱째 날이 이를 때에 마치니 그 지으시던 일이 다하므로 일곱째 날에 안식하시니라. 하나님이 일곱째 날을 복주사 거룩하게 하셨으니 이는 하나님이 그 창조하시며 만드시던 모든 일을 마치시고 이 날에 안식하셨음이더라.[31]

아우구스티누스는 이상 창세기의 창조 과정을 두 단계의 창조로 해석한다. 첫 단계는 무로부터의 순수 정신과 순수 물질의 창조이며, 그 다음 단계는 유사무인 순수 물질로부터 가시적인 현상 세계의 창조이다. 즉 신의 우주 창조는 두 단계로 이루어진다는 것이다. 첫 구절의 "태초에 하나님이 천지를 창조했다"에서의 천지, 하늘과 땅의 창조가 첫 단계에 해당하며, 그 다음 구절 "빛이 있으라!"부터 시작해서 엿새에 걸쳐 진행된 창조가 두 번째 단계에 해당한다. 따라서 아우구스티누스는 첫 단계에서 창조된 하늘과 땅을 두 번째 단계 중 둘째날에 창조된 하늘(궁창)과 셋째날에 창조된 땅(뭍)과 구분한다. 즉 첫 단계의 하늘과 땅은 우리가 바라보는 현상 세계의 가시적 하늘과 가시적 땅이 아니다. 처음 창조된 땅은 "땅의 땅"으로서 "형상이 없고 공허한 심연"이며 무 가까이에 놓인 "유사무"이다. 희랍적 개념으로 말하자면 형상이 배제된 순수 질료에 해당한다. 일체의 가시적인 현상 세계는 바로 그 형상없고 질서잡히지 않은 순수 질료, 유사무로부터 만들어진

31) 《성서》〈창세기〉제1장 제1절~제2장 제3절.

것이다. 이 순수 질료에 형상이 부여되어 질서가 잡힘으로써 가시적 현상 세계의 사물이 존재하게 되는 것이다. 마찬가지로 첫 단계에 창조된 하늘도 우리가 바라보는 가시적 하늘이 아니라 아무런 질료적 요소도 갖지 않은 순수 정신적 존재, 즉 순수 형상이다. 이를 "하늘의 하늘"이라고 한다.[32] 이러한 아우구스티누스의 〈창세기〉 해석을 정리해 보면 다음과 같은데, 이는 결국 희랍적 존재론을 크게 벗어나지 않는다.

창조 이전 존재	제1단계 창조 결과물	제2단계 창조 결과물
신 무	천(하늘의 하늘)=순수 형상 지(땅의 땅)=순수 질료=유사무	→ 가시적 현상계

이렇게 보면 현상 세계에 대해 형상적 측면과 질료적 측면, 즉 정신적 부분과 물질적 부분을 구분하고 그 각각을 독립적 원리로

─────────

32) 《周易》 64괘의 6효에 있어서도 가시적인 "현상적 하늘"과 비가시적인 순수 형상으로서의 "하늘의 하늘"의 구분 그리고 가시적인 "현상적 땅"과 비가시적인 순수 질료로서의 "땅의 땅"의 구분이 함께 하고 있는 것인지도 모른다. 하늘과 땅 사이의 인간 역시 그 형상적 측면과 질료적 측면이 함께 하기에 결국은 "하늘의 인간"과 "땅의 인간"의 구분이 가능하게 된다. 그렇게 보면 전체 6효는 다음과 같다.
    ── 하늘의 하늘
    ── 하늘(현상적 하늘)
    ── 인간 영혼
    ── 인간 신체
    ── 땅(현상적 땅)
    ── 땅의 땅

설정하는 것은 희랍이나 중세 신학이나 마찬가지이다. 다만 중세 신학에 있어서는 순수 형상과 순수 질료를 본래 있던 것이 아니라 신이 창조한 것으로 생각한 것만이 다를 뿐이지만, 일단 창조된 세계에 있어 형상과 질료, 정신과 물질의 이원론은 계속 타당한 것으로 인정되는 것이다. 그 둘은 신에 의해 창조된 것이기에 신의 관점 또는 신적 차원에서는 근원적 분리가 아니지만, 신 이외의 다른 존재, 즉 인간의 관점 또는 현상 차원에서 보면 절대적으로 분리되어 있는 것이다. 이러한 이원론이 계속되어, 그것이 근세에서는 현상 배후의 정신적 실체와 물질적 실체를 주장하는 실체 이원론의 형태로 다시 등장하게 되는 것이다.

그렇다면 아우구스티누스에게 있어서도 이와 같은 이원론이 계속 주장된 것은 궁극적으로 무엇 때문인가? 그는 성서에 따라 태초에는 오로지 신만이 존재하고 신 외에는 아무것도 존재하지 않았다고 말한다. 신 이외에는 아무것도 없으므로, 즉 무일 뿐이므로, 신은 세계를 어떤 것으로부터 만든 것이 아니다. 따라서 그는 신이 세계를 무로부터 만든 것이지 신 자신으로부터 만든 것이 아님을 강조한다. 그러나 무로부터의 창조와 신으로부터의 창조가 정말 그처럼 대립적으로 말해질 수 있는 것인가? 무가 진정 아무것도 없는 무라면, 즉 정말로 아무것도 없는 곳에서 신이 무엇을 만든다면, 그것을 신으로부터 만들었다고 하는 것과 무로부터 만들었다고 하는 것과 무슨 차이가 있겠는가? 무가 정말 아무것도 아니라면, 그리고 오직 신만이 두루 편재하여 존재하는 것이라면, 무로서 빈자리는 곧 신의 자리가 아니겠는가? 신은 무의 대립이 아니라 유무를 초월한 존재이며, 따라서 무가 신의 부정으로 간주될 수는 없지 않겠는가? 그러므로 세계가 무로부터 만들어졌기에 신 자신으로부터 만들어진 것이 아니라는 주장은 성립될 수 없는 것이 아니겠는가? 그럼에도 불구하고 아우구스티누스가 신이 세계를 신 자신으로부터 만들지 않고 무로부터 만들었다고 강조하는 것은 그에게 있어 무가 정말 '순수무'(purum nihil)가 아니라 이미 '무'라고 불리는 어떤 무엇인가로 간주되고 있음을 말해 준다. 이는 또 달리 말하자면 신이 정말로 유와 무의 대립을 넘어선 존재, 즉 유와 무를 포괄하는 절대적 존재로 이해되지 못하고, 무와 대립된 상대적 존재로 이해되었음을 말해 주는 것이기도 하다. 이는 신이 첫 단계의 천지창조에서 하늘은 신 가까이에, 땅은 무 가까이에 놓았다는 데에서 더 분명해진다. 오로지 신만이 존재할 뿐이라면, 즉 신 이외의 무가 정말 순수무로 이해된다면, 그리고 그 신이 특정 시공간상의 존재가 아니라 두루 편재하는 신이라면, '신에게 가까이'와 '신으로부터 가장 멀리' 즉 '무 가까이'라는 말이 어떻게 성립할 수 있겠는가? 신 가까이의 순수 형상과 무 가까이의 순수 질료를 서로 구분되는 둘로 표상할 수 있기 위해서는 우리는 그 둘 각각의 가까이에 있는 신과 무를 서로 구분되는 두 실재로 표상하지 않으면 안 된다. 이렇게 해서 무도 상대화되고 신도 상대화된다. 무는 '순수무'가 아니라 이미 처음부터 무와 유사한 실재적인 어떤 것, 즉 '유사무'(prope nihil)로 생각된 것이며, 나아가 신 역시 그 무에 의해 경계지어지는 것으로 이해된 것이다.

만일 무가 정말 존재하지 않는 순수무로 이해되었다면, '무로부터의 창조'란 곧 '신으로부터의 창조'를 뜻할 것이다. 순수무로부터 무엇이 존재하게 된다면, 그것은 곧 신으로부터 존재하게 된 것일 수밖에 없을 것이다. 그리고 그것이 바로 신비주의적 관점이

다. 에크하르트는 정통 기독교가 말하는 무는 순수무가 아니라 유
사무일 뿐이라고 비판한다. 그렇게 해서 현상 세계의 근거를 정신
적 신이 아닌 신과 구분되는 무로부터의 물질적 질료로 간주하게
되었다는 것이다. 무가 정말 순수무라면 그로부터의 순수 질료가
어떻게 마찬가지로 무가 아닌 무엇일 수가 있겠는가? 형상없고
질서없는 순수 질료로서의 유사무라는 것이 어떻게 실재하는 것
일 수가 있겠는가? 다시 말해 정통 기독교가 '신으로부터의 창
조'가 아닌 '무로부터의 창조'를 강조하고 있는 한, 무를 신과 구
분되는 실재로 간주한 것이며, 그렇기 때문에 순수 질료를 순수
형상과 구분되는 순수 물질적인 실체로 간주할 수 있었던 것이다.

이에 반해 신비주의는 현상 세계의 물질적 기반을 인정하지 않
는 입장이다. 신 이외에는 정말 아무것도 없기에, 무는 오직 순수
무일 뿐이다. 무를 어떤 실재적인 것으로 실체화해서는 안 된다는
것을 강조하는 것이다. 그러므로 어떤 것도 유사무로부터 만들어
지지 않는다. 일체는 신의 정신으로부터 나온 것이며, 만일 신의
정신을 배제한다면, 일체의 피조물은 그야말로 무일 수밖에 없다.
신 이외에 다른 존재 근거란 있지 않기 때문이다. 순수 질료, 즉
형상이 완전히 배제된 순수 물질적인 것은 그 자체 무이다. 실재
하는 것이 아니다. 그리고 바로 이 점이 근세의 실체 이원론을 부
정하며 물질적 실체 상정을 비판하는 비판철학 또는 초월적 관념
론으로 이어지는 정신철학의 핵심이 된다.[33]

---

33) 이는 곧 서양철학에 있어 현상 너머의 객관적인 물질 자체의 실재성을 부정
하는 칸트의 초월철학이나 피히테(J.G. Fichte), 셸링(F.W.J. Schelling), 헤겔
(G.W.F. Hegel)의 독일관념론 철학을 뜻한다. 그들은 근세 데카르트적 실체
이원론의 문제점을 정신을 떠난 순수 물질 자체를 주장하는 유물론적 태도에

64

그렇다면 신비주의 사상에 담겨 있는 '신으로부터의 창조'란
어떤 과정이겠는가? 그것은 인간 존재에 대해 무엇을 말해 주는
가? 우리는 그것을 서양 신비주의가 아닌 인도의 고전 《찬드기아
우파니샤드》에서 더 잘 읽어볼 수 있다.

처음에는 오직 이 존재(sat)밖에 없었다. 바로 이 하나 이외에 다
른 것은 없었다. 어떤 사람들은 '처음에 비존재만이 있었고, 그 비존
재에서 존재가 생겨났다'고 말한다. 그러나 비존재에서 어떻게 존재
가 생겨날 수 있겠는가? 틀림없이 존재하는 '이것'만이 최초에 있었
고 그 이외에는 다른 아무것도 없었다. 그 유일한 존재는 '내가 여럿
이 될까, 내가 태어나 볼까' 하고 원하였고, 그리하여 불로 태어났다.
… 물, 불, 음식, 알 … 등등으로 태어났다. … 그 유일한 존재는 '내
가 이들 존재가 될까' 하고 원하였고, 그는 각각의 생물들 안으로 들
어가 하나하나의 아트만이 되었다. 그리고 그는 '내가 각각의 이름과
형태로서 밖으로 드러나야겠다'고 생각했다. … 아주 미세한 존재, 그
것을 세상 모든 것들은 아트만으로 삼고 있다. 그 존재가 곧 진리이
다. 그 존재가 곧 아트만이다. 그것은 바로 너이니라![34]

서 발견한 것이다.
34) 이재숙 역, 《우파니샤드 1》(한길사, 1996), 356면 이하. 서양의 신비주의가
인도의 범아일여(梵我一如)적 신비주의와 그다지 다르지 않은 것은 그러한
신비주의적 체험 자체가 인간의 보편적인 본래적 존재 체험이기에 그럴 수
있을 것이다. 또는 고대에 이미 인도 요기들의 신비주의 전통이 이집트에 이
르기까지 전파되어 있었으며, 서양 신비주의의 창시자 피타고라스 역시 이집
트의 그러한 신비주의 학교에 다니는 등 동서양 간의 사상교류가 있었기 때
문일 수도 있을 것이다.

이와 같이 신 이외에 다른 존재 근거를 설정하지 않은 '신으로부터의 창조'는 창조자와 피조물 간에 질적 차이를 두지 않게 된다. 에크하르트가 주장하는 바 "예수뿐 아니라 인간 누구나가 다 신의 자녀"라는 것이 그것이며, 우파니샤드가 말하는 바 "그것은 바로 너이다!"의 범아일여(梵我一如)가 그것이다.

3. 불교: 심(心)과 업(業)

아무것도 없는 허공에 제 유정들의 업력이 작용함으로써 풍륜(風輪)이 생겼는데 그 넓이가 무수하다. … 그러한 풍륜은 그 자체 굳고 치밀하여 어느 큰 장사가 금강의 바퀴로 위력을 다해 치더라도 금강만 부서지고 풍륜은 부서지지 않는다. 그 위에 다시 제 유정들의 업력이 작용하여 큰 구름과 비가 일어나 수레바퀴만한 물방울을 풍륜 위에 뿌리어 물이 쌓이어 바퀴를 이루니, 그것이 수륜(水輪)이다. … 어떻게 해서 수륜이 옆으로 넘쳐 흐르거나 흩어지지 않는가? 어떤 스님이 말하기를 제 유정의 업력이 이를 받쳐서 넘쳐 흐르거나 흩어지지 않게 함이 마치 먹은 음식물이 소화되기 전에는 끝내 숙장으로 떨어지지 않는 것과 같다고 한다. 또 다른 부파에서는 주위에서 회전하는 풍륜으로 지탱되어 넘쳐 흐르거나 흩어지지 않음이 동구미로 곡식을 담아 유지함과 같다고 한다. 유정들의 업력이 다시 작용하여 다른 바람이 일어나 그 물을 육박하고 쳐서 그 위에 금륜(金輪)을 결정함이 마치 끓인 우유 표면이 엉기어 막이 생기는 것과 같다. 그렇게 해서 수륜은 줄어들고, … 나머지는 변하여 금륜을 이루어, 수륜과 금륜의 넓이가 같아진다. …

금륜의 위에 아홉의 큰 산이 있는데, 묘고산이 그 가운데에 있고 그 밖의 여덟 산은 두루 묘고산을 둘러 있다. 그 중 일곱 외륜산 바깥에 4대주가 있고 다시 그것 바깥에 철륜산이 있어 두루 한 세계를 둘러싸고 있다.[35]

  불교 우주론의 특징은 우주 바깥에서 우주를 만들거나 우주를 창조하는 우주 초월적 신을 따로 설정하지 않는다는 것이다. 그러나 그렇다고 해서 현대과학의 유물론처럼 우주가 물질로부터 자연발생했다거나 또는 아무 이유 없이 그냥 그렇게 있게 된 것이라고 보는 것도 아니다. 불교는 우주가 존재하게 된 데에는 그 원인이 있을 수밖에 없다고 보는데, 이를 연기(緣起)로 설명한다.

---

35) 世親 造, 玄奘 譯, 《阿毘達磨俱舍論》, 권11, 제3分別世品, 《大正新修大藏經》, 권29, 57면上中(이하에서는 《大正藏》이라고 약하며, 그 다음 숫자로써 권수와 면수를 나타내고, 상중하로써 그 면에서 인용한 부분의 위치를 표시하기로 한다). "諸有情業增上力先於最下依止虛空有風輪生廣無數. … 如是風輪其體堅密, 假說有一大諾健那以金剛輪奮威縣擊, 金剛有碎風輪無損. 又諸有情業增上力起大雲雨澎風輪上滴如車軸積水成輪, 如是水輪於未凝結. … 如何水輪不傍流散. 有餘師說一切有情業力所持令不流散如所飮食未熟變時終不流移墮於熟藏. 有餘部說由風所持令不流散如笥持穀. 有情業力感別風起. 搏擊此水上結成金如熟乳停上凝成膜. 故水輪減 … 餘轉成金. … 二輪廣量其數是同. … 於金輪上有九大山. 妙高山王處中而住. 餘八周匝繞妙高山. 於八山中前七名內, 第七山外有大洲等. 此外復有鐵輪圍山, 周匝如輪圍一世界". 인용된 원전 《아비달마구사론》은 소승 부파불교 시대에 가장 영향력 있던 부파 중의 하나인 설일체유부(說一切有部)의 사상을 체계적으로 정리한 책이다. 이 책은 동국역경원에서 나온 한글대장경 속에 《구사론》이란 제목으로 번역되어 있다. 저자 세친(世親)은 처음에는 경량부적 사상에 치우친 유부계열에 속해 있었지만, 후에 대승 유식학자였던 형 무착(無着)의 권유에 따라 대승 유식에 입문한 뒤 다시 유식학을 체계화하여 《유식삼십송》(唯識三十頌) 등을 저작한 대표적 유식학자이다.

세간의 모임을 바로 알게 되면, 세간이 없다고 말할 수 없게 되고, 세간의 멸함을 바로 알게 되면, 세간이 있다고 말할 수 없게 된다. 이 것이 바로 두 극단을 떠나 중도에서 설하는 것이다. 즉 '이것이 있으므로, 저것이 있고, 이것이 생기므로, 저것이 생긴다'는 것이다. 다시 말해 무명(無明)을 연(緣)하여 행(行)이 있고, 결국 큰 고(苦)가 쌓이며, 무명이 멸하므로 행이 멸하고, 결국 큰 고가 멸한다.[36)]

일체 존재는 직접적 원인인 '인'(因)과 간접적 원인인 '연'(緣)이 화합해서, 즉 중연이 화합해서 생성된다. 그러므로 '연에 의해 생겨난다'는 의미에서 '연기'(緣起)라고 하는 것이다. 이 우주 세간도 본래 있던 것 또는 본래 없던 것이 아니라, 무엇인가를 연해서 있게 된 것이다. 그러므로 세간을 그 자체로 있는 것이라든가 아니면 그 자체로 없는 것이라고 말할 수 없다. 세간은 그냥 단적으로 있거나 없는 것이 아니라, 세간이 있다면 있게 된 원인이 있고 없다면 없게 되는 원인이 있는 것이다. 그렇다면 우주 세간을 있게 한 원인은 무엇인가? 불교는 그것을 유정(有情, 생명체)의 업력(業力, karma)이라고 한다. 단일한 유일신 대신 무수한 유정을 인정하면서, 그 유정이 지은 업의 힘을 우주 생성의 원인으로 간주하는 것이다. 즉 우주를 형성하는 힘, 우주적 물질인 지·수·화·풍의 4계(界)를 형성하는 힘은 바로 유정의 업력이다. 인간 의지에서 작용하는 업력인 정신적 힘을 우주를 창출해내는 근본

---

36) 《雜阿含經》, 제12권, 301경, 《大正藏》 2, 85下~86上, "世間集如實正知見若世間無者不有. 世間滅如實正知見若世間有者無有. 是名離於二邊說於中道. 所謂此有故彼有 此起故彼起. 謂緣無明行乃至純大苦聚集. 無明滅故行滅乃至純大苦聚滅"

활동성으로 간주하는 것이다.

앞에 인용된 업력에 의한 우주 창출은 다음과 같이 정리될 수 있다. 출발은 아무것도 없는 텅빈 공간(공계)이다. 여기에 유정의 업의 힘이 활동하여 미풍으로 불기 시작한다. 이 바람이 공간 속에서 밀도를 더해 원반 모양으로 회전하는 견고한 대기층(풍계)이 형성된다. 이 대기층 위에 업의 바람이 더 축적되어 구름이 되고 구름이 비가 되어 떨어져 물의 층(수계)이 형성된다. 물이 대기층 중심부에 모여 있고 옆으로 흘러내리지 않는 것은 유정의 업의 힘이 바람으로 그 주위를 선회하여 물을 지탱하기 때문이다. 그 물이 점점 응고되어 딱딱한 금의 층이 된다. 그 금층의 표면이 곧 대지(지계)이다. 이렇게 해서 허공 중에 원반 형태로 회전하며 떠 있는 대기와 물과 육지의 세 층이 형성되고, 그 육지 위에 다시 대륙, 바다, 산, 강 등이 생겨 자연계가 완성되고, 그 위에 생명체인 유정이 살게 된다. 육지는 중앙의 묘고산, 즉 수미산을 중심으로 하여 그 주위에 일곱 외륜산이 있고, 그 바깥에 사대주가 있으며, 다시 그 바깥에 철륜산이 있다. 그 터전 안에 유정의 세계가 형성되는데, 우선 수미산과 외륜산 허리 위 아래로 천상계가 먼저 형성되고 그 다음 사대주 중 남쪽 섬부주의 지상에 인간과 축생계가 그리고 지하에 지옥과 아귀와 수라계가 완성된다.

이들 전체를 합하여 하나의 세간이라고 한다. 이 한 세간을 1천 개 합하면 소천(小千)세계, 이를 다시 1천배하면 이천 또는 중천세계, 이를 다시 1천배하면 삼천(三千) 또는 대천세계가 된다. 결국 10억의 세간이 되는 것이다. 불교에 따르면 이 삼천대천세계, 즉 10억의 세간이 우주의 총체이다. 이렇게 해서 불교가 생각하는 우주 세간의 수는 어마어마해진다. 삼천대천세계는 중앙의 수미산을 중심으로 한 아홉 산맥과 사대주 등으로 구획지어진 세간들이 10억 개나 있는 것이 된다. 그런데 불교에 따르면 그 정도로 수많은 우주 세간도 항존하는 것이 아니라 시간 안에서 생성소멸하는 반복적 주기 중의 한 단계에 지나지 않는다. 즉 불교는 삼천대천 세계가 본래 그냥 그렇게 있었던 것이 아니라, 업력에 의해 만들어지기 시작한 것이며, 그렇게 형성되기까지 수억 년이 소요되는 것으로 계산한다. 그리고는 그렇게 형성된 후에도 영원히 동일한 형태로 남아 있는 것이 아니라 형성된 기간만큼 지속된 후에 다시 또 그만큼의 기간에 걸쳐 멸해 간다고 한다. 그리고는 다시 그만큼의 공무의 기간이 있은 후, 다시 앞의 세간 내 유정이 남긴 업력에 의해 그 다음 세간이 형성되기 시작한다고 보는 것이다. 이를 우주의 성주괴공(成住壞空)이라고 하며, 불교는 우주 역시 끊임없는 성주괴공의 과정을 무한반복한다고 간주한다.

이상과 같은 우주 생성에 대한 불교식 설명에 있어 가장 기이하게 눈에 띄는 것은 분명 현상 세계의 근간이 되는 지·수·화·풍의 물질적 기반을 바로 유정의 업력을 통해 설명한다는 점일 것이다. 기독교식으로 보면 현상의 물질적 기반인 천지를 창조하는 것은 바로 유일신인데, 그 유일신의 자리에 불교는 대신 무수한 유정을 놓고 있는 것이다. 이것은 무엇을 의미하는가?

앞서 인용한 바에 따르면 아무것도 없는 공계에 중생의 업력이 불어와 점차 지·수·화·풍이 형성되고 그로부터 우주가 만들어지며 그 우주 내의 일정 영역 안에 현재와 같은 중생이 존재하게 된다. 그렇다면 이 우주를 만든 그 업력을 남긴 중생은 과연 어떻게 해서 있게 된 것인가? 그 중생들은 이 우주 아닌 다른 우주에 살면서 업을 지어 그 업력을 남긴 것이다. 그렇게 해서 불교에 있어 우주는 단 하나가 아닌 것이 된다. 현재의 이 우주는 성주괴공하는 여러 우주 중의 하나일 뿐이다. 그 이전 우주에 살던 중생이 남긴 업력의 힘에 의해 공계 위에 현재의 우주가 만들어졌다는 것이다. 그렇다면 그 이전 중생이 살던 그 우주는 어떻게 해서 생겨난 것인가? 그 이전 우주는 다시 그보다 더 이전의 우주에 살던 중생들이 남긴 업력에 의해 형성된 것이다. 그럼 그보다 더 이전의 우주는 어떻게 해서 생겨난 것인가? 그것은 그보다 한층 더 이전의 우주 속의 중생이 남긴 업력에 의해서이다. … 이렇게 해서 무한소급된다. 그렇다면 우주의 시작 또는 중생의 시작을 설명하지 못하고 무한소급에 빠져 결국 아무것도 설명하지 못한 것이 아닌가?

업을 지은 그 유정은 어떻게 존재하게 되었는가? 그것은 그 이전 유정의 업이다. 그런 식으로 무한히 소급해 간다면, 최초의 유정은 도대체 어떻게 해서 있게 되었다는 말인가? 여기에서 불교와 기독교의 사유의 차이가 드러나는 것처럼 보인다. 기독교는 시간상으로 과거를 물어나가다가 무한소급을 끊음으로써 최초를 상정한다. 그러므로 신만이 존재했고 그 신이 우주를 만드는 '태초'가 논의되는 것이다. "태초에 하나님이 천지를 창조하셨다"가 그것이다. 공간상에 있어서도 마찬가지이다. 공간을 확대하다가도 무한소급을 끊어 우주의 끝을 인정하고, 최소로 분석해 가다가도 무한소급을 끊어 더 이상 분할될 수 없는 최초의 입자적 존재를 인정하는 실체론적 사유이다. 이에 반해 불교는 무한소급을 인정한다. 불교에 있어서는 최초와 최후의 경계는 그을 수 없는 것이 되며, 모든 것은 무한한 순환관계 속에 있다. 무시 이래(無始以來)로 무명이 있고, 무시 이래로 유정이 있다. 이처럼 무한소급을 허용하므로 최초나 최후의 경계가 그어지지 않고, 경계가 그어지지 않으므로 일체의 존재는 경계지어지지 않은 것, 그 자신의 존재를 무로부터 구분지을 수 없는 것, 따라서 무라고도 유라고도 말할 수 없는 것, 한마디로 공(空)이 된다.

　왕이 물었다. "나가세나존자여, 과거 시간의 근거는 무엇이고, 현재 시간의 근거는 무엇이며, 미래 시간의 근거는 무엇입니까?"

　"과거, 현재, 미래 시간의 근거는 진리에 대한 무지, 곧 무명(無明)입니다. 무명을 연해서 형성하는 힘(行)이 생기고, 행을 연해서 식별 작용(識)이 생기고, 식을 연해서 명색이 생기고, 명색을 연해서 육처가 생기고, 육처를 연하여 촉이 생깁니다. 촉을 연해서 수가 생기고, 수를 연해서 욕망의 갈애가 생기며, 애를 연해서 집취하는 의지(취)가 생기고, 취를 연해서 존재일반(유)이 생기고, 유를 연해서 태어남인 생이 생기고, 생을 연하여 노사와 비애와 고통과 절망이 생깁니다. 이 모든 시간에 있어 과거의 궁극점인 최초의 시작은 분명하게 인식되지 않습니다."

　"근원적 시작이 인식되지 않는다는 비유를 들어 주십시오."

　"어떤 사람이 씨앗 하나를 땅에 심는다고 합시다. 그 씨앗은 싹이 터서 점차 성장하고 무성하여 열매를 맺을 것입니다. 그 사람이 그 씨앗을 받아 다시 땅에 심으면 또 열매를 맺을 것입니다. 이 개체적 씨앗의 연속이 끝이 있겠습니까?"

　"그렇지 않습니다."

　"그와 마찬가지로 시간의 근원적 시작은 인식되지 않습니다."

　"다시 비유를 들어 주십시오."

　"닭이 알을 낳고 그 알에서 닭이 생기며, 또 그 닭에서 알이 생깁니다. 여기에 끝이 있겠습니까?"

　"끝이 없습니다."

　"마찬가지로 시간의 근원적 시작이란 인식되지 않습니다."

　"또 비유를 들어 주십시오."

　그 때 나가세나존자는 땅에 원을 그려놓고 왕에게 물었다.

　"이 원 둘레의 끝이 있습니까?"

　"없습니다."

　"이와 같은 순환을 세존께서는 안과 근에 의해 안식이 생기고, 이 셋이 화합하여 촉이 생기며, 촉을 연하여 수가 생기고, 수를 연하여 애가 생기고, 애로 인해 행이 생기고, 이 행으로부터 다시 안이 생긴다 하였습니다. 연속에 끝이 있겠습니까?"

　"끝이 없습니다."

　"그러므로 시간의 근원적 시작은 인식되지 않습니다."[37)]

　이처럼 여러 가지 비유를 들어 "근원적 시작이 인식되지 않는다"고 강조하는 것은 신이든 물질이든 근원적 시작을 설정하는

---

37) 東峰 譯,《밀린다팡하》, 80면 이하. 이 경은 《那先比丘經》이란 제목 하에 한역대장경(《大正藏》 32, 674上 이하) 중에 포함되어 있는데, 팔리어본과 내용적 차이가 있다. 여기에서는 홍법원에서 나온 동봉 역을 참조하였다. 《밀린다팡하》 또는 《那先比丘經》으로 불리는 이 책은 기원전 2세기경 인도계 나선(Nagasena) 비구와 그리스계의 밀린다(Milinda) 왕과의 대화를 담고 있는데, 주로 불교에서의 무아와 윤회의 문제를 논의하고 있다. 물론 본문에 인용된 논의에서 언급되는 비유들은 모두 엄밀히 말해 현재의 시점에서 반대 방향으로 진행되는 무한소급보다는 현재에서 미래로 나아가는 무한 진행을 보여 줄 뿐이다. 그러나 역방향으로든 순방향으로든 인과의 고리에 단절이 없다는 의미에서는 상통하는 바가 있으므로 무한진행의 예를 통해 최초의 시작이 존재하지 않음을 논하고 있는 것이다.

것은 일종의 독단이라는 것을 시사하는 말이다. 왜? 태초에 신이 우주를 창조했다고 하면 정말로 무한소급에 빠지지 않고 우주의 시원을 설명한 것이 되고, 유정의 업이 창조했다고 하면 무한소급에 빠져 우주의 시원이 설명되지 못한 것이겠는가? 만일 일체가 시작을 가져야 하는 것이라면, 우주를 창조했다고 하는 신에 대해서는 왜 다시 그 신은 어떻게 해서 있게 되었는가, 그 신의 존재의 시작 또는 존재의 근거는 무엇인가를 묻지 않는가? 신에 대해 그 시작이나 근거를 묻지 않아도 된다면, 유정에 대해서는 왜 반드시 그 시작을 물어야 하는가? 신이 무시 이래로 그냥 그렇게 있는 것이라면, 유정은 왜 그 출발을 물을 수 없이 무시 이래로 있어온 것일 수가 없겠는가?

이렇게 해서 불교에 있어 유정이란 바로 기독교적 신(神)의 위치에 있는 존재라는 것을 알 수 있다. 기독교에서는 유일한 신의 의지가 우주를 창조하였다면, 불교에서는 무수한 유정의 업력이 우주를 창조하는 것이 된다.[38]

---

38) 불교는 일단 우주 전체를 제작하거나 창조하는 유일 주재적 신 또는 브라만을 인정하지 않는다. 이처럼 유일신을 인정하지 않는다는 점에서 불교는 흔히 무신론으로 분류되기도 한다. 그렇다면 불교는 왜 우주를 창조한 유일신의 존재를 인정하지 않는 것인가? 그것은 불교가 기본적으로 모든 존재 또는 생성에는 원인이 있다는 인과법칙 또는 상호의존의 연기법칙에 철저하기 때문이다. 불교적 사유에 따르면 현상적으로 존재하는 그 어떤 것도 '태초에 그냥 존재했다'라고 말할 수는 없다. 이 점에서 불교 역시 우주 영원설을 설하지 않는다. 현상적으로 존재하는 것은 모두 생멸하는 것이며, 생멸하는 것은 모두 그 생하게 하는 원인이 있어 생하게 되고 멸하게 하는 원인이 있어 멸하게 되는 것이기 때문이다. 이것은 생멸을 규제하는 연기의 원리라고 할 수 있으며, 우주 전체 역시 생멸하는 것으로서 연기의 원리를 따를 수밖에 없다. 이는 유일한 신이 있어 우주를 창조했을 경우에도 마찬가지이다. 예를 들어 신이 아무 원인 없이 일체를 창조한다는 것은 연기의 원리에 어긋나기에 있

이는 곧 불교에 있어 우주를 형성할 만한 업력을 지닌 존재로
간주되는 유정이란 바로 기독교의 신처럼 그렇게 우주 내의 현상
들로 환원될 수 없는 절대적인 우주초월적 존재로 이해되고 있음
을 말해 주는 것이다. 이와 같은 유정의 현상초월적 본질을 불교
는 진여(眞如)라고 한다. 진여란 현상을 형성하는 유정의 현상초
월적 마음을 의미한다. 우리의 생멸하는 현상적 마음 깊이에 불생
불멸의 초월적 마음인 진여심이 자리하고 있다고 보는 것이다. 그
것이 곧 인간 마음의 본성인 불성(佛性)이고 신성(神性)이다. 심층
에서 작용하는 자신의 마음의 근원인 진여성 내지 불성을 바로
자기 자신의 진면목으로 여실히 자각하는 자가 곧 일체 우주 연
기와 인생 생사의 신비를 꿰뚫어 아는 자, 깨달은 각자(覺者), 곧
부처가 되는 것이다. 불교가 강조하는 것은 인간은 누구나 자신의

을 수 없는 일이다. 그 경우에도 원인이 있어야 한다. 그런데 우주가 존재하
는 원인은 신 이외의 다른 어떤 원인이거나 아니면 신 자신일 것이다. 만일
신 이외에 우주가 존재하는 원인이 있다면, 그 경우 신의 존재는 불필요할 것
이다(예를 들어 희랍에서처럼 우주의 형성조건으로서 질료를 규정할 형상과
형상에 의해 규정될 질료가 이미 전제되는 것이라면, 굳이 제작자로서의 신이
따로 존재할 필요가 없지 않겠는가?) 그렇지 않고 만일 우주 존재의 원인이
신 자신이라면, 즉 신 자체가 원인이 되어 그 하나의 신이 일체 존재를 창조
한다고 하면, 그 경우 '하나의 원인의 여러 결과'가 되어 다시 인과론에 맞지
않게 될 것이다. 다양한 결과를 낳기 위해서는 그 원인도 다양해야 하기 때문
이다("악한 세상에 대한 선한 원인"을 변명하기 위한 기독교적 변신론은 이
미 유일신을 통한 다양한 우주 현상의 설명은 실패할 수밖에 없음을 폭로하
는 것이 아니겠는가?) 따라서 우주가 존재하는 원인은 유일신 바깥에도 안에
도 있을 수 없으며, 결국 우주는 유일신에 의해 창조된 것이 아니라고 불교는
결론내린다. 다른 일체 존재와 마찬가지로 우주 전체도 그것을 있게 하는 원
인에 의해 있게 된 것일 뿐이다. 이처럼 세간의 있음과 없음에도 연기의 원리
가 적용된다. 유일신이 아니라, 무수한 유정의 업력이 연기의 법칙에 따라 우
주 세간을 만드는 것으로 이해되는 것이다.

마음의 근원을 자각함으로써 신적 깨달음에 이를 수 있다는 것, 누구나 본래 부처라는 것, 신적 존재라는 것이다. 우주를 있게 하는 그 궁극적 근원을 물질 또는 신이라는 객관적 타자로 이해하지 않고, 바로 우주를 그 안에 담고 있는 주체적 마음으로 이해하는 것이다. 궁극 근원인 무한과 절대는 이성이나 신앙의 대상으로서가 아니라, 오로지 마음 안의 궁극 주체로서만 자각될 수 있으며, 일체의 대상적인 것은 모두 그 마음에 의해 객관화되고 외화된 마음의 산물에 지나지 않는다는 것을 강조하는 것이다.

그러므로 우주 세간을 형성하는 업 역시 유정의 마음으로부터 비롯되는 것이며, 따라서 일체 존재가 유정의 마음을 떠나 따로 객관적으로 존재하는 것이 아니라는 불교적 유심론(唯心論)이 성립한다. 즉 불교에서는 인식된 세계란 그렇게 인식하는 유정의 마음을 떠나서 따로 존재하는 것이 아니라는 것을 강조하며, 인식된 세계 너머에 물질적 세계 자체 또는 세계의 원리를 객관 실유로 상정하는 것을 비판한다. 세계는 세계를 인식하는 그 마음을 떠나 따로 있는 것이 아니며, 그 마음의 경계로서만 실재성을 가지는 것이다. 우리에 대해 존재하는 세계는 오로지 우리 심식(心識)의 경계로서만 존재한다는 것이다. 따라서 우리 식의 경계가 아닌 존재를 의미있게 논할 수 없음을 강조한다.

일체는 곧 12처이다. 안과 색, 이와 성, 비와 향, 설과 미, 신과 촉, 의와 법, 이것을 이름하여 일체라고 하는 것이다. 만약 어떤 사람이 "일체는 이것이 아니다. 나는 이 일체를 버리고 다른 일체를 설하겠다"라고 한다면, 그것은 단지 말뿐이지 다른 사람의 물음에 대해 답하지 못하며, 오히려 의혹만 커질 뿐이다. 왜냐하면 그것은 경계가 아

니기 때문이다.[39)

　이렇듯 불교는 일체를 12처(處)로 규정하는데, 그 기본원칙은
일체 존재가 우리의 심식과의 연관하에서 그 심식의 경계로서만
논의될 수 있다는 것이다. 그렇지 않고 인간 식의 경계가 아닌 것,
인간이 원천적으로 인식할 수도 없는 무엇인가를 말한다면, 그것
은 단지 말에 그치는 것일 뿐, 구체적으로 그것이 무엇인지는 아
무도 알 수도 없고 제시할 수도 없으며, 그것은 단지 공허한 사변
에 지나지 않는다는 것이다. 그 중 안식・이식・비식・설식・신식
은 인간에게 가능한 다섯 가지 감각이며, 색경・성경・향경・미
경・촉경은 그 각각의 감각 기관이 포착할 수 있는 감각 대상이
다. 그 다음 의식(意識)은 감각 너머의 사유를 뜻하며, 법경(法境)
은 그 사유가 포착할 수 있는 사유 대상이다. 이를 정리하면 다음
과 같다.

```
안・이・비・설・신식 ┐                  ┌ 색・성・향・미・촉경
                     ┤ 식(識) ― 경(境) ┤
의식                 ┘                  └ 법경
```

　그런데 불교가 일체 존재를 그것을 인식하는 심식과의 연관하
에서 그 심식의 경계로서만 인정하는 것과 나아가 일체 존재를
모두 심식 활동의 소산이라고 간주하는 것은 불교가 우리 의식
표면상의 식과 경 또는 주와 객의 대립을 궁극적 대립으로 보지

---

39) 《雜阿含經》, 제13권, 319경, 《大正藏》 2, 91上中, "一切者謂十二入處. 眼色耳
　　聲鼻香舌味身觸意法是名一切. 若復說言此非一切沙門瞿曇所說一切. 我今捨別
　　立餘一切者. 彼但有言說. 問已不知增其疑惑. 所以者何. 非其境界故."

않기 때문이다. 그리고 이는 곧 불교가 주객 대립으로 나타나는 일상적인 표면적 의식보다 더 심층에서 작용하는 주객통합적 심식의 활동을 발견하였기에 가능한 것이다. 감각이나 의식에 있어서의 주관과 객관의 분별은 그보다 더 심층에서 작용하는 주객 미분의 심층적 자기 의식 그리고 근본식에 기반한 것이다. 이 심층적 자기 의식을 표면적 제6의식 다음의 식이라는 의미에서 제7 말나식(末那識)이라고 하고, 다시 그보다 더 심층의 근본식을 제8 아뢰야식(阿賴耶識)이라고 한다. 의식에 나타나는 인식 주관과 인식 객관의 분별을 바로 주객 미분의 심층 아뢰야식이 주관인 견분(見分)과 객관인 상분(相分)으로 이원화한 전변(轉變) 결과로 간주하는 것이다. 이상을 다음과 같이 정리해 볼 수 있다.

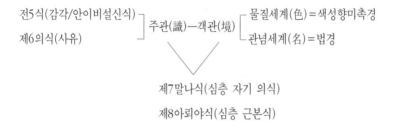

이처럼 불교는 감각 대상인 현상적 물질 세계(색법)와 사유 대상인 이성적 관념 세계(법경) 둘 다를 오직 감각이나 사유의 대상 또는 경계로서만 인정할 뿐이며,[40] 나아가 물질 세계든 관념

---

40) 여기에서 또 하나 간과할 수 없는 것은 불교가 감각대상세계인 가시계와 사유대상세계인 가지계를 서로 구분하기는 하지만, 그 둘 간의 가치론적 우열을 설정하지는 않는다는 것이다. 감각 가능한 것은 물질적인 것이며, 사유 가능한 것은 관념적 또는 개념적인 것이다. 전자는 색온에 속하고, 후자는 법경이

세계든 일체의 대상 세계를 심층 마음의 변현 결과로서만 인정할 뿐이다. 이런 의미에서 불교는 희랍이나 기독교와는 달리 사유될 수 없고 감각될 수 없으나 그 자체로 실재하는 순수 물질 또는 순수 질료라는 것을 인정하지 않는다. 이것이 곧 서양의 유물론적 태도에 대비되는 동양의 유심론적 태도를 말해 주는 것이다. 순수 물질 또는 순수 질료의 전제 위에 주장되는 정신과 물질의 이원론은 신적 차원에서뿐 아니라 인간 유정의 차원에서도 부정되는 것이다. 일체는 정신력 또는 의지적 활동성인 업력의 결과로서 생성되는 것이며, 따라서 그 업력이 지탱되는 유정의 식(識) 또는 심(心) 바깥에 그 자체 실재하는 객관 물질이란 존재하지 않는다고 보는 것이다. 이와 같이 "일체는 마음이 만들어낸다"는 일체유심조(一切唯心造)의 유심론적 통찰이 초기 원시근본 불교에서부터 후기 여래장(如來藏) 사상에까지 이어지는 불교의 핵심 사상이 된다. 결국 이러한 유심론적 관점에서 불교는 인식과 존재, 정신과 물질, 마음과 세계의 이원론을 넘어서며, 그렇게 함으로써 우주 세간의 물질적 존재인 지·수·화·풍을 일으키는 근본 힘을 유정의 정신적 업력으로 간주할 수 있는 것이다. 즉 아무것도 없는

된다. 희랍 철학자 플라톤(Platon)은 전자를 물리적 현상계로, 후자를 관념적 이데아계로 규정한 후, 전자보다 후자에 보다 높은 실재성과 의미를 부여하였다. 전자를 인식하는 능력은 감성이고, 후자를 인식하는 능력은 이성으로 간주되므로, 감성보다는 이성이 보다 높은 차원의 인식 능력으로 간주된 것이다. 순수 사유의 이성은 진리를 인식하는 데 반해, 신체적 기관을 사용하는 감성은 착각하기 쉬운 열등한 능력으로 간주된 것이다. 이에 반해 불교에서는 감각의 전5식과 사유의 제6의식 간에 가치론적 우열을 인정하지 않는다. 감각적 현상계나 이성적 이데아계나 모두 인간 인식의 대상세계로서 동등한 위치를 가진다. 오히려 감각에서는 인위적 분별이 행해지지 않는 데 반해, 제6의식 차원에서 주와 객 또는 안과 밖이라는 허망분별이 행해진다고 평가한다.

허공 중에 중생의 업력이 작용함으로써 무엇인가가 존재하기 시
작한다고 보는 것이다.

그렇다면 불생불멸의 현상 초월적 진여심의 유정이 업력에 따
라 생멸하는 현상 세계를 형성하게 되는 까닭은 무엇인가?[41] 일
체 우주 현상 세계가 유정 그 자신의 한마음이 빚어낸 현상이라
는 것을 자각한다면, 즉 자기 자신 안에 우주를 형성하고 그 우주
를 인식하는 그러한 신성(神性) 또는 불성(佛性)이 작용하고 있다
는 것을 자각한다면, 그러한 본성의 자각은 곧 성불(成佛)을 의미
한다. 그것은 곧 자기 자신이 업력에 따라 형성되고 중연에 따라
발생하는 현상적인 것들로부터 자유로워짐을 의미한다. 일체의 현
상 세계가 연기에 따라 중연화합하여 발생하는 무자성의 공(空)
일 뿐임을 자각함으로써, 자기 자신을 현상적인 것들과 동일시하
지 않는 무집착의 마음을 얻게 되는 것이다. 즉 현상적인 어떤 것
에도 고정적으로 머무르지 않는 자유로운 마음을 얻게 되는 것이
다. 그러나 자신의 본성을 자각하지 못하는 자신에의 무지, 즉 무
명(無明)에 빠져 있으면, 그 무명 상태의 유정은 아집과 법집에 따
라 업을 짓게 된다. 즉 무명은 일체의 업을 쌓아나감의 근본 원인

---

41) 이는 곧 불생불멸의 진여심과 현상 세계를 형성하는 생멸심인 아뢰야식이
어떤 관계에 있는가 하는 물음이기도 하다. 이 물음은 유식에 있어 지론종(地
論宗)과 섭론종(攝論宗)을 구분짓게 하는 것이기도 하며, 화엄(華嚴)의 관점
에서 봤을 때 유식과 여래장사상을 구분짓는 것이기도 하다. 그러나 여기에서
는 유식과 여래장사상을 통합하는 대승기신론(大乘起信論)적 관점에서 현상
을 형성하는 생멸심과 불생불멸의 진여심이 서로 분리되는 두 마음이 아닌
하나의 마음이라는 것, 중생의 근본이 부처이고, 생사의 근본이 열반이라는
불일불이(不一不二)의 관점에서 논하기로 한다. 윤회하는 생멸적 아뢰야식의
핵심은 바로 불생불멸의 진여심인 것이다. 결국 인간 심성의 핵은 바로 불성
(佛性)이며 신성(神性)인 것이다.

이 된다. 무명으로 인해 업을 짓고, 그 업력에 따라 육도를 윤회하게 되는 것이다. 따라서 "무명을 연하여 행이 생하고, 행을 연하여 식 내지 노사가 생한다"는 연기를 설하는 것이다.

그렇다면 무명으로 인해 본래 불생불멸의 마음 자리를 떠나 육도를 헤매이게 되는 유정의 윤회는 구체적으로 어떤 과정으로 발생하는가? 마음이 자기 자신을 불생불멸의 공으로 자각하지 못하고 세간 내의 신체 또는 느낌이나 생각들을 자신과 동일시하여 집착할 때, 그 집착적 마음은 업을 짓게 된다. 자신에 탐착하여 거짓 아견(我見)에 물든 의업(意業), 그 뜻을 말하는 구업(口業) 그리고 그 뜻에 따라 행동하는 신업(身業)을 짓는 것이다. 그런데 불교는 업은 마땅히 그 보를 가진다는 업보(業報)를 주장한다. 마음속의 생각은 그 흔적을 남기고 그 결과를 낳지 그냥 사라지지 않는다. 의업의 세력이 남아 있다가 또 다른 생각이나 행동을 일으키기도 하고 성격을 이루기도 하여 삶의 방향을 이끌어가기 때문이다. 그러한 의업의 세력은 결국 마음 안에 남는다. 그리고 한 생에서 그 업보를 다하지 못했을 때 다음 생으로 이어지게 되는 것이 바로 그 마음이다. 이처럼 업력을 간직한 무의식적 심층 마음이 곧 근본식인 아뢰야식이다. 바로 이 아뢰야식을 통해 유정의 윤회가 성립한다. 불교의 연기설은 바로 이러한 유정의 윤회를 설명하는 것이다.[42]

---

42) 불교는 처음부터 "업보는 있되 업을 짓는 자는 존재하지 않는다(有業報 無作者)"(《雜阿含經》, 제13권, 335경)는 무아(無我)를 주장하므로, 윤회하는 주체를 어떤 의미로 받아들여야 하는가에 대해 계속적인 논란이 있어 왔다. 근본불교에서부터 유부(有部)에 이르기까지는 업을 넘어서는 별도의 주체를 인정하지 않고 업의 상속 또는 그 업력에 따라 형성되는 오온의 상속(相續)으로서 윤회를 설명하였으며, 다시 유식(唯識)은 그러한 업력에 해당하는 종자

세간의 뭇 남녀의 정자와 난자가 합해진 수정란에 그와 가장 유사한 식(제8아뢰야식)(3)이 들어간다. 이 식은 전생에서의 무명(1)으로 인한 집착적 업인 행(2)에 의해 그 과보로서 이어지는 것이다. 전생에 늑대와도 같이 난폭한 마음으로 살아간 자는 현생에 태어날 때 그 마음과 가장 유사한 늑대에 의해 수정된 알에 들어가 결국 늑대로 환생하게 되며, 전생에 뱀처럼 간사한 마음으로 살아가면 현생에 뱀으로 환생하게 되는 것이다. 인간 중에서도 아뢰야식은 유사한 수정란과 결합하게 되므로, 부모와 자식이 유사하게 닮은 결과로 나타나는 것이다. 수정란에 아뢰야식이 결합하여 그로부터 태내에서 태아가 형성되기 시작한다. 태아의 신체와 의식이 발생하기 시작하는데, 이 신체와 의식을 각각 색과 명, 즉 名色(4)이라고 한다. 그렇게 생겨난 명색이 화합하여 내적인 인식기관이 만들어지기 시작하는데, 이것이 곧 6가지 내적 기관, 육처(六處)(5)이다. 안내처, 이내처, 비내처, 설내처, 신내처와 의내처가 그것이다. 그렇게 해서 인식기관을 갖춘 태아가 태 밖으로 나오게 되는 것이 곧 탄생이다. 바깥세계로 탄생한 아이는 그 때부터 인식기관(根)과 인식대상(境)과 인식(識)의 세 가지가 서로 화합하는 촉(觸)(6)이 있게 된다. 세계와 접촉하게 되면 우리는 그로부터 느낌을 가지게 되는데, 이 느낌을 받아들여진 것이란 의미에서 수(受)(7)라고 한다. 일체의 느낌은 크게 괴로움(고)과 즐거움(락)과 괴롭지도 즐겁지도 않은 불고불락의 느낌인 사(捨)로 분류된다. 느낌은 우리로 하여금 즐거운 것을 탐하게 하고 괴로운 것을

를 보유하는 아뢰야식으로서 윤회를 설명하였다. 무아와 윤회의 관계에 대해서는 윤호진, 《무아 윤회 문제의 연구》(민족사, 1993)와 정승석, 《윤회의 자아와 무아》(장경각, 1999)를 참조할 수 있다.

싫어하게 하는 애(愛)(8)를 일으키며, 그렇게 생겨난 애욕은 결국 마음을 편벽되게 하는 집착인 취(取)(9)를 낳는다. 결국 그러한 집착에 따라 다음 생으로 이어질 존재(10)가 다시 형성되는 것이다. 이 존재에 따라 다음 생으로 생(11)하게 되고, 그러면 그 생한 유정은 다시 노사(12)의 고통을 받게 된다. 연기의 12항목은 이와 같이 전생을 인으로 현생의 과가 어떻게 나타나고, 다시 현생에서의 인에 따라 내생의 과가 어떻게 발생하게 되는가 하는 전생, 금생 그리고 내생의 삼세에 걸친 이중의 인과를 표시하고 있다. 이처럼 12연기를 삼세양중인과(三世兩重因果)로 해석하는 것을 업감(業感)연기설이라고 한다. 이상 12지를 연결하여 정리해보면 다음과 같다.

무명 → 행 → 식 → 명색 → 육입 → 촉 → 수 → 애 → 취 → 유 → 생 → 노사

이와 같은 과정으로 아뢰야식이 간직한 전생의 업에 의해 현생의 유정의 개인적 삶이 규정되는 측면을 유정의 업에 의한 정당한 보라는 의미에서 정보(正報)라고 한다. 정보를 낳는 업은 유정 개인의 업, 즉 불공업(不共業)이다. 그러나 아뢰야식은 일 유정의 신체만을 결정짓는 것이 아니라, 그 유정이 다른 유정들과 더불어 함께 살게 되는 공통적 환경세계의 모습을 형성하는 식이기도 하다. 각 유정의 신체가 전생의 업의 정보(正報)라면, 그 각각의 유정이 머무는 환경세계인 국토세간(國土世間)은 유정이 의존하는 의지처란 의미에서 의보(依報)라고 한다. 불교는 앞서 논한 대로 유정 자신이든 환경세계이든 모두 유정의 업의 결과라고 보는 것

이다. 유정 자신의 신체인 정보는 전생의 개인적 업인 불공업에
의해 결정되며, 국토 세간인 의보는 유정들의 공통의 업인 공업
(共業)에 의해 이루어진다.

이처럼 정보와 의보, 즉 사적 신체와 공적 세간을 유정의 업의
결과로 간주한다는 것은 곧 불교가 유정의 식을 떠나 그 자체로
존재하는 식 독립적 객관 세계를 인정하지 않는다는 것을 의미한
다. 우리가 몸담고 사는 세계가 우리 자신과 분리된 별개의 것이
아니라, 바로 우리 자신의 심층에서 우리 자신과 본질적으로 하나
로 연결되어 있음을 말해 주는 것이다. 이런 문맥에서 보면 앞서
인용한 대로 일체 우주 세간을 유정의 업으로부터 형성된 것으로
간주하는 것은 당연하다. 물질세계는 그렇게 인식하는 유정의 식
에 대해 그 식의 경계로서만 존재하는 것이지, 그 식을 떠나 그
자체로 존재하는 객관적 실재가 아닌 것이다. 인간이 인식한 대로
의 이 세계는 그렇게 인식하는 인간에 대해서만 그렇게 존재하는
것이지, 인간 아닌 다른 존재 예를 들어 개나 곤충 또는 천사에게
도 바로 우리에게와 동일한 방식으로 존재할 것이라고 말할 수
없는 것이다.[43] 이와 같은 유정의 식과 그 식의 경계로서의 세계
사이의 본질적 의존관계에 근거해서 불교는 각 유정의 신체 및

---

43) 이처럼 동일한 사물도 그것을 인식하는 자에 따라 다르게 인식될 수 있다는
것, 따라서 인식하는 자의 인식을 떠나 객관적 세계 자체를 논할 수 없다는
것을 증명하기 위해 불교에서는 흔히 "일수사상"(一水四相)의 비유를 제시한
다. 말하자면 같은 물이라 해도 아귀에게는 그것이 피고름으로, 물고기에게는
삶의 터전이나 길로, 천인에게는 보석의 땅으로, 인간에게는 마시는 물이나
바다 등으로 보인다는 것이다. 이러한 인식 대상의 상대성에 대한 자각을 유
식은 "유식무경"(唯識無境)의 깨달음으로 간주한다. 유식무경을 논하는 그 이
외의 여러 증명방식에 대해서는 護法 等 造, 玄奘 譯,《成唯識論》, 제7권,《大
正藏》31, 39上 이하 참조.

국토 세간인 우주가 유정의 식을 떠나 따로 있지 않다는 것, 바로
유정의 업 자체가 우주물질을 창조하는 근본적 힘이라는 것을 주
장하는 것이다.

4. 유가: 리(理)와 기(氣)

무극이 곧 태극이다. 태극이 동(動)하여 양(陽)을 낳고, 동이 극
에 이르면 정(靜)이 된다. 정하여 음(陰)을 낳고, 정이 극에 이르면
다시 동하게 된다. 하나의 동과 하나의 정이 서로 그 근거가 된다.
부분적 음과 부분적 양으로서만 음양의 의미가 성립한다. 양이 변
화하고 음이 화합하여 수화목금토를 생한다. 이 다섯 기가 두루 퍼
져 사계절이 운행한다. 오행이 하나의 음양이고, 음양이 하나의 태
극이며, 태극은 본래 무극이다.

오행은 생겨날 때 각기 하나의 성을 가지고 있다. 무극의 진(眞)
과 음양 오행의 핵심(정, 精)이 묘하게 화합하고 응집한다. 건(乾)
도는 남이 되고 곤(坤)도는 여가 된다. 그 두 기가 교감하여 만물을
화생케 하며, 변화하여 끝이 없다.

오직 인간만이 그 빼어남을 얻어 가장 영험하다. 형태가 생겨나
면, 신(神)이 지각을 드러낸다. 다섯 감관(五性)이 감하여 동하면서
선악의 분화가 있으며, 만사가 그로부터 나온다. 성인이 정하기를
중도로서 인과 의를 삼고(성인의 도는 인의중정 이외의 다른 것이
아니다), 정(靜)을 중시하여(무욕이므로 정이라고 한다) 사람의 극
을 세웠다. 그러므로 성인은 천지와 그 덕이 합치하고, 일월과 그
밝음이 합치하며, 사계절과 그 질서가 합치하고, 귀신과 그 길흉이

합치한다. 군자는 그것을 지키므로 길하고, 소인은 그것을 반하므로 흉하다.

그러므로 '하늘의 도를 두고 음양이라고 하고, 땅의 도를 두고 유강이라고 하며, 사람의 도를 두고 인의라고 한다' 라고 말한다. 또한 '근원으로 돌아가면 다시 되돌아온다. 그러므로 생사의 말을 안다' 라고 말한다. 대개 역도 이에 이른다.[44]

유가 우주론의 특징은 우주를 제작하거나 창조한 우주 초월적 신을 상정하지도 않고, 그렇다고 우주를 스스로 형성해 내는 유정의 정신적 업력도 상정함이 없이 우주의 원리 자체로부터 우주의 발생을 설명한다는 것이다. 즉 우주 생성의 힘을 신으로 실체화 또는 외화하지 않고, 그렇다고 인간 자신의 정신적 힘으로 내재화 또는 주체화하지도 않은 채 그냥 우주 발생의 원리라는 추상적 형태로 파악하는 것이다. 이 근원적 원리를 유가는 "태극"(太極)이

44) 周敦頤, 《太極圖說》, "無極而太極. 太極動而生陽, 動極而靜, 靜而生陰, 靜極復動. 一動一靜, 互爲其根. 分陰分陽, 兩儀立焉. 陽變陰合, 而生水火木金土, 五氣順布, 四時行焉. 五行一陰陽也, 陰陽一太極也, 太極本無極也. 五行之生也, 各一其性, 無極之眞, 二五之精, 妙合而凝, 乾道成男, 坤道成女, 二氣交感, 化生萬物. 萬物生生, 而變化無窮焉. 惟人也, 得其秀而最靈. 形旣生矣, 神發知矣, 五性感動, 而善惡分, 萬事出矣. 聖人定之以中正仁義, 以主靜, 入人極焉. 故聖人與天地合其德, 日月合其明, 四時合其序, 鬼神合其吉凶. 君子修之吉, 小人悖之凶. 故曰 '立天地道, 曰陰與陽, 立地之道, 曰柔與剛, 立人之道, 曰仁與義'. 又曰 '原始反終, 故知死生之說'. 大哉易也, 斯其至矣." 렴계 주돈이(周敦頤)는 북송 시기 1017년에서 1073년까지 생존한 유학자로서, 송대 성리학이 선진유학의 도덕 수양론으로부터 형이상학적 체계로 발전할 수 있게끔 하는 데에 크게 기여하였다. 《周易》과 선진유가사상을 바탕으로 음양오행설까지를 포괄하여 체계화한 이 《太極圖說》은 주희에 있어서도 신유학적 우주론의 기본틀로 받아들여졌다.

라고 부른다. 우주 발생의 근원적 원리를 태극이라고 칭하는 것은
멀리 《주역》[45]에서부터이다.

> 역(易)에 태극(太極)이 있고, 그것이 양의(兩儀)를 생하고 양의가
> 사상(四象)을 생하고 사상이 팔괘(八卦)를 생하고, 팔괘가 길흉(吉
> 凶)을 정하며, 길흉이 대업(大業)을 생한다.[46]

---

45) 중국의 고전 《周易》은 어느 한 시기에 한 사람에 의해 씌어진 글이 아니고
여러 단계를 거쳐 완성된 것으로 간주되고 있다. 상고시대 약 BC 4700년경
첫번째 왕 복희씨가 8괘(卦)를 그려 역학의 체계를 생각하였다. 문자가 없던
시기이므로 복희씨는 8괘로써 자연의 보편적 현상을 표상하였다. 복희씨보다
3500년쯤 이후 은주(殷周) 교체 시기에 주의 문왕(文王)(BC 1232~1135)이
8괘를 중첩하여 64괘를 제작하였다. 그 당시에는 이미 문자가 있었기에, 모든
괘에 괘사와 효사를 덧붙여 역학의 면모가 완성되었다. 문왕이 64괘를 만들
고 괘효사를 지은 것은 괘상을 이용하여 길흉을 점치려 한 것인데, 이것이 곧
서(筮)이다. 이는 결국 만물생성의 이론인 역학을 인간사에 적용한 것이다.
다시 문왕 이후 500년쯤 지나 공자(BC 551~479) 시기에는 이미 귀신을 믿
는 종교적 신도(神道)는 쇠퇴하고 합리적 인본주의의 인도(人道)사상이 등장
했다. 이 때 공자는 점서의 폐단을 배격하고 순수 철학적 관점에서 문왕의 괘
효사를 해석하여서 역학에다 십익(十翼)을 첨가하였다. 유가 전통에 있어 《周
易》은 대개 이러한 과정을 거쳐 완성된 것으로 간주되어 왔으나, 오늘날 주역
연구가들은 십익을 더 이상 공자의 작품이라고 생각하지 않는다. 사실은 더
후대의 것인데, 공자의 권위에 의존하기 위해 공자의 작품으로 간주해 왔을
뿐이라는 것이다.
46) 《周易》, 〈繫辭傳 上〉, 제11장, "易有太極, 是生兩儀, 兩儀生四象, 四象生八卦,
八卦定吉凶, 吉凶生大業." 태극에서 양의, 사상, 팔괘로 전개되는 것을 다음과
같이 정리할 수 있다.

태극(太極)		태극(太極)	
양의(兩儀)	음(陰)		양(陽)
	(––)		(—)
사상(四象)	노음(老陰)	소양(小陽)	소음(小陰)	노양(老陽)
	(＝＝)	(＝＝)	(＝＝)	(＝)

"생하고 생함을 역(易)이라고 한다"[47]고 하여 우주 발생과 변화를 한마디로 생(生)이라고 규정하는데, 그 발생과 변화 안에 그러한 생을 가능하게 하는 태극이 내재해 있다는 것이다. 태극의 태(太)는 크다 또는 심하다는 의미를 가지며, 극(極)은 다함이나 끝 또는 한계의 의미를 가진다.[48] 따라서 그보다 더 나아감을 생각할 수 없게끔 끝까지 나아간 것이 태극이다. 끝이 무한히 확장되어 결국 끝이 없게 된 것이 태극이다. 이처럼 끝 또는 극이 없기에 태극은 곧 무극(無極)이다. 그러므로 "무극이 곧 태극이다"라고 한다. 태극은 극으로서의 한계가 없기에 무극이며 무한이다. 한계가 없기에 그 자신의 한계 밖의 것, 그것보다 더 나아간 것이 존재하지 않는다. 즉 일체를 포괄하는 무한한 전체이다. 이런 의미에서 태극은 곧 일체 천지만물의 근원으로 이해된다.

　　성인이 말한 태극이란 천지만물의 근원을 가리키는 것이다.[49]

팔괘(八卦)	곤(坤)	간(艮)	감(坎)	손(巽)	진(震)	리(離)	태(兌)	건(乾)
	(☷)	(☶)	(☵)	(☴)	(☳)	(☲)	(☱)	(☰)
괘상(卦象)								
괘덕	유순	정지	함험	순종	분려	명지	유열	강건
정상	지(地)	산(山)	수(水)	풍(風)	뇌(雷)	화(火)	택(澤)	천(天)
인상	모, 신	소남	중남	장녀	장남	중녀	소녀	부, 군

47)《周易》〈繫辭傳 上〉, 제5장, "生生之謂易".
48) '극'(極)의 본래 어원적 의미는 '집의 지붕에서 중심이 되는 용마루 또는 마룻대'이다. 우주에 있어 태극이란 곧 전체 우주가 그것을 중심으로 존재하며 운행하는 우주의 중심을 의미한다.
49) 朱熹,《朱文公文集》,〈答陽子直〉, 45, "聖人謂之太極者, 所以指夫天地萬物之根也."

88

이와 같은 우주의 근원으로서의 무한자 내지 절대자가 객관적
으로 외화되면 기독교에서처럼 신(神)이라고 불리게 되고, 그것이
마음의 무한성의 자각을 통해 주체화되면 불교에서처럼 공 또는
공을 자각하는 허령한 한 마음인 일심(一心)이라고 불리게 될 것
이다. 그러나 유가는 무한자를 객관화시키지도 주체화시키지도 않
은 채 태극이라는 존재 일반의 추상적 원리로 남겨두며 그로부터
우주 발생을 설명한다. 기독교에서는 신이 세계를 만든다고 이해
되므로, 그렇게 만들어진 세계는 신에 대해서는 아닐지라도 인간
에 대해서는 그 자체 객관적으로 실재하는 세계가 된다. 불교에서
는 업력을 지닌 유정의 심이 세계를 만든다고 이해되므로, 그렇게
만들어진 세계는 유정 자신에 대해 그 유정의 마음 바깥에 그 자
체로 실재하는 객관 세계가 아니라 마음 의존적인 현상 세계, 공
에 기반한 가(假)의 세계로 간주된다. 이에 반해 유가의 태극은
우주 자체의 생성 원리로 간주된다. 그러므로 태극 및 태극으로부
터 발생하는 이 세계 자체가 절대적인 객관 세계가 된다. 우주의
생성 원리와 이치 그리고 그로부터 생성된 우주가 모두 객관적
실재성을 가지는 것으로 간주되는 것이다.[50]

우주의 생성 변화는 태극으로부터 시작되는데, 여기서 태극은
그러한 생성 변화의 이치나 원리가 되는 것이지, 그 자체가 실질
적으로 변화해 가는 것은 아니다. 즉 변화를 야기시키며 따라서
그 변화 속에 내재되어 있는 변화의 법칙, 생성의 이치가 곧 태극
인 것이다. 변화 생성의 원리 또는 이치라는 의미에서 태극은 송

50) 그러므로 불교적 공(空) 또는 심(心)의 관점에서 보면, 유가를 포함한 일체
의 객관주의는 모두 법공(法空)을 깨닫지 못하고, 심 너머의 객관 세계 자체
의 존재를 주장하는 법집(法執)을 벗어나지 못한 것으로 평가된다.

대 신유학에 있어 한마디로 이치 또는 원리의 "리"(理)라고 칭해
진다.

> 태극은 단지 리(理)일 뿐이다.[51]

일체는 이치에 따라 생성 변화하므로 리는 결국 우주 일체를
포괄하는 무한한 것이다. 이 무한한 리가 곧 태극이며 또 무극이
다. 일체 존재의 생성 변화에 이치가 있다는 것이 곧 역에 태극이
있다는 말이다.

그렇다면 추상적 리 또는 이치인 태극과 구체적 운동 변화는
어떤 관계에 있는가? 이에 대해 "태극이 양의를 생한다"고 설명
한다. 여기서 양의는 음(陰)과 양(陽)의 두 가지 기(氣)를 뜻한다.
태극이 양의를 생한다는 것은 곧 "리로부터 기가 생한다"는 의미
이다. 추상적 원리와 이치로부터 존재 생성의 역동적 기운이 발한
다고 보는 것이다. 이렇게 해서 유가사상 전반에 걸쳐 중요한 두
차원, 즉 추상적 리(理)와 구체적 기(氣)의 구분 및 관계가 확립된
다. 여기에서 태극인 리는 그로부터 발생하는 운동의 기에 대해
그와 동일한 차원에 있는 것이 아니라, 그러한 운동을 가능하게
하는 한 차원 위의 존재로 이해된다. 즉 운동의 이치는 형이상의
차원이고, 그 이치에 따라 발생하는 운동과 그 운동의 힘인 기는
형이하의 차원으로 이해되는 것이다. 원래 형이상과 형이하의 구

---

51) 《朱子語類》, 제1권, 4조목, "太極只是理字." 《朱子語類》는 주희(1130~1200)
와 그 문인들간의 문답을 주제별로 분류하여 기록한 글인데, 전체 8책 140권
으로 되어 있다. 그 중 일부가 다음과 같이 한글로 번역되어 있는데, 여기에
서도 그 번역을 참조하였다. 黎靖德 편, 허탁 · 이요성 역주, 《주자어류》(청계,
1998).

분은 리와 기의 구분이기에 앞서, 추상적 원리로서의 도(道)와 그
도가 구체화되고 형태화되어 표현된 기(器)의 구분을 의미하였다.

> 형이상자는 도(道)이며, 형이하자는 기(器)이다.[52]

여기에서 도는 곧 우주 변화의 추상적·보편적 이치를 뜻하며,
기(器)는 그러한 형이상학적 도가 구체화되어 표현되고 담길 수
있는 도구나 그릇을 뜻한다. 그런데 그와 같은 구체적 기를 형성
하는 힘이 바로 음양의 기이므로, 이 음양의 기(氣)는 기(器)와 마
찬가지로 형이하의 영역으로 분류될 수 있는 것이다. 이런 의미에
서 형이상과 형이하를 구분 정리하면 다음과 같다.

┌ 추상적·보편적 이치 = 도(道) = 리(理) = 태극 : 형이상
└ 구체적·개별적 운동 = 기(器) = 기(氣) = 음양 : 형이하

따라서 송대 신유학자 정이(程頤)는 "일음일양을 도라고 한
다"[53]는 주역의 구절을 형이하의 음양과 형이상의 도를 연결짓기
위해 "일음일양하는 까닭 또는 근거는 곧 도이다"로 해석한다.[54]
리는 기에 의한 우주 생성과 변화의 형이상학적인 추상적 원리
또는 이치일 뿐이고, 실제상의 생성과 변화는 그 이치에 따라 움

---

52) 《周易》,〈繫辭傳 上〉, 제12장, "形而上者謂之道, 形而下者謂之器."
53) 《周易》,〈繫辭傳 上〉, 제5장, "一陰一陽之謂道."
54) 《二程全書》〈遺書〉15, "所以陰陽者是道也." 다시 말해 "'일음일양을 도라고
한다'는 것은 도가 곧 음양이라는 말이 아니라, 일음일양하는 이치가 곧 도라
는 말이다"(一陰一陽之謂道, 道非陰陽也, 所以一陰一陽道也)라고 설명하기도
한다.

직이는 기의 차원에서 발생하는 것이다. 따라서 구체적 우주 생성 과정은 기의 운동을 통해 설명될 수밖에 없다. 기의 운동으로부터 우주가 생성되는 과정에 대한 보다 상세한 그림은 송대 성리학을 체계화한 주희(朱熹)의 다음 구절에서 잘 드러난다.

> 천지의 처음 시작에는 오직 음양의 기밖에 없었다. 이 하나의 기가 운행하여 이리저리 움직여 마찰을 일으켰는데, 점점 마찰이 빨라질수록 많은 찌꺼기들이 한 곳으로 몰리게 되었다. 찌꺼기가 안으로 모여 빠져나갈 데가 없어서 뭉쳐 중앙에 땅을 형성하게 되었다. 땅에 비해 맑은 기운이 하늘이 되고, 해와 달이 되고 별들이 되어 땅의 주위를 둘러싸고 회전한다. 그렇게 해서 땅은 한가운데에 있으면서 고정되어 움직이지 않는 것이지, 땅이 하늘의 아래에 있는 것이 아니다.[55]

이는 하늘과 땅, 해와 달과 별이 어떻게 생겨나서 어떤 구도로 배치되어 있는가를 보여주는 것이다. 본래 중국에는 우주론으로서 땅이 아래에 있고 하늘이 그 위를 덮고 있다는 개천설(蓋天說)과 땅이 중앙에 있고 하늘이 그 주위에 있다는 혼천설(渾天說)의 두 가지가 있었는데,[56] 주희는 그 중에서 혼천설을 따르고 있음을 알 수 있다. 그렇다면 어떻게 해서 땅이 하늘 가운데에 머물러 있을

---

55) 《朱子語類》, 제1권, 23조목, "天地初間只是陰陽之氣. 這一箇氣運行, 磨來磨去, 磨得急了, 便拶許多渣滓, 裏面無處出, 便結成箇地在中央. 氣之淸者便爲天, 爲日月, 爲星辰, 只在外, 常周環運轉. 地便只在中央不動, 不是在下."

56) 《周易》에 나타나는 우주관은 평평한 땅 위를 둥근 하늘이 덮고 있다는 개천설(蓋天說)이다. 선진 이후 기철학이 확립된 후에야 혼천설(渾天說)로 기울게 되었다.

수 있는가? 아니 그보다도 그 하늘과 땅 자체가 어떻게 해서 발생하게 된 것인가? 이것을 설명하는 단초가 바로 기(氣)이다.

하늘과 땅이 생기기 이전 오직 기만이 있는데, 이 기는 가만히 머물러 있는 것이 아니라 이리저리 운행하여 움직인다. 이 움직임을 갈 마(磨)자로 표현한다. 음기와 양기 두 기가 서로 부딪혀 갈리면서 그 갈리는 속도가 빨라질수록 그로부터 찌꺼기인 앙금이 생겨나게 되는데, 그 앙금은 바깥으로 빠져나가지 못하고 중앙에 뭉쳐 있게 된다. 마치 모래 알갱이가 남아 있는 그릇에 물을 붓고 그릇을 빠른 속도로 돌릴 경우 모래 알갱이가 중앙으로 모여드는 것과 같다. 그릇 속의 물이 더 빠른 속도로 회전할수록 그 안의 찌꺼기는 더 중앙으로 모여들게 된다. 이처럼 기의 움직임으로 생겨난 기의 찌꺼기는 회전하는 기의 중앙에 모여들어 더 단단히 그 안에 뭉치게 되는 것이다. 이와 같이 해서 기의 운동의 찌꺼기로 형성되어 기 운행의 중앙에 모여들게 된 것이 바로 인간이 발딛고 사는 땅이다. 찌꺼기로 화한 기이기에 땅의 기를 탁한 기라고 하며, 찌꺼기로 화하지 않고 계속적으로 땅 주위를 돌며 하늘이 되는 기를 보다 맑은 기라고 한다. 땅을 중심으로 하늘의 기가 계속 운행하므로 땅이 그 중심에 머물러 있을 수 있는 것이다.

하늘의 기는 땅의 형태에 의지해 있고, 땅의 형태는 하늘의 기에 매달려 있다. 하늘이 땅을 감싸고 있으니, 땅은 단지 하늘 가운데에 있는 하나의 외물일 뿐이다. 기로서의 하늘이 바깥에서 운행하고 있으므로 땅이 중앙에 자리잡고 태연하게 움직이지 않는다. 만약 하늘의 운행이 잠시라도 멈춘다면, 땅은 아래로 떨어질 것이다.[57]

이렇게 해서 기로부터 천지가 형성되면서, 처음 물질적 요소로 정형화되는 것이 바로 오행(五行)이다.[58] 앞서 인용한 글에서 "양이 변화하고 음이 화합하여 수・화・목・금・토를 생한다"고 한 것이 그것이다. 음양의 기에서 보다 구체적으로 질화(質化)된 것이 바로 오행인 것이다. 음양으로부터 형성된 오행은 일체의 자연

---

57) 《朱子語類》, 제1권, 26조목, "天以氣而依地之形, 地以形而附天之氣. 天包乎地, 地特天中之一物爾. 天以氣而運乎外, 故地推在中間, 隤然不動. 使天之運有一息停, 則地須陷下."

58) 오행설의 기원으로는 흔히 《左傳》, 문공 7년에 등장하는 육부가 언급된다. "수・화・금・목・토・곡(穀)을 육부(六府)라고 한다." 여기서 부는 곳집, 창고를 뜻하는데, 인류 생존에 필요한 물질 재료를 개괄 분류한 것이라고 볼 수 있다. 후에 곡은 토에서 나오므로, 토에 포섭시켜 오행이 되었다. 또한 《尚書》 〈홍범〉에 등장하는 나라를 다스리는 9가지 대법(大法)으로서의 홍범구주(洪範九疇) 중 첫째가 오행이다. "오행은 수・화・목・금・토이다." 여기서 행(行)은 사람들이 일용으로 사용한다는 뜻이다. 사람들이 다섯 물질을 중시하였음을 말하는 것이다. 그러다가 서주 말기의 사백(史伯)이 비로소 오행을 만물을 구성하는 다섯 가지 기본요소로 파악하였다. 춘추전국 시대의 음양가는 우주의 변화를 음양 이원 또는 목・화・토・금・수의 오행으로 환원하여 설명하려 하였다. 이는 맹자의 활동이 그친 기원전 3세기 초부터 나타났으며, 이후 유가・도가 등 여러 학파에 큰 영향을 미쳤다. 그러나 음양가의 저작은 모두 산실되었기에 다른 문헌을 통해 그 사상을 밝힐 수밖에 없다. 이어 제(齊)나라 사람 추연(鄒衍)이 음양 사상을 정리하였는데, 그의 저작 《鄒子》 49편, 《鄒子終始》 56편이 한대에 유행하였다고 한다. 기원전 239년에 완성된 《呂氏春秋》에는 보다 완성된 음양오행설이 전개된다. 우주만물은 각각 형(形), 질(質), 기(氣) (인간은 여기에 神이 더해짐)로 성립하는데, 기가 만물에 생명력을 부여하는 것으로 이해된다. 그것은 태일에서 생긴 음양의 상반된 이원이다. 이 두 가지는 자웅남녀처럼 상교상화(相交相和)하여 생성에 관계하기도 하고, 피아시비(彼我是非)처럼 상반상쟁하여 사멸에 이르기도 하고, 해달, 밤낮, 춘하추동처럼 교대 순환하여 변화하기도 한다. 전한 왕조 한무제(BC 141~87) 때에 봉건 귀족적 군국제를 청산하고 능력 본위의 관리 등용식의 중앙 집권제가 확립되었는데, 한나라가 유교를 국교화할 때 동중서(BC 176?~104?)가 그에 대한 사상적 기반을 마련하였다.

현상 및 인간 신체 또는 인간 정신의 근본 원리까지도 포함하고
있는 것으로 이해된다.[59] 이처럼 생명 또는 정신현상까지를 포함

---

59) 자연의 기본요소로 생각된 유가의 오행은 유기체적 자연관을 보여주고 있
다. 즉 목·화·토·금·수 오행 중에는 이미 생명체의 목이 포함되어 있는
것이다. 오행이 포괄하고 있는 자연 물질적 또는 정신적 원리를 정리해 보자
면 다음과 같다.

태극			태극		
음양	양			음	
오행(五行)	목(小陽)	화(大陽)	토	금(小陰)	수(大陰)
사시(四時)	봄(春)	여름(夏)		가을(秋)	겨울(冬)
작용	생성(生)	성장(長)		추수(收)	저장(藏)
오성(五性)	인(仁)	예(禮)	신(信)	의(義)	지(智)
방위	동	남		서	북
장기	비(脾)	폐(肺)	심(心)	간(肝)	신(腎)

이 오행은 서로 상생(相生)과 상극(相克)의 관계에 있는데, 오행을 동서남북
의 방식으로 표현할 경우, 각각이 그 다음에 대해 상생이 되고 그 다음 다음
의 것에 대해서는 상극의 관계가 된다.

상생은 하나가 그 다음의 생을 돕는다는 말인데, '목생화, 화생토, 토생금, 금
생수, 수생목'이 된다. 나무가 불이 타는 것을 돕고, 불은 흙이 생기게 하며,
흙이 광물이 되고, 광물이 물이 되며, 물이 나무의 생장을 돕는다. 그러나 목
이 화를 생하고 화가 토를 생하지만, 목과 토는 다시 극의 관계가 된다. 즉 하
나는 다른 하나를 극복하여 이긴다는 뜻이다. 그리하여 '목극토, 토극수, 수극
화, 화극금, 금극목'이 된다. 나무가 땅을 뚫고, 땅이 물을 막으며, 물이 불을
끄고, 불이 철을 녹이며, 금속이 나무를 끊는다. 흔히 이와 같은 상생과 상극
의 논리로서 인간 신체의 건강상태나 남녀 궁합을 점치기도 한다. 일체가 서
로 적절히 돕고 적절히 제어함으로써 서로 공생 관계에 놓여 있다는 것은 자
연의 생태학적 균형의 원리를 말해 주는 것이기도 하다.

해서 일체의 존재를 모두 기의 산물로 간주하는 것이 유가의 기본관점이다. 물론 기 자체가 리로부터 나온 것이므로, 유가의 근원원리에 리와 기가 있지만, 리는 기운동의 추상적 원리일 뿐이고, 구체적 개별자를 형성하는 존재론적 기반으로 작용하는 것은 바로 기인 것이다. 이처럼 일체를 기의 산물로 보는 데에서 송대 성리학의 신유가는 자연주의적 관점인 도가(道家)와 상통한다. 물론 유가나 도가에 있어 기란 무기체적 물질로 이해된 것이 아니라, 그 자체 유기체를 형성할 수 있는 생명력으로 이해되고 있다는 것이 중요하다. 즉 생명이 기로부터 자연발생할 수 있는 것은 기 자체가 이미 생명 발생의 유기체적 힘이기 때문이다. 이 점에서 도가나 유가의 자연 발생적 우주 생성론은 현대의 유물론적 진화론과는 구분된다. 전자의 출발점이 유기체적 힘으로서의 기(氣)라면, 후자의 출발점은 기가 이미 응집하여 물질화된 질(質)이라고 할 수 있을 것이다. 유가는 아직 물질로 정형화되기 이전의 생명적 기를 출발점으로 삼음으로써, 물리적 천체 이외에 자연 생명체 나아가 인간 존재까지도 기의 작용결과로 설명하고 있다.

(문) 최초의 사람은 어떻게 생겨났습니까? (답) 기로써 이루어진다. 음양의 기(氣)와 오행의 정(精)이 합하여 형체가 만들어지는데, 불가에서는 이를 화생(化生)이라고 한다. 지금도 아주 많은 것들이 화생하는데, 예를 들어 이 같은 것이 그렇다.[60]

---

60) 《朱子語類》, 제1권, 26조목, "問生第一箇人時如何? 曰以氣化. 二五之精合而成形. 釋家謂之化生. 如今物之化生甚多, 如虱然." 여기서 주희가 자연력으로부터 개체의 자연발생을 불교의 화생과 같다고 언급하고 있는 것은 주희가 불교 개념을 오해한 탓이다. 생명체가 없던 데에서 자연발생적으로 새로운 생명

96

이처럼 주희는 개체화되기 이전의 음양과 오행의 자연력으로부터 저절로 개체적 생명체가 발생한다고 본다. 인간의 생명 역시 정과 기의 화합으로 자연 발생한다는 것이다. "정과 기가 엉기어 사람이 된다."[61] 이 때 사람이란 사람의 신체적 형태뿐 아니라 정신적 능력까지를 포함한다. 즉 주희 성리학에 있어서는 사람의 생명이 그 신체를 형성하는 기로부터 자연 발생하는 것처럼, 사람의 정신활동 역시 그 생명을 형성하는 기의 응집으로부터 자연히 발생하는 것이다. 그러므로 사람의 형태가 갖추어지면, 그로부터 저절로 정신이라고 말할 수 있는 신(神)이 지각 등의 의식현상을 드러낸다고 말한다. 이것이 곧 "형태가 생겨나면 신이 지각을 드러낸다"는 것이다. 이와 같이 유가에 있어 인간의 정신 또는 마음은 인간 신체를 이루는 정기로부터 독립적인 다른 근원을 가지는 것이 아니다. 우주의 기로부터 인간 형태가 만들어지면서 그 안에서 점차적으로 인간의 정신활동이 발생한다고 보는 것이다.

> 백(魄)이 있으면 곧 신(神)이 있는데, 신은 바깥에서 들어오는 것이 아니다.[62]

체가 형성되는 것을 불교는 화생이 아니라 습생(濕生)이라고 한다. 불교는 생을 네 가지로 구분하여, 태생, 난생, 습생, 화생이라고 하는데, 태로부터 생하는 것이 태생, 알로부터 생하는 것이 난생이고, 구더기나 이처럼 태로부터도 알로부터도 아니고 습한 기운으로부터 저절로 생겨나는 것을 습생이라고 한다. 주희는 이것을 화생이라고 오해했다. 불교에서 화생은 오히려 귀신이나 아귀처럼 갑자기 신이하게 생겨나는 것을 말한다.

61) 《朱子語類》, 제3권, 19조목, "精氣凝則爲人."
62) 《朱子語類》, 제3권, 24조목, "有這魄, 便有這神, 不是外面入來."

백은 인간 형태의 신체를 이루는 정(精)의 기운을 뜻하며, 그 기운의 교감을 통해 신이 발한다는 것이다. 인간 정신은 인간 신체적 생명력 자체로부터 발생하는 것이지, 그 바깥에서부터 부여되는 것이 아니라는 것을 강조하는 것이다. 인간을 철저하게 기의 산물로 이해하는 것이다.[63] 그렇다면 이처럼 일체 존재가 모두 하나같이 기의 산물일 뿐이라면, 인간과 다른 생명체와의 차이는 무엇 때문인가? 그것은 단지 어떤 기로 이루어지는가의 차이일 뿐이다.

이기와 오행이 교감하여 여러 가지로 변화하므로 사람과 외물이 생겨날 때 정밀하거나 엉성한 차이가 생겨난다. 하나의 기로 말하자면 사람과 외물은 모두 기를 받아 태어난다. 정밀하고 엉성한 차이로 말하자면, 사람은 올바르고 통하는 기(正, 通)를 얻고, 외물은 치우치고 막힌 기(偏, 塞)를 얻는다. 오직 사람만이 올바른 기를 얻으므로 리(理)가 통하여 막히지 않으며, 외물은 치우친 기를 받으므로 리가 막혀서 지혜가 없다.[64]

---

63) 신이 기화합물의 바깥에서 들어왔다면 기와 다른 기원을 가지는 것이고, 기가 분산될 때도 함께 소멸하지 않는 독립적 실재성을 가질 수 있지만, 유가에 있어 신은 기의 산물로서 기의 작용 내지 기능에 불과하므로 기가 분산될 때 함께 소멸하는 것으로 이해된다. 맹자는 신체기관은 자연발생한 것이지만, 심은 하늘이 부여한 것으로서 신체 독립적 기원을 가진 것으로 이해한 데 반해, 주희는 심 역시 신체를 형성하는 기의 작용에 불과한 것으로 이해한다. 이것은 도가의 영향을 받아 인간을 자연주의적으로 이해한 것이라고 볼 수 있다. 즉 내적 초월이 간과된 밋밋한 자연주의이다.
64) 《朱子語類》, 제4권, 41조목, "二氣五行, 交感萬變, 故人物之生, 有精粗之不同. 自一氣而言之, 則人物皆受是氣而生. 自精粗而言, 則人得其氣之正且通者, 物得其氣之偏且塞者. 惟人得其正, 故是理通而無所塞. 物得其偏, 故是理塞而無所知."

인간의 빼어남은 인간을 형성하는 기에서 비롯되는 것이다. 즉 기의 바름과 치우침에 따라 리가 통하느냐 막히느냐가 결정되는데, 바른 기를 타고난 인간은 리가 통하고, 치우친 기를 타고난 동물이나 식물은 리가 막혀 있다. 리가 통한다는 것은 곧 그만큼 이치를 깨달아 안다는 말이 된다. 그러므로 정과 통의 기로써 인간의 형태가 생겨나면, 신이 발하여 앎이 있다고 말하는 것이다. 나아가 주희는 인간만이 똑바로 서서 다니는 것 역시 바른 천지의 기운을 받아 태어났기 때문이라고 보며, 천지의 치우친 기운을 받은 짐승은 그렇기에 옆으로 자라고, 초목은 뿌리를 아래로 두는 것이 아예 거꾸로 자라는 것이라고 본다.

기의 정과 편의 차이에 따라 인간과 동물과 식물의 차이가 있지만, 같은 인간이라고 해도 또다시 다 똑같은 것은 아니다. 인간 사이에 보여지는 천차만별의 차이 역시 그 인간을 형성하는 기의 차이에서 비롯되는 것으로 설명된다.

> 사람이 품부받은 것으로 말하면 또한 어둡거나(昏) 밝든가(明) 또는 맑거나(淸) 흐린(濁) 차이가 있다.[65]

청명한 기를 타고난 자는 지혜로운 자이다. 즉 기가 리를 가림이 없어 리가 있는 그대로 다 드러나 밝히 아는 것이다. 반면 타고난 기가 혼탁할 경우는 본래적으로 주어진 리가 많이 가려져 있기에 리를 다 깨달아 알지 못하는 어리석음을 갖게 된다. 리를 아는 지혜로운 자에게서는 천리가 승리하지만, 리가 많이 가려져

---

65) 《朱子語類》, 제4권, 41조목, "人之所稟而言, 又有昏明淸濁之異."

있어 어리석은 자에게는 삿된 욕망이 승리하게 되는 것이다. 그러
므로 지혜있는 자와 어리석은 자의 차이 역시 타고난 기의 차이
에서 비롯된다.

그렇다면 어떤 인간은 맑은 기를 타고나고, 어떤 인간은 탁한
기를 타고나는가? 그것은 어떤 부모에게서 태어나는가의 선천적
요인 이외에 또 어떤 천기를 타고나는가의 우연적 요인이 함께
작용한다. 유가에서는 부모와 자식은 같은 기, 동기(同氣)라고 말
한다. 그러나 그럼에도 불구하고 차이를 낳는 기의 결정은 궁극적
으로 우연적이라고 보는 것이다.

> (문) 자회가 사람과 외물의 맑거나 탁하거나 밝거나 어두운 차이
> 에 대해 물었을 때, 내가 다시 물었다. 요임금과 순임금의 기는 항상
> 맑고 밝으며 부드럽고 온화한데, 어떻게 단주와 상균을 낳았습니까?
> (답) 기가 우연히 그런 것이다. 가령 고수가 순임금을 낳은 것과 같
> 다.[66]

부모에 의해 유전되는 부분과 우연히 타고나는 부분이 혼합되
어 결국 기품의 차이가 있기는 하지만, 그래도 인간이 인간인 한
은 모두 기본적으로 바르고 통하는 기를 가지고 있으므로, 아무리
탁한 기일지라도 스스로 순화시켜 맑게 해나감으로써 우주의 이

---

66) 《朱子語類》, 제4권, 18조목, "子晦問人物淸明昏濁之殊, 德輔因問, 堯舜之氣常
淸明沖和, 何以生丹朱商均? 曰氣偶然如此, 如瞽瞍生舜是也." 요임금은 아들
단주가 어리석었기에 순에게 천하를 넘겨주었고, 순임금은 아들 상균이 어리
석었기에 우(禹)에게 천하를 넘겨주었다. 자식이 반드시 부모의 기를 빼어닮
는 것은 아니라는 말이다. 고수 같은 어리석은 자가 순임금 같은 인재를 낳았
다는 것은 기의 타고남에 우연이 작용한다는 것을 말해 준다.

치를 자각할 수 있는 것으로 이해된다. 그러므로 "오직 인간만이 그 빼어남을 얻어 가장 영험하다"고 말하는 것이다. 정신이 지각 현상을 드러내는 것, 그 중에서도 우주의 이치를 아는 것이 중요하다. 인간 정신 역시 자연원리를 벗어난 것이 아니므로, 인간이 알아야 할 자연의 원리란 우주 자연질서뿐 아니라 사회질서 나아가 인간 각자의 정신이 따라야 할 도덕적 질서까지도 포괄하는 것이다. 따라서 태극 음양에 따라 형성된 인간은 본질적으로 그 음양 오행이 내포한 자연질서 및 사회 도덕적 질서에 따라 삶을 유지하며 적극적으로 그 도덕성을 구현하고 실현하는 것을 생의 사명으로 갖게 된다. 이렇게 해서 '도덕적 인간'으로서의 유가적 인간 본질규정이 성립하는 것이다.

인간은 누구나 바르고 통하는 기를 가지고 있으므로 우주 이치를 자각하여 인식할 수 있는 능력이 있다. 그러나 이 앎은 단지 자기 자신만을 아는 것이 아니라, 자신을 이루는 기를 알며 그 기의 근원이 되는 리 또는 태극을 앎을 의미한다. 즉 우주 전체의 이치를 아는 것이다. 이런 앎이 있기에, 인간에게 있어서는 선악의 도덕이 성립하게 되는 것이다. 인간이 보여야 할 도덕성은 곧 인(仁)과 의(義)이다. 전체 존재 중에 나 아닌 것이 없다고 알고 느끼는 것을 인이라고 하며, 그에 따른 공정함을 의라고 한다.

결언: 인간의 근원은 근원적 일자이다.

현대의 자연과학에 따르면 우주 존재는 빅뱅의 사건으로부터 시작된다. 따라서 인간의 근원 또는 우주의 근원을 논하려면, 빅뱅으로까지 소급해 가게 되는데, 그러나 바로 그 빅뱅의 순간 자체는 과학적 해명이 한계에 부딪치는 플랭크의 벽 뒤로 가려지게 된다. 따라서 그 벽 너머에 대해서는 다시 또 과학 아닌 형이상학적 사유를 전개하게 되는 것이다. 폭발이 의미하는 바 현상 세계의 최초 발생순간을 논리적으로 이해할 수 있으려면, 우선 폭발을 가능하게 하는 물리적 기반, 즉 최초의 물질적 요소들이 있어야 할 것이고 나아가 그 물질적 요소들의 전개과정을 결정짓는 관념적 법칙들이 있어야 할 것이다. 이 둘이 결합하는 순간, 즉 최초의 물질에 관념적 법칙이 적용되는 순간부터 현상적 우주가 형성되기 시작했을 것이다. 바로 이러한 형이상학적 사유에 입각하여 희랍의 플라톤은 우주 발생을 설명하기 위해 물질적 요소와 관념적 원리 그리고 그 둘을 결합하여 현상 세계를 만들어내는 우주 제작자를 생각했던 것이다. 즉 플라톤에 따르면 가시적 현상 세계는 데미우르고스라는 우주 제작자로서의 신(神)이 지·수·화·풍의 근본 질료를 가지고 관념적 법칙(이데아적 질서)에 따라 만들어 낸 것이다. 이렇게 해서 우주의 질료와 형상 그리고 그 둘을 가지고 현상적 우주를 만드는 데미우르고스라는 신이 현상 세계 발생을 설명하는 세 축이 된다. 그렇다면 그 안에서 인간은 어떻게 형성된 것인가? 인간 역시 데미우르고스가 만드는데, 형상으로 만들어진 것이 인간 영혼이고, 질료로부터 만들어진 것이 인간의 육체이다. 인간은 질료로부터 만들어진 육체 안에 형상으로 된 영혼이 깃들게 됨으로써 인간이 된다. 이와 같은 방식으로 플라톤은 우주와 인간의 발생을 설명하는데, 그 설명에는 우주의 근본질료와 형상 그리고 데미우르고스라는 신의 존재가 이미 전제되어 있다. 인간이 인간 자신의 존재근원과 그 인간이 몸담고 사는 우주의 존재근원을 묻는다는 것은 자기 자신의 존재를 이해하기 위해 당연한 일일 것이다. 그런데 그 물음에 답하는 과정에서 우주의 근본 질료나 형상 그리고 신의 존재가 전제되어 있다면, 우리는 또다시 그것들의 존재 근거를 묻게 되지 않겠는가? 즉 우주의 근본질료 그리고 형상은 어떻게 해서 있게 된 것인가? 그리고 신은?

아우구스티누스는 히브리인의 《성서》〈창세기〉를 해석하면서 기독교적 사유가 희랍적 사유를 넘어서는 부분을 올바로 지적한다. 우주의 형성을 설명하기 위해 전제된 질료와 형상을 본래적으로 존재하는 것이 아니라 신에 의해 비로소 만들어진 것으로 이해하는 것이다. 따라서 우주 형성의 근본 원인은 오로지 신이 된다. 우주를 형성하는 기본 질료와 형상 역시 "땅의 땅", "하늘의 하늘"로서 신에 의해 비로소 창조된 것이다. 신 이외에는 아무것도 없었으므로, 즉 무밖에 없었으므로, 신의 우주 창조는 "무로부터의 창조"가 된다. 신 이외에 다른 아무것도 있지 않았던 그 태초에 신이 우주를 무로부터 창조한 것이다. 이렇게 보면 기독교적 우주 창조론에 있어 전제된 근원적 존재는 오로지 신인 것 같다. 그러나 기독교는 신 자신과 그 신에 의해 창조된 일체의 피조물들과의 질적 차이를 강조하기 위해 "신으로부터의 창조가 아닌 무로부터의 창조"를 역설한다. 일체의 피조물은 무로부터의 존재이며, 자체 안에 신과 자신을 구분짓게 하는 무성을 지닌 것이다. 피조물의 하나에 불과한 인간 역시 신에 의해 창조되었지만 무로부터 창조되었기에 존재와 무라는 양면성을 지니고 있다. 결국 기독교적 우주 창조론에 있어 우주 창조를 설명하는 기본 축은 신과 무라는 양 원리이다. 이 이원성 안에서 우리는 다시금 희랍적 형상과 질료, 정신과 물질의 이원적 사고방식을 발견하게 된다.

창조에 전제된 무가 정말 순수무라면, 무로부터의 창조와 신으로부터의 창조가 과연 구분될 수 있겠는가? 우주와 신, 피조물과 창조자, 인간과 신 간의 절대적 구분이 과연 정당화될 수 있겠는가?

우주와 인간의 기원에 관한 석가의 통찰은 바로 그와 같은 구분, 즉 신과 인간, 피조물과 창조자 간의 절대적 구분을 무화시키는 통찰이다. 우주를 창조하는 창조자와 그 우주 안에 살고 있는 피조물이 질적으로 구분되는 것으로 이해되지 않는다. 현재의 우주를 창조하는 근원적 힘이 바로 그 이전 우주 속에 살던 유정의 업력으로 이해되기 때문이다. 유정의 업력(業力)이 지·수·화·풍의 사대를 형성하고 그로부터 우주가 만들어지며 그 안에 다시 유정의 삶이 시작된다고 보는 것이다. 이처럼 한 우주를 형성하는 기본 원동력을 단일한 신이 아니라 무수한 유정의 업력으로 본다. 그렇다면 그 유정은 어떻게 해서 존재하게 된 것인가? 기독교의 신이 본래부터 있는 존재이기에 그 존재의 시작점을 물을 수 없는 것이라면, 불교에 있어서는 유정이 그것이 있기 시작한 시작점을 물을 수 없는 무시 이래의 존재로 이해된다. 무시 이래의 존재가 단 하나의 신이 아니라, 너와 나라고 할 수 있는 무수한 유정(有情)으로 간주되는 것이다. 그리고 그 유정의 업력으로부터 지·수·화·풍이 형성되며, 그로부터 우주가 형성된다고 보는 것이다. 비물질적 신이 물질적 우주를 창조하듯 비물질적 업력이 물질적 세간을 만들어내며 그 세간 안에 살게 될 그 다음의 유정을 낳는다. 이는 곧 불교에 있어 유정의 본질은 기독교의 신처럼 현상초월적인 절대적 존재로 이해됨을 뜻한다. 나아가 우주 자연의 물리력과 생명체의 생명력 그리고 유정의 업력을 모두 같은 힘으로 이해하며, 그 중 가장 근본적인 힘을 업력으로 보고, 그 업력이 우주 자연의 물질과 생명을 산출하는 것으로 간주하는 것이다. 우주를 산출하는 근본 힘이 바로 유정의 업력인 것이다.

송대의 신유학 역시 유가적 전통에 따라 우주 바깥에 우주 창조자를 따로 설정하지 않는다. 우주는 음양 이기(二氣)의 운동 결과 발생하는 것으로 이해된다. 마치 불교에서 유정의 업력의 힘에 의해 지·수·화·풍이 형성되고 그로부터 우주 세간이 만들어진다고 보듯이, 유가에서는 기의 회전에 의해 천지가 만들어진다고 보는 것이다. 그리고 그 기의 운행과 기의 취산에 따라 자연 사물과 인간까지도 형성된다고 본다. 그러나 불교에서는 우주를 형성하는 업력이 너와 나인 유정의 업력인 것과 달리, 유가에 있어 기는 추상적 원리인 리(理)로부터 기원한 기이다. 따라서 불교에서는 유정이 주체적 자각에 의해 업력을 소멸시켜 그 굴레로부터 벗어날 수 있는 현상초월적 존재로 이해된 데 반해, 유가에서 인간은 추상적이고 보편적인 우주원리인 리에 따르는 기의 취합 결과물일 뿐이며 그 기질의 한계를 벗어날 수 없다. 그만큼 인간은 다른 존재자와 마찬가지로 음양오행의 결과물일 뿐이며, 단지 바른 기를 타고나서 기가 잘 통한다는 차이가 있을 뿐이다. 기가 잘 통하여 막힘이 없는 상태에서 자신 안에 내재된 보편적 우주이치인 천리를 깨닫고 그 이치를 실현할 수 있는 것이 인간의 본질을 이루지만, 얼마만큼 천리 또는 도를 깨닫고 그것을 실현할 수 있는가 하는 인식 능력 또는 도덕적 실천 능력 역시 그 인간 존재를 이루는 기질에 의해 결정되는 것이다. 그만큼 인간을 현상 초월적 존재가 아닌 현상적인 자연적 존재로 이해하는 것이다.

우주 또는 인간의 근원이 무엇인가에 대해 이상 네 입장은 서로 상이한 관점을 제시하고 있지만, 그럼에도 불구하고 그들 안에 하나의 공통점이 발견되는데, 그것은 곧 그들 모두 그 근원으로서 표면적으로는 두 가지를 제시하고 있다는 것이다. 즉 희랍에서 우주의 근원은 (제작자 신을 제외한다면) 영원한 질서의 원형인 형상과 그 형상에 의해 규정받는 질료이고, 기독교에서는 창조자 신과 다시 일체의 피조물을 신으로부터 구분짓게 만드는 무이다. 불교에서는 유정의 불생불멸의 심과 그 심의 본질을 망각한 무명에 바탕한 업이며, 유가에서는 우주의 추상적 원리인 리와 그 리에 따라 현상을 형성하는 기이다. 이는 다시 한 번 더 정리하여 표현하자면 다음과 같다.

> 희　랍: 이데아(형상)　　그리고　질료
> 기독교: 창조자 신(神)　　그리고　피조물이 의거하는 무(無)
> 불　교: 진여심의 심(心) 그리고　무명으로부터의 업(業)
> 유　가: 태극의 리(理)　　그리고　개체 형성의 기(氣)

그리고 이를 더 자세히 고찰해 보면, 그 둘 중 앞의 것인 이데아와 신 그리고 심과 리는 각각 우주와 인간의 궁극적 근원으로 이해되고 있고, 뒤의 것은 그 궁극적 근원에 대립되는 것 또는 그 궁극적인 것으로부터 파생된 것으로 이해되고 있다. 즉 질료는 이데아에 대립되는 것이고, 무는 신에 대립되는 것이다. 반면 업은 심으로부터 파생되고, 기는 리로부터 파생된 것이다.[67] 그러나 어

---

[67] 여기에서 두 번째 요인을 첫번째의 궁극적 근원에 대립되는 것으로 보면 곧 이원론이 되고, 그것을 궁극적 근원으로부터 파생된 것으로 보면 일원론 또는 유심론이라고 말할 수 있을 것이다. 이렇게 보면 희랍이나 기독교 사상은 근본적으로 이원론적이며, 불교나 유가의 동양사상은 근본적으로 일원론적이라고 말할 수 있을 것이다.

106

느 경우이든 앞의 것, 즉 이데아나 신, 심이나 리가 최종적인 궁극 근원으로 이해되고, 뒤의 것은 인간이 그 근원에 도달하기 위해 넘어서야 할 것으로 이해된다. 한마디로 말해 후자를 떠나 전자를 회복함이 인간의 본질로 이해되는 것이다.

그렇다면 우주나 인간의 궁극 근원은 왜 이데아나 신 또는 심이나 리 등으로 서로 다르게 파악된 것일까? 그리고 그들은 서로 어떤 관계에 있을까? 이에 대한 여러 가지 논의가 가능하겠지만, 이 책이 강조하고자 하는 것은 이데아나 신 또는 리(理)가 객관주의적 관점에서 사유된 것인 반면, 오직 심만이 주체적으로 사유된 것이라는 점이다. 즉 이데아는 인간 이성의 대상이고, 신은 인간 신앙의 대상이다. 유가에 있어 리 역시 도덕 차원에서 수행되어야 할 실천대상이다. 그들은 모두 인간이 그리로 향해 나아가야 할 것을 인간 및 우주의 근원으로 간주한 것이다. 이에 반해 불교에 있어 궁극 근원으로서의 심이란 바로 그와 같이 인식하고 믿고 실천하는 그 인간 자체를 말하는 것이다. 희랍이나 기독교나 유가는 인간 및 우주의 근원을 인간 자체 내에 주체적으로 설정하지 않고 오히려 인간이 추구해 나아가야 할 대상적인 것으로 이해하고 있는 데 반해, 오로지 불교만은 인간 및 우주의 근원을 인간 자체 안에 설정하고 있는 것이다. 그리고 이와 같은 인간 및 우주의 근원에 관한 상이한 관점은 곧 인간의 본질이 무엇인가에 대한 상이한 답변들과 맞물려 있게 된다.

2 인간의 본질

서언: 인간의 본질은 무엇인가?

인간의 본질 또는 인간의 사명을 무엇으로 이해하는가는 인간을 어떤 존재로 이해하는가에 달려 있다. 인간이 신체적으로는 동물과 다를 바 없다고 할지라도 그 영혼 또는 정신에 있어서만큼은 다른 동물들과 질적으로 다른 근원을 가진 것으로 이해된다면, 인간의 본질 또는 사명은 바로 그 정신이 포함하는 인간성을 최대로 발휘하는 것이 될 것이다. 그 정신의 본질이 진리의 인식 능력으로 간주되면 인간의 본질은 바로 진리를 인식하는 이론 이성이요, 그 정신의 본질이 도덕적 수행 능력으로 간주되면 인간의 본질은 바로 도덕을 실천하는 실천 이성으로 여겨질 것이다.

그런데 현대의 진화론적 관점에 따르면 인간은 신체상으로든 정신상으로든 본질적으로 동물과 다르지 않다. 동물로부터 진화하는 과정에서 환경에 보다 더 잘 적응하기 위한 노력의 결과로 혹은 치열한 생존경쟁에서 살아남기 위한 필사적 노력의 결과로 두뇌의 용량이 다른 동물들보다 엄청나게 커져버린 것이 다를 뿐이다. 진리의 인식이나 도덕적 실천이라는 것도 단지 그 커진 머리가 이 세상에서 살아남기 위해 나름대로 짜낸 묘안들에 지나지 않는다. 자연 환경 속에서 살아남기 위해 자연을 더 잘 알 필요가 있었으며, 인간 관계 속에서 살아남기 위해 자기 욕망을 좀더 잘 조절할 필요가 있을 뿐이다. 그것이 학문과 도덕으로 체계화된 것일 뿐이다.

그러므로 다윈의 진화론이 확립된 이후로는 철학에 있어서도 인간의 일상적 행동뿐 아니라 이성적 사유 또는 도덕적 행위조차도 모두 인간 내면에 잠재된 동물적 본능과 욕망의 이기적 계산의 결과일 뿐이라고 해석하는 경향이 있어왔다. 프로이드(G. Freud)는 학문과 예술, 도덕과 종교 등 의식 차원에서의 인간 정신활동을 모두 그 의식 심층에 감추어진 무의식적 본능인 개인의 성욕에서 기원한 것으로 설명하였다. 그러나 인간에게 있어 무의식적 본능이란 단순한 개인적 차원의 성욕보다 더 복잡하다. 마르크스(K. Marx)는 그러한 개인의 무의식을 형성하는 요인이 사회적 차원의 권력질서와 경제적 생산관계라는 것을 밝혔다. 이념적 차원의 가치들은 모두 기존의 생산관계에서 비롯된 지배층의 권력을 강화하려는 지배이데올로기적 허구라고 간주된다. 종교는 피지배층의 아픔을 달래주는 민중의 아편이 된다. 이렇게 해서 인간의 의식은 동물적 본능 또는 사회 경제적 권력에 의해 지배받고 규정되는 수동적 산물로 간주된다. 개인적 욕망과 그 욕망이 지향하는 사회적 권력이 서로 얽힌 관계에서 인간의 무의식적 본질을 규정하고, 인간의 일상적인 표면적 의식이란 단지 그 무의식이 최종적으로 표면화된 빙산의 일각에 지나지 않는 것이 된다.

이렇게 해서 이제는 '인간이란 무엇인가?' 라는 물음을 던지는 자가 그 대답을 자기 자신 안에서, 즉 자신의 의식 안에서 찾아내려고 하면, 그것은 이미 빗나간 길을 가는 것이 된다. 내가 나 자

신을 어떤 존재로 자각하고 인식하는가, 내가 나 자신의 삶을 어
떤 방식의 삶이 되도록 결단하는가는 중요한 것이 아니다. 어떤
의식적 생각이든 어떤 의지적 결단이든 그 안에 작동하는 무의식
적 메카니즘이 들어 있으며, 바로 그 무의식적 메카니즘을 밝혀냄
으로써만, 그 생각과 결단의 본질, 한마디로 인간의 본질을 제대
로 이해한 것이 된다.

  밝혀져야 할 무의식적 메카니즘이란 바로 진화론적으로 소급하
여 갈 때 그 근원에서 직면하게 되는 생물학적 메카니즘을 의미
한다. 인간 삶의 방식과 행동양식의 모든 것이 그 생물학적 기제
로부터 설명되어야 한다고 보는 것이다. 인간의 무의식적 본능은
무엇인가? 진화론적으로 볼 때 그것은 도태되지 않고 살아남는
것이다. 살아남는다는 것은 자신의 개체적 생명을 유지하며 생존
한다는 것과 자식을 낳음으로써 개체를 넘어서서 종족을 보존한
다는 것, 그 둘을 의미한다. 즉 자기 보존 본능과 종족 보존 본능
이 그것이다. 그러나 생물학적으로 보았을 때 개체는 의미있는 것
이 아니다. 개체적 의식을 넘어서 무의식에서 작동하는 생물학적
본능을 고려해 보면, 개체의 자기 보존 본능은 궁극적으로 종족을
보존하고자 하는 종족 보존 본능의 한 수단일 뿐이다. 개체를 통
해서만 종족이 보존될 수 있기 때문이다. 그러나 여기서 개체 또
는 종족이란 과연 무엇을 의미하는가?

  생물학적으로 볼 때, 개체뿐 아니라 보존되어야 할 종족이란 것
역시 실재하는 것이 아니다. 개체의식, 종족의식이란 모두 의식차
원에 떠오른 허구적 표상일 뿐이지 실재의 표상이 아니다. 개체로
서의 내가 허구이고 종족으로서의 인류가 허구라면, 그럼 무엇이
실재하는 것인가? 개체는 껍데기이고 그 개체들로 줄줄이 이어지

112

는 종족 역시 일렬의 껍데기일 뿐이다. 그렇다면 그런 껍데기들이 싸고 있는 실재는 무엇인가? 생물학은 그것을 개체를 가능하게 하는 유전자라고 말한다. 죽지 않고 살아남는 것은 오직 유전자일 뿐이다. 유전자 내의 정보에 따라 단백질들이 배열되면 그것이 곧 인간이기도 하고, 개이기도 하고, 소이기도 하다. 유전자는 자기 자신을 남기기 위해 끊임없는 자기 복제를 하지만, 정작 그 유전자를 품고 있는 개체에는 관심이 없다. 그러므로 이를 '이기적 유전자'라고 부른다. 자기를 유지하고 보존하려는 이기적 욕망의 유전자가 위장된 방식으로 내게 자기 보존 본능과 종족 보존 본능을 일으키는 것이다. 의식차원에서 벌어지는 개체들간의 갈등과 투쟁 속에서도 어김없이 자기 관철하고 마는 것은 결국 유전자 자신인 것이다.

흔히 개체의 자기 보존 본능은 의식적 차원에서도 받아들여지지만, 종족 보존 본능이 그렇지 않은 것은 아마도 개체의 허구적 자존심 때문일 것이다. 유전자가 끝까지 자기 자신의 정체를 감추기 때문이다. 우리가 의식 차원에서 사랑이라고 부르는 것이 궁극적으로는 무의식적 차원에서 작동하는 종족 보존 본능, 즉 새끼를 낳으려는 동물적 본능의 표현일 뿐이라고 규정한다면, 누가 사랑을 아름답다고 하겠는가? 거기서 한 걸음 더 나아가 나나 나의 자식이나 또 그 자식의 자식이나 모두가 당과 염기와 인산으로 구성된 뉴클레오티드의 유전자를 온전히 보존하기 위해 만들어졌다가 버려지고 또 만들어졌다가 버려지는 것이라는 것을 인정한다면, 누가 인생을 의미 있다고 하겠는가?

내 발 아래로부터 열려진 무덤이 나를 집어삼키기까지 그리고

나 자신이 양식으로서 그 땅에 묻히기까지, 나는 다시 배고프고 목
말라지기 위해 먹고 마시는 것인가? 나는 나와 같은 존재가 다시
먹고 마시고 그러다가 죽어가면서 그들과 같은 존재를 또 낳고, 또
다시 그들이 똑같은 것을 되풀이 하게 하기 위해서, 나와 같은 존재
를 낳는 것인가? 이처럼 끊임없이 그 자체로 돌아가는 원환은 무엇
을 위한 것인가? 항상 처음부터 동일한 방식으로 다시 시작하는 유
희, 그 안에서 모든 것이 사라지기 위해 생겨나고 또다시 이전과 같
은 것이 되기 위해 사라지는 유희, 다시 자신을 낳기 위해 끊임없이
자기 자신을 집어삼키며 다시 자신을 집어삼키기 위해 자신을 낳는
이 거대한 유희는 과연 무엇을 위한 것인가?[1]

  그러나 현대의 사회생물학은 그것을 인간의 운명이라고 본다.
의미를 구하는 것마저도 그 유전자의 정보 속에 '의미를 찾아
라!'라는 정보가 속해 있기 때문일 것이다. 그러나 그 명령은 찾
아야 할 의미가 존재하기 때문에 명해진 것이 아니다. 유전자 복
제 과정 중 우연하게 희한한 돌연변이가 발생한 것일 뿐이다.
  인간의 모든 행동은 생물학적 근거 위에서 설명된다. 여성과 남
성의 행동의 차이는 사회권력의 구조에 의해 무의식적으로 길들
여진 부분이 있기도 하지만, 그러한 사회적 행동조차도 보다 근본
적으로는 암놈과 숫놈의 생물학적 차이에 근거한 것으로 해석된
다. 번식을 통해 유전자를 보존하려는 그 생물학적 메카니즘, 즉
어떻게 하면 성공적으로 번식할 수 있는가라는 메카니즘이 인간
삶의 방식을 전적으로 규정한다는 것이다. 그러므로 1달에 한번씩

---

1) 피히테(J.G. Fichte), 한자경 역, 《인간의 사명》(서광사, 1996), 140~141면.

만 번식 가능자인 난자를 생산하는 암놈과 매일같이 수억 개의 번식 가능자인 정자를 생산하는 숫놈은 그 행동 방식이 다를 수밖에 없다고 보는 것이다. 여성과 남성이 서로 다른 생식적 기능 때문에 취할 수밖에 없는 서로 다른 번식전략이 곧 그들의 삶의 방식의 차이를 낳는다는 것이다.

그러나 이처럼 내가 걷는 인생의 길, 내가 선택한 삶의 방식이 유전자에 의해 결정지어지는 것이라면, 나는 유전자에 의해 놀아나는 꼭두각시일 뿐, 나의 인생에 있어 나의 선택이나 자유가 과연 어디에 있겠는가? 이성애, 부모의 사랑, 친구간의 우애, 도덕, 종교 등 모든 것이 유전자의 명령이고, 우리는 단지 그 유전자의 명령에 의해 움직이는 꼭두각시 인형에 불과하단 말인가?

그런데 꼭두각시 인형은 자기 자신을 자각하고 돌아보아 반성할 줄을 모르지 않는가? 인간이 유전자에 의해 생물학적으로 규정된 구속된 삶을 사는 것이라면, 그럼에도 불구하고 그 삶 전체를 자신의 삶으로 자각하고 조망하면서 그것의 의미와 목적을 묻게 되는 것은 어떻게 가능한가? 그것마저도 유전자 정보 속의 우연한 돌연변이 때문이라면, 문제는 바로 그러한 돌연변이이다. 그것은 파괴적이고 퇴행적인 일반 돌연변이와 구분되는 창조적 돌연변이임이 분명하다. 돌연변이란 일반적인 법칙이나 원리로 설명하거나 예측할 수 없는 것을 뜻하므로, 창조적 돌연변이 역시 생물학적 진화의 원리로는 설명될 수 없다는 말이 아닌가? 결국 생물학적 진화의 논리가 해명하지 못하는 그 비약의 자리에 인간의 본질이 놓여 있는 것이 된다.

철학이 인간을 문제로 삼을 때는 늘 이러한 동물로부터 인간을 구분짓는 창조적 자각 능력 또는 반성 능력에 초점이 맞춰졌다.

인간 스스로 그 자신 안에서 발견하는 초월적 정신, 그 자유의 정신을 철학적 사유의 기점으로 삼는 것이다. 그리고 그 인간 본연의 초월적 정신을 무엇으로 이해하는가는 각 사유가 인간 존재 또는 그 정신의 근원을 무엇으로 이해하는가에 따라 달리 나타난다.

초월이란 인간이 발 딛고 사는 현상 세계로부터 어딘가에로 나아가는 것이다. 인간은 과연 어디에로 나아가고자 하는가? 인간이 나아가고자 하는 초월적 지향점은 바로 인간이 그로부터 비롯된 근원, 즉 인간과 우주의 근원이다. 따라서 인간과 우주 존재의 궁극적 근원을 이성적 사유 대상으로서의 이데아로 이해하는 희랍에 있어서는 인간의 본질은 곧 그러한 이데아를 인식하는 이성이 된다. 인간과 우주 존재의 궁극적 근원을 신으로 간주하는 기독교에 있어서는 신이 곧 신앙 대상이기에 인간 본질은 바로 그 신에 대한 신앙이 된다. 반면 인간과 우주의 궁극적 근원을 유정의 진여 또는 일심으로 이해하는 불교에 있어서는 인간 본질은 곧 자기 자신의 근원으로서의 일심을 스스로 자각하여 무명과 그로 인한 집착을 벗는 일심의 회복, 즉 해탈이 된다. 인간과 우주의 궁극적 근원을 우주의 천리 또는 리로 파악하는 유가에 있어서는 그 리가 곧 우주 자연과 인간 심성의 도덕적 원리이기에 인간의 본질이란 바로 그러한 도덕을 수행 실천하는 도덕성으로 간주된다.

1. 희랍: 이성적 인간

소크라테스: 이제 교육과 교육받지 못함과 관련하여 우리의 본성을 다음과 같은 상황과 비교하여 봅시다. 빛을 향해 난 긴 입구를 가진 지하 동굴과 같은 거처에 사람들이 갇혀 있다고 생각해 봅시다. 그 안에 있는 사람들은 어려서부터 손발과 목이 모두 묶여 있습니다. 그래서 그들은 같은 곳에 머물면서, 목이 묶여 고개를 돌릴 수가 없어서 계속 앞만 쳐다볼 수밖에 없습니다. 그리고 그들의 등 뒤 높고 먼 곳에서 타고 있는 불로부터 빛이 비칩니다. 그 불과 죄수들 사이에는 하나의 길이 있고 그 길을 따라 담장이 있는데, 그 담장은 마치 요술쟁이가 관객 앞에 그의 공작물을 올려 놓기 위해 세운 무대와 같이 세워져 있습니다.

글라우콘: 그런 식으로 상상이 됩니다.

소크라테스: 그리고 그 담장을 따라 사람들이 여러 가지 기구나 입상들 또는 돌이나 나무로 만든 모형들 그리고 여러 작품들을 나르고 있다고 상상해 보세요. 그들 중에는 말하고 있는 사람도 있고 입을 다물고 있는 사람도 있겠지요?

글라우콘: 당신은 내게 이상한 모습과 이상한 죄수들을 보여주고 계십니다.

소크라테스: 그들은 우리들과 비슷한 사람들입니다. 그런데 당신은 그 사람들이 그들 자신에 대해 또는 서로에 대해 동굴 정면 벽에 불로 비추어진 그림자 이외에 다른 것을 본 적이 있을 것이라고 생각합니까?

글라우콘: 그들이 고개를 움직이지 못하게 묶여 있는 한, 그럴 수가 없겠지요.

소크라테스: 운반되고 있는 물체에 대해서는 어떨까요?

글라우콘: 그림자 외에 다른 무엇을 볼 수 있겠습니까?

소크라테스: 그들이 서로 이야기할 수 있게 된다면, 그들은 그들이 보고 있는 그것을 칭하는 것이라고 생각하지 않겠습니까?

글라우콘: 그렇겠지요.

소크라테스: 그런데 만일 그 동굴 밖에서부터 동굴로 하나의 반향이 들려온다면 어떻게 되겠습니까? 밖에서 지나가는 사람이 말을 했다 해도, 그들은 그들이 보고 있는 그 지나쳐가는 그림자가 말한 것이라고 생각할 것 같지 않습니까?

글라우콘: 분명히 그럴 테지요.

소크라테스: 그러니 그들은 그 공작물의 그림자 이외에는 그 어떤 것도 결코 참되다고 여길 수가 없겠지요?

글라우콘: 그렇지요.

소크라테스: 그러면 이제 만일 그들에게 다음과 같은 일이 일어난다면 당연히 발생하게 될 그들의 속박과 무지로부터의 벗어남과 구제에 대해 생각해 보세요. 즉 그들 중 한명이 사슬이 풀려지고 억지로 일어나 고개를 돌리고 걸어가 불을 바라보게 강제된다면, 그는 그러는 동안 계속 고통스러울 테고 그가 이전에 그 그림자를 보았던 사물들도 그 번쩍이는 빛 때문에 제대로 알아볼 수 없게 될 것입니다. 만일 누군가가 그에게 그가 이전에는 오직 헛것만을 보았다가 이제야 실재에 더 가까워지고 더 많은 실재를 향해 있으므로 바로 보게 되었다고 말해 준다면, 그리고 그에게 지나가는 것을 하나하나 가리키면서 그것이 무엇이냐고 묻고 대답하라고 강요한다면 그가 뭐라고 말할 것이라고 생각합니까? 그가 아주 당황하게 되고, 오히려 이전에 보았던 것이 지금 제시되는 것보다 더 실제적이었다고 믿으리

라고 생각되지 않습니까?

글라우콘: 그렇네요.

소크라테스: 만일 누군가 그에게 빛 자체를 바라보게 강요한다면, 그는 눈이 아파서 빛을 피해 오히려 그가 똑바로 바라다 볼 수 있었던 이전의 그림자로 되돌아가려 하지 않겠습니까? 그것이 지금 제시되는 것보다 훨씬 더 확실하다고 확신하면서 말입니다.

글라우콘: 물론이지요.

소크라테스: 그리고 만일 누군가 그를 강제적으로 그곳으로부터 끌어내어 험하고 가파른 길을 오르게 하며 그가 햇빛을 받게 되기까지 놓아주지 않는다면, 그는 더욱 고통스러워하며 끌려가려고 하지 않겠지요? 만일 그가 햇빛에로 나와 시선 가득 광선을 받게 된다면, 그는 참된 것으로서 주어지는 그 어떤 것도 결코 똑바로 쳐다볼 수가 없게 되겠지요?

글라우콘: 그렇지요. 적어도 처음에는 그렇겠지요.

소크라테스: 머리 위의 사물들을 볼 수 있기 위해서는 빛에 익숙해지는 것이 필요할 것입니다. 우선은 가장 쉽게 그림자를, 그 다음에는 물에 비친 인간의 영상이나 다른 사물의 영상을, 그리고 나서 비로소 인간이나 사물들 자체를 알아볼 수 있게 될 것입니다. 그리고는 하늘에 있는 것을, 그리고 하늘 자체를 바라보게 될 것인데, 그것도 대낮에 해가 비칠 때 햇빛 아래에서보다는 즐겨 밤에 달빛이나 별빛 아래에서 바라보고자 할 것입니다.

글라우콘: 그렇게 하지 않을 수가 없겠지요.

소크라테스: 그러나 결국은 태양 자체를 보게 될 것입니다. 즉 물이나 다른 것에 비친 태양의 영상이 아니라, 그 자신의 자리에 있는 태양 자체를 바라보고 관찰할 수 있게 될 것입니다.

글라우콘: 물론이지요.

소크라테스: 그때 비로소 그는 바로 태양이 모든 시간과 계절을 창조하고 모든 것을 그 가시적 공간 안에 질서지우는 것이며 그들이 동굴 안에서 보았던 것들에 대해서도 어느 정도는 그 원인이었다는 것을 알게 될 것입니다.

글라우콘: 분명히 그렇게까지 되겠지요.

소크라테스: 그런데 그가 다시 그의 이전 거처를 생각하게 되고 그곳에서의 앎과 그 당시의 동료들을 생각하게 되면, 그는 그 동안의 변화에 대해 자기 자신을 행복하다고 여기고 다른 동료들을 가엽게 여기리라고 생각되지 않습니까?

글라우콘: 그럴 테지요.

소크라테스: 만일 그 동굴 안 사람들 간에 앞에 지나쳐가는 것들을 가장 예리하게 파악하고 또 무엇이 가장 먼저 오고 무엇이 가장 나중에 오며 무엇이 동시에 오는지를 가장 잘 기억하는 사람, 따라서 이제 무엇이 나타날지를 가장 잘 예견할 수 있는 사람에게 명예, 칭찬과 보상 등이 주어지고 있었다면, 그가 아직도 그런 것들을 갈구하고, 그들 사이에서의 지식인과 권력자를 부러워하리라고 생각합니까? 아니면 호머가 말한 것같이 오히려 지상에서 가난한 날품팔이꾼이 되기를 바라며, 다시 지하에서와 같은 그런 표상을 가지고 그렇게 살기보다는 차라리 다른 모든 것을 감수하기를 원하겠습니까?

글라우콘: 그는 결코 지하에서 그렇게 살기를 원하지는 않겠지요.

소크라테스: 그런데 다음과 같은 상황을 생각해 보십시오. 만일 그가 다시 지하로 내려가서 아까와 동일한 곳에 다시 앉게 된다면, 그는 갑자기 햇빛을 벗어났기 때문에 눈이 완전히 어두워져버리겠지요?

글라우콘: 그렇지요.

소크라테스: 그리고 만일 그가 다시 그 동굴 안에 계속 있었던 사람들과 그 그림자들을 알아보는 시합을 하게 된다면 어떻게 되겠습니까? 그가 그 그림자들에 익숙해지자면 시간이 꽤 걸릴 텐데, 그렇게 익숙해지기 전에는 눈앞이 어른거리겠지요. 그러면 사람들은 그를 비웃으면서 그가 밖에 나갔다 오더니 눈을 버렸다고, 밖에는 나갈 만한 것이 못된다고 말하지 않겠습니까? 만일 그가 그들을 풀어주면서 밖으로 인도해 가려고 하면, 사람들은 오히려 그를 잡아서 죽일 수 있지 않겠습니까? 그리고 실제로 죽이지 않겠습니까?

글라우콘: 그럴 것 같습니다.[2]

플라톤 철학에서 인간의 본질은 이성이다. 이는 인간에게 있어 오직 이성만이 감성과 달리 영원한 진리의 세계, 이데아의 세계를 인식할 수 있기 때문이다. 감성에 따라 현상 세계만을 알고 거기에 매달리는 욕망의 인간과 이성에 따라 이데아계를 사유하며 현상을 넘어설 줄 아는 정신적 인간의 차이는 마치 동굴 안에 갇혀 묶여 있는 죄수와 지상 위를 마음껏 활보하는 자유인과의 차이와도 같다. 인간은 그 정신의 자유를 위해 알아야 할 것이 있는 것

---

2) 플라톤, 《국가론》, 제7권, 514a~517a: 동굴의 비유. 《국가론》은 플라톤 중기의 대화편으로 그의 철학 및 정치사상을 체계적으로 집대성한 방대한 량의 책이며, 전체 10권으로 구성되어 있다. 이 책은 플라톤 및 희랍철학뿐만 아니라 서양철학 전반을 대표하는 고전이라고 말할 수 있을 만큼 철학적으로 깊이 있고 지속적인 영향력을 남긴 책이다. 《국가론》에는 여러 가지 비유가 등장하는데, 제6권의 태양의 비유와 선분의 비유에 이어 제시되는 제7권의 이 동굴의 비유는 철학에 입문하는 사람이면 누구나 한번쯤 깊이 생각해 보아야 할 인생의 참모습에 대한 의미심장한 메시지를 담고 있다고 본다.

이다. 플라톤의 동굴의 비유는 바로 이러한 이성적 인간이 보아야 할 세계, 그리고 그 세계를 보게 되기까지 구도자로서 닦아야 할 것 나아가 진리를 보고 난 후 선구자로서 겪게 될 일들을 그리고 있다. 이 비유에서 묘사되고 있는 동굴 안과 밖의 모습을 정리해 보자면 다음과 같다.

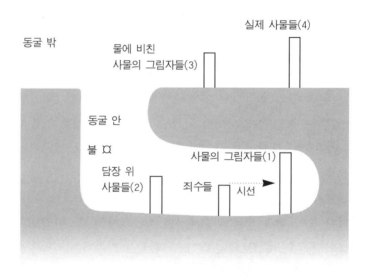

동굴 안에 갇혀서 앞만 바라보도록 몸이 묶인 죄수가 바라볼 수 있는 것은 그의 눈앞에 스쳐가는 영상들(1)일 뿐이다. 그는 그 영상들이 실재하는 것이라고 생각하지만, 실제로 그것들은 그의 뒤편에 존재하는 사물들(2)이 그 뒤에서부터 오는 불빛에 의해 그려놓은 그림자에 지나지 않는다. 그림자를 그림자로 알 수 있기

122

위해서는 그 그림자를 던지는 실제 사물이 있음을 알아야 한다. 만일 죄수가 몸을 돌려 사물을 보고 사물 뒤의 불빛을 보지 않는다면, 그는 끝까지 자신이 실재라고 믿는 것이 사실은 그림자에 지나지 않는다는 것을 알지 못할 것이다. 그러나 어떻게 해서든 그 죄수가 몸을 돌려 자신 뒤의 사물을 보고 불빛을 본다면 그는 실상을 깨닫게 될 것이다.

처음에 빛을 직접 보게 되면 눈이 부셔서 고통스럽겠지만, 그것을 참고 나면 실제 사물(2)과 그것의 그림자(1)를 구분할 수 있게 된다. 그러나 그것이 다가 아니다. 그는 자신이 있는 곳이 어두운 동굴 안이라는 것을 알고, 그곳을 빠져나가기 위해 입구를 향해 걸어간다. 결국 그가 동굴 밖으로 나갔을 때 그는 환한 빛 속에 서게 된다. 그러나 갑자기 어두운 곳에서 밝은 곳으로 나가면 마치 껌껌한 극장 속에 있다가 극장 문 밖을 나설 경우 그런 것처럼 잠시 눈이 부셔 사물을 잘 알아볼 수 없게 된다. 그처럼 동굴 밖으로 나온 그는 처음에는 너무 눈이 부셔 산이며 나무를 직접 바라보지 못하고 물에 비친 그림자(3)만을 볼 수 있을 것이다. 그러다가 눈이 점점 빛에 익숙해지면 사물 자체(4)를 바라보고 밤하늘의 별들도 바라보게 된다. 그러다가 그 죄수가 마지막으로 힐끗 바라볼 수 있는 것은 빛 자체, 즉 태양이다.[3]

여기서 그려지고 있는 동굴 내의 모습은 바로 우리 자신들의

3) 태양은 동굴 밖 세계를 동굴 안 거짓 세계와 구분하여 참된 실재 세계이게끔 하는 궁극적 근원이다. 바로 이데아 중의 이데아, 곧 선(善)의 이데아에 해당한다. 이 선의 이데아를 태양으로 비유하면서 플라톤이 암시하는 것은 태양이 우리의 시각(인식)과 시각대상(존재)의 근거임에도 불구하고 우리가 태양 자체를 직시할 수 없듯이(태양을 계속 직접 바라보게 되면 눈이 멀 것이다), 존재와 인식의 근원인 선의 이데아도 그 자체를 직시하기는 힘들다는 것이다.

일상적 현실이다. 죄수는 일상적 인간 누구나를 의미한다. 죄수가 사슬에 묶여 한 곳만 바라보게 되어 있다는 것은 우리가 일상적으로 일정한 고정관념과 편견 및 관습에 얽매여 한 방향으로밖에 사유할 줄 모른다는 것을 의미한다. 우리는 대부분 스스로 주체적으로 생각하고 결단하여 자기 삶을 꾸려나가기보다는 흔히 주위 사람들이 말하고 행동하는 방식대로 따라하는 것이 많다. 남들이 다 그렇게 하니까 학교에 가고, 남들이 다 그렇게 하니까 나이가 되면 결혼을 하면서, 그냥 그렇게 하는 것이 당연한 인간 삶의 방식인 것처럼 생각하는 것이다. 그것이 바로 실재를 보지 못하고 그림자만 보면서 살아가는 죄수의 정신과 흡사한 점이다. 그런 죄수의 삶을 플라톤은 다시 두 단계로 구분한다. 첫 단계는 현실 세계에 대한 구체적 경험 없이 사람들이 이렇다 저렇다 말하는 소문이나 풍문만을 듣고 그냥 그런가 보다라고 생각하는 것이다. 그러다가 문득 남의 말에 따라 생각할 것이 아니라 스스로 세상을 직접 경험하여 알아야겠다는 생각이 들 때가 있다. 그것이 바로 소문이나 습관에 따른 의견을 벗어나 구체적인 세계를 몸소 경험하여 아는 두 번째 단계가 된다. 그것이 동굴의 비유에서는 그림자만 볼 수 있게끔 묶여 있던 고개를 돌려서 뒤편에 있는 개별 사물 자체를 직접 바라보는 것에 해당한다. 그러나 그것 역시 동굴 안에서의 일이다. 우리가 친히 보고 듣고 경험하는 개체적 사물들의 세계 역시 진정한 존재 자체는 아닌 것이다. 참된 존재 자체의 세계는 동굴 밖 세계이다.

그렇다면 그 동굴 밖 세계는 어떤 세계인가? 동굴 안과 동굴 밖의 구분은 감각적으로 볼 수 있는 가시계(可視界)와 이성적으로만 접근 가능하며 사유 가능한 가지계(可知界)의 구분에 해당한다. 전자는 눈에 보이고 만져지는 것, 즉 구체적이고 개별적인 감성적 대상세계이며, 후자는 눈에 보이거나 만질 수는 없지만 이성적으로 사유 가능한 것, 즉 추상적이고 보편적인 이성적 사유세계이다. 가시적인 것들은 특정 공간 안에 위치하며 특정 시간 안에 생겨나 시간과 함께 변화하다가 결국은 소멸하고 만다. 이 책상과 저 책상, 이 책과 저 책 등이 그러하다. 종이는 언젠가 소멸하며, 종이 위에 씌어진 글자 역시 소멸한다. 이에 반해 가지적인 것은 시공간 안에 존재하지 않으며, 시간과 더불어 소멸하는 것이 아니다. 책 안에 담긴 내용인 진리 자체는 책이 불에 타 없어지거나 바람에 날려 찢어져도 손상됨이 없이 그대로 남는다. '물체는 만유인력을 가진다'와 같은 과학적 진리, '2+3=5'와 같은 수학적 진리, '인간본질은 자유다'와 같은 철학적 진리, '남을 해쳐서는 안 된다'와 같은 도덕적 진리 등의 진리는 그 자체 감각적으로 눈에 보이지는 않지만 우리 이성이 인식할 수 있는 것이며 시간의 흐름과 무관하게 언제나 참인 것이다. 그것은 가시계(감각세계)에 속하는 것이 아니라 가지계(사유세계)에 속하는 것이기 때문이며, 인간은 감성 아닌 이성을 통해 그 가지계를 인식할 수 있는 것이다.

이와 같이 생성 소멸하는 구체적 현상 사물이 아닌 이성적 사유의 대상을 플라톤은 '이데아'(idea)라고 부른다. 그것은 생겨나서 변화하다가 소멸하는 가상적 존재가 아니라 언제나 불변하는 자기 동일성을 유지하면서 존속하는 참된 실재이다. 우리 눈에 드러나는 가시적 세계가 아닌 이데아의 세계만이 참된 실재인 것이다. 이처럼 가시적인 것은 생성 소멸하기에 현상일 뿐이고, 불생불멸의 가지적인 것만이 참된 실재라는 생각은 동서를 막론하고 찾아볼 수 있는 생각이다. 그리고 이런 이분법은 가시계에 속하는 육체와 비가시적 가지계에 속하는 정신의 이분법으로 이어진다. 이러한 이분적 사유는 다음과 같이 정리될 수 있다.

> 가지계: 보편적·추상적 이념, 영혼(정신): 형이상자(形而上者),
>   도(道), 이(理), 성(性), 이성
> 가시계: 개별적·구체적 사물, 신체(물질): 형이하자(形而下者),
>   기(器), 기(氣), 질(質), 욕망

그런데 동굴의 비유는 이 두 세계를 그 각각에 있어 다시 더 세분한 것이다. 즉 가시계 내에서도 소문이나 풍습에 따라 인식되는 것(1)과 구체적 경험을 통해 인식되는 것(2)이 서로 다르며, 가지계 내에서도 일정한 가설에 기반하여 이데아를 추론적으로 아는 것(3)과 그러한 가설의 도움 없이 이데아 자체를 직접적으로 통찰하여 아는 것(4)을 서로 구분한다. 이와 같은 인식 방식 및 인식 대상에 대한 4단계의 구분은 플라톤의 《국가론》 제6권에서 선분의 비유를 통해 상세히 서술되는데, 그것은 다음과 같이 정리될 수 있다.[4]

가시계	소문 풍문	현상의 그림자: 동굴 안 사물의 그림자(1)
	구체적 경험	개체적 사물들: 동굴 안 개별 사물(2)
가지계	과학적 사유	추상적 정리: 동굴 밖 물에 비친 그림자(3)
	변증적 사유	이데아: 동굴 밖 이데아 자체(4)

---

4) 플라톤, 《국가론》, 제6권, 509d 이하: 선분의 비유 참조.

126

여기에서 동굴 속에 얽매인 채로 살아가는 정신과 동굴 밖으로 나아가는 정신은 곧 감성과 이성, 신체와 정신의 대립, 한마디로 욕망과 이성의 대립으로 나타난다. 인간의 삶을 부자유하게 만들고 비도덕적으로 만드는 개인적인 욕망들은 모두 자신의 신체적 쾌락을 좇는 데서 발생한다. 물론 욕망을 광의의 의욕이나 의지로 본다면, 욕망 자체를 신체적 쾌락 추구와 동일시할 수는 없다. 오히려 욕망은 신체적 쾌락을 좇는 저급한 욕망과 이성적인 정신적 만족을 좇는 고급한 욕망으로 구분될 수 있을 것이다. 그렇다면 신체적 쾌락을 좇는 욕망은 왜 저급하고, 정신적 만족을 좇는 욕망은 왜 고급한가? 신체적 욕망과 정신적 욕망의 차이는 무엇인가? 신체적 쾌락을 좇는 욕망이 저급한 욕망으로 해석되는 까닭은 그 욕망이 개체적 욕망이고 인간 상호간에 서로 충돌할 수밖에 없기 때문이다. 식욕을 채워줄 수 있는 음식물은 내가 먹거나 네가 먹거나 둘 중의 하나이다. 그러므로 그러한 욕망에 무제한적으로 충실하다 보면, 인간 상호간의 관계가 투쟁적 관계가 될 수밖에 없다. 인간 상호간의 배려인 도덕성의 여지가 들어설 수 없게 된다. 이에 반해 이성적 만족을 좇는 욕망이 고급한 욕망이 되는 것은 그것이 보편성을 지니기 때문이다. 나의 지식욕을 충족시키는 것은 그대로 너의 지식욕도 채워준다. 그것은 서로 나눌 수 있는 것이며, 개체성을 떠난 것이다. 즉 사적이지 않고 보편적·공적인 것이기에 보다 높은 가치가 부여되는 것이다. 보편적이고 공적인 원리에 더 높은 가치가 부여되는 것은 그것만이 만인이 더불어 살 수 있는 이성적 사회를 건립할 수 있는 원리가 될 수 있기 때문이다.

그러므로 오직 개체 아닌 보편, 사 아닌 공을 생각할 수 있는

이성적 인간만이 이성적 사회를 형성할 수 있다. 물론 동물의 세
계에도 상호간의 질서를 유지시키는 규칙이 있다. 동물에게 있어
서도 사회가 형성된다는 것은 곧 규칙이 있다는 것을 말해 준다.
그러나 동물 사회는 인간이 보편적 원리에 따라 형성하는 인간
사회와는 구분된다. 동물의 사회는 본능적으로 형성되는 사회이기
때문이다. 자기 보존 또는 종족 보존의 본능에 따르는 규칙 또는
자기 생존을 위한 집단생활의 규칙일 뿐이다. 그러므로 어느 동물
도 그 사회에 의식적으로 참여하는 것도 아니며, 또 의식적으로
그 사회를 이탈하지도 않는다. 물론 인간 사회도 일정부분 본능적
으로 형성되는 부분이 있다. 그러나 상당부분은 이성적으로 관리
되고 유지된다. 가장 작은 집단사회인 가정도 출발은 본능적 사랑
이라고 할지라도, 그것이 동물의 암수 동거와 다른 것은 그 안에
이성적 질서가 포함되어 있기 때문이다.[5] 이성적 질서라는 것은
이성적 사유를 통한 관계형성을 의미한다. 이성적 사유는 자기 자
신의 신체적 조건 등 시공간적 제약을 넘어서서 추상적이고 보편
적으로 사유할 수 있는 존재에게만 가능한 것이다. 보편적 관점에
서 사유할 수 있다는 것은 곧 자신의 개인적 이익을 넘어서서 원
칙에 따라 사유할 줄 안다는 것이다. 어떤 행위를 선택함에 있어

---

5) 그러므로 '동물들도 숫놈 아닌 암놈이 새끼를 돌보니 자식을 돌보는 것은 당
   연히 에미 몫이다' 라든가 '인간 역시 자연의 일부이니 자연적 방식의 삶이
   가장 바람직하다' 라든가 또는 '자연에서도 강자만이 살아남고 약자는 도태될
   수밖에 없으니 강자의 생존전략을 좇을 수밖에 없다' 라는 식으로 인간 사회
   질서의 원형을 동물사회에서 구하는 것은 인간과 동물의 차이를 간과한 동물
   적 주장일 뿐이다. 인간 사회에 있어 동물적 질서 체제가 철저하게 유지되는
   집단은 바로 힘의 논리에 따르는 깡패집단일 것이다. 물론 인간 사회 구석구
   석에 깡패사회의 논리가 통용되고 있음이 사실이지만, 그래도 그것이 우리가
   이성적으로 추구해야 할 바의 것은 아닐 것이다.

서 '어떤 것이 나에게 가장 유익한가?'를 생각하는 것이 아니라, '어떤 것이 우리 모두에게 유익한가?' '어떤 것이 인간으로서 해야 할 것인가?' 등을 생각할 줄 안다는 것은 자신만의 육체적 쾌락을 좇는 자기 보존 또는 종족 보존의 본능적 사유가 아니라, 보편적 관점에 입각한 이성적 사유인 것이다. 이성적 존재만이 이처럼 보편적 관점에서 사유할 수 있다. 우리는 인간만이 보편적 관점에서 사유할 줄 아는 이성적 존재라고 생각한다. 인간 사회는 바로 그러한 이성적 질서를 가진 사회라는 점에서 동물 사회와 구분되는 것이다.

그러나 인간은 이성만을 지닌 존재는 아니다. 인간은 정신과 더불어 신체를 가지기에, 이성과 더불어 욕망을 가질 수밖에 없다. 그렇다면 신체와 정신, 욕망과 이성은 어떤 방식으로 하나의 인간을 형성하게 되는가? 플라톤은 인간을 신체라는 감옥에 갇힌 영혼으로 이해한다. 인간이 이 생애에 있어 부자유한 것은 신체를 가졌기 때문이다. 신체를 먹여야 하고 입혀야 하기에, 신체의 욕구를 충족시켜야만 살 수 있기에, 인간은 부자유하며 무수한 비도덕적인 것들도 행하게 된다. 인간의 자유는 신체적 욕망으로부터의 자유로움을 뜻한다. 먹어야 하고 입어야 하는 것 등의 신체적 욕망에서 야기되는 자연필연성의 강제성으로부터 벗어나는 자유로움이 곧 인간 영혼의 자유이다. 이는 곧 신체적 욕망을 벗어나 이성 그 자체로 존재하게 됨을 뜻한다. 그러나 영혼이 신체로부터 완전히 자유로울 수 있는 것은 신체를 벗어남으로써만 가능하다. 영혼이 육체를 완전히 벗어나는 것, 그것은 곧 죽음이다. 철학이란 아직 죽지 않은 상태에서 죽어서나 가능한 자유를 최대한 실현하고자 노력하는 것이다. 즉 이성적·보편적으로 사유하며 그 이성적 원리대로 살아가는 것을 훈련하는 것이다. 인간의 개체적 욕망을 넘어서며 욕망의 필연성으로부터의 자유를 추구하는 것이다. 그러므로 철학이란 한마디로 죽음의 연습이 된다.

정작 죽지 않은 상태에서 죽음을 연습하자면 신체적 욕망과 정신적 이성은 어떤 관계이어야 하는가? 인간의 삶은 신체와 결부된 욕망적 영혼과 신체로부터 자유로운 이성적 영혼이 함께 함으로써 존속한다. 욕망과 이성의 바람직한 관계를 플라톤은 다음과 같은 말과 마부의 관계로 비유한다.

[인간 영혼은] 날개 달린 두 말과 그것을 이끄는 마부에 비유될 수 있다. 신적인 말과 마부는 그 자체 선하며 선한 기원을 가지지만, 인간의 경우는 그 기원이 섞여 있게 된다. 즉 말의 하나는 선하고 귀한 기원의 것이지만, 다른 하나는 그와 반대되는 기원과 속성을 가진다. 그러므로 인간에게 있어서는 그 말들의 제어가 당연히 어렵고 수고스러운 것이다.[6]

여기서 마부는 신체 초월적인 불멸적 이성이며, 두 마리 말은 각각 신체와 결부된 사멸적인 영혼인 기개와 욕망이다.[7] 기개는

6) 플라톤, 《파이드로스》, 246a~b.
7) 플라톤에게 있어 인간의 덕은 인간 신체 각 부위의 덕으로 비유된다. 머리에는 지혜가, 가슴에는 용기가, 배에는 절제가 있어야 하며, 이 셋이 자기 위치에서 자기 역할을 다하는 것이 곧 정의(正義)이다. 그리고 다시 이 개인의 덕이 곧 국가의 각 계층의 덕으로 풀이된다. 즉 국가의 머리에 해당하는 통치자는 지혜를, 가슴에 해당하는 수호자(군인)는 용기를, 배에 해당하는 생산자는 절제를 가져야 한다고 보았으며, 그 각 계층이 자기 위치에서 자기 역할을 다하는 것을 정의라고 보았다.

이성을 따라 이성과 같아지려는 선한 말이며, 욕망은 이성을 따르지 않고 제멋대로 날뛰는 선하지 못한 말로 비유된다. 이처럼 욕망은 방향성을 가지지 않으며 맹목적이다. 배고픈 욕망은 무엇이든 먹기만 하면 되지, 어떻게 무엇을 먹어야 하는가는 고려하지 않는다. 따라서 육체적 욕망은 선하지 못한 말에 비유된다. 말이 어떤 방향으로 얼마만한 속도로 나아가야 하는가는 마부에게 달려 있다. 이성이 욕망을 적절히 제어하고 통솔해야 하는 것이다. 마부가 말을 통제하고 방향을 정해 주어야지, 마부가 말을 따라가서는 안 된다. 정신의 고삐를 벗어난 인간의 육체는 동물보다 더 위태로운 것이 되기 때문이다.

결국 인간 본질로서의 이성을 제대로 실현하기 위해서는 신체적 욕망이나 감각 경험 차원에 머물러 있지 않고 보편적 진리를 인식하는 이성적 사유 차원으로의 도약이 필요하다. 동굴 안에서부터 동굴 밖으로의 상향이 바로 그와 같은 비약, 즉 가시계로부터 가지계로의 초월, 감성으로부터 이성적 사유에로의 도약을 의미한다. 그리고 이처럼 인간이 점차 실재를 바라보게 되고, 동굴 안에서부터 동굴 밖으로 나오게 되는 것은 바로 교육에 의해서이다. 교육이란 단순한 지식의 습득을 넘어서서 인간 자신의 정신의 고양을 의미한다. 그리고 동굴 밖에 나갔던 인간이 다시 동굴 안으로 되돌아와서 타인에게 동굴 밖의 실재세계에 대해 이야기하는 것 역시 진리의 전달이라는 교육의 의미를 가지는 것이다.

그러나 그런 교육 자체가 어떻게 해서 가능한 것인가? 즉 교육이 시작되게끔 최초로 동굴을 빠져나간 죄수는 어떻게 그렇게 할 수가 있었는가? 다시 말해 동굴 안에 갇힌 죄수가 어떻게 해서 편견과 관습의 얽매임을 끊고 뒤를 돌아보고 또 동굴 밖으로 향할 수 있었던 것인가? 이미 편견에 사로잡혀 살던 일상적 인간이 어떻게 그것이 편견이라는 사실을 자각할 수 있단 말인가? 이것은 인간 자신의 양면성을 통해 대답된다. 즉 인간은 일상적으로 편견에 사로잡혀 있음에도 불구하고 또 다른 한편으로는 그것을 벗어나 진리에로 향하는 사랑, 에로스를 가지고 있는 것이다. 바로 인간 영혼 안에 본래적으로 존재하는 그 진리를 향한 에로스가 인간 영혼을 진리에로 이끌어 가는 것이다. 사랑의 관계에 있어서는 능동적인 것이 사랑하는 자이기보다는 오히려 사랑 대상이다. 사랑하는 자가 사랑 대상에 의해 수동적으로 이끌려가기 때문이다. 사랑받는 대상인 진리 자체가 그것을 사랑하는 자를 바로 자기 자신에게로 이끌어 가는 것이다. 그처럼 동굴 안에 갇힌 일상인의 영혼 안에도 진리에의 에로스가 내재해 있기에, 인간은 결국 진리를 향해 나아가게 된다고 본 것이다. 그리고 그렇게 해서 동굴 바깥으로 나갔던 사람은 다시 자신이 인식한 그 진리를 다른 사람들에게 전해 주고 싶은 마음에서 동굴 안으로 되돌아오게 된다. 이처럼 타인을 생각해서 다시 동굴 안으로 하향하는 것은 타인을 향한 자비심에 해당한다. 이는 곧 깨달은 자의 선구자적 태도를 뜻하는데, 플라톤은 동굴의 비유에서 그것이 얼마나 어려운 과제인가를 제시하고 있다. 그리고 그것은 곧 그의 스승 소크라테스가 몽매한 대중의 오해와 질시 속에서 죽게 되는 상황을 암시하는 것이기도 하다.

2. 기독교: 신앙의 인간

> 지혜 있는 자가 어디 있느뇨, 선비가 어디 있느뇨, 이 세계에 변
> 사가 어디 있느뇨. 하나님께서 이 세상의 지혜를 미련케 하신 것이
> 아니뇨. 하나님의 지혜에 있어서는 이 세상이 자기 지혜로 하나님
> 을 알지 못하는고로 하나님께서 전도의 미련한 것으로 믿는 자들을
> 구원하시기를 기뻐하셨도다. 유대인은 표적을 구하고 헬라인은 지
> 혜를 찾으나, 우리는 십자가에 못박힌 그리스도를 전하니 유대인에
> 게는 거리끼는 것이요 이방인에게는 미련한 것이로되, 오직 부르심
> 을 입은 자들에게는 유대인이나 헬라인이나 그리스도는 하나님의
> 능력이요 하나님의 지혜니라. 하나님의 미련한 것이 사람보다 지혜
> 있고, 하나님의 약한 것이 사람보다 강하니라.[8]

기독교가 인간의 본질로 삼는 것은 예수 그리스도에 대한 신앙
이다. 바울은 의식적으로 신앙을 헬라인들의 지혜와 구분하고 있
다. 인간 이성이 아무리 이데아계에 대한 보편적 진리를 획득한다
고 해도 그러한 지혜로써 인간이 구원받을 수 있는 것이 아니다.
이는 인간의 이성과 인간의 지혜가 하나님의 정신과 하나님의 지
혜에 미치지 못하기 때문이다. 인간과 신 사이에는 메울 수 없는
간격, 질적 차이가 있다. 이 점은 《성경》〈창세기〉에서부터 잘 나
타난다.

> 여호와 하나님이 흙으로 사람을 지으시고 생기를 그 코에 불어 넣

---

8) 《성서》〈고린도전서〉, 제2장 제20절.

으시니 사람이 생령이 된지라.[9)]

인간은 흙으로부터 만들어진 후 거기에 하나님의 입김이 불어 넣어져서 생명을 얻게 된 것이다. 그렇게 해서 인간은 먼지로 화해버릴 흙과 하나님의 생기라는 양면성을 지니게 된다. 흙은 항상되지 못한 것, 비존재, 무를 상징하고, 생기의 근원인 하나님은 불변하는 것, 영원한 것, 존재를 상징한다. 하나님이 불어넣어준 생기를 통해 생명을 갖게 되었지만, 인간은 근원적으로 흙으로 만들어진 존재이고 다시 흙으로 돌아갈 존재이다.

필경은 흙으로 돌아가리니 그 속에서 네가 취함을 입었음이라. 너는 흙이니 흙으로 돌아갈 것이니라.[10)]

내가 흙으로 빚어 인형을 만들었다면, 그 인형이 어찌 그 스스로 나를 알아볼 수 있겠는가? 신이 흙으로 빚어 만든 인간 역시 신에 대해서는 인형이 인간에 대해 그러하듯 한없이 미련한 존재일 뿐이다. 그러므로 그 미련한 지혜를 내세우는 것은 더욱더 미련한 짓일 뿐이다. 창조자로서의 신과 피조물로서의 인간은 질적으로 서로 다른 존재이므로, 인간은 지혜로써 신에게 다가갈 수 없다. 오히려 그러한 질적 차이와 인간 자신의 유한성을 그대로 받아들이면서, 인간적 척도와 기준, 인간적 이성과 사변 등을 모두 내버리고 전폭적으로 무릎 꿇을 때, 신이 손을 내밂으로써만 인간이 구원받을 수 있는 것이 된다.

---

9) 《성서》〈창세기〉, 제2장 제7절.
10) 《성서》〈창세기〉, 제3장 제19절.

134

이처럼 지혜로써 인간이 구원받지는 못하리라는 것, 신적 지혜를 갈구한다는 것 자체가 창조자로서의 신과 피조물로서의 인간 자신에 대한 질적 차이를 인정하지 않고 감히 신과 같아지려는 생각을 품는다는 점에서 오히려 주인인 신에 대한 반역이라는 것은 다음의 에덴으로부터의 추방설화가 잘 말해 주고 있다.

여호와 하나님이 그 사람에게 명하여 가라사대 동산 각종 나무의 실과는 네가 임의로 먹되 선악을 알게 하는 나무와 실과는 먹지 말라. 네가 먹는 날에는 정녕 죽으리라 하시니라. … 여호와 하나님의 지으신 들짐승 중에 뱀이 가장 간교하더라. 뱀이 여자에게 물어 가로되 하나님이 참으로 너희더러 동산 모든 나무의 실과를 먹지 말라 하시더냐. 여자가 뱀에게 말하되 동산 나무의 실과를 우리가 먹을 수 있으나 동산 중앙에 있는 나무의 실과는 하나님의 말씀에 너희는 먹지도 말고 만지지도 말라. 너희가 죽을까 하노라 하셨느니라. 뱀이 여자에게 이르되 너희가 결코 죽지 아니하리라. 너희가 그것을 먹는 날에는 너희 눈이 밝아 하나님과 같이 되어 선악을 알 줄을 하나님이 아심이라. 여자가 그 나무를 본즉 먹음직하고 보암직도 하고 지혜롭게 할 만큼 탐스럽기도 한 나무인지라 여자가 그 실과를 따먹고 자기와 함께 한 남편에게도 주매 그도 먹은지라.

이에 그들의 눈이 밝아 자기들의 몸이 벗은 줄을 알고 무화과나무 잎을 엮어 치마를 하였더라. 그들이 날이 서늘할 때에 동산에 거니시는 여호와 하나님의 음성을 듣고 아담과 그 아내가 여호와 하나님의 낯을 피하여 동산 나무 사이에 숨은지라. 여호와 하나님이 아담을 부르시며 그에게 이르시되 네가 어디 있느냐 가로되 내가 동산에서 하나님의 소리를 듣고 내가 벗었으므로 두려워하여 숨었나이다. 가라사대 누가 너희 벗었음을 네게 고하였느냐. 내가 너더러 먹지 말라 명한 그 나무 실과를 네가 먹었느냐. 아담이 가로되 하나님이 주셔서 나와 함께 하게 하신 여자 그가 그 나무 실과를 내게 주므로 내가 먹었나이다. 여호와 하나님이 여자에게 이르시되 네가 어찌하여 이렇게 하였느냐. 여자가 가로되 뱀이 나를 꾀므로 내가 먹었나이다.

여호와 하나님이 뱀에게 이르시되 네가 이렇게 하였으니 네가 모든 육축과 들의 모든 짐승보다 더욱 저주를 받아 배로 다니고 종신토록 흙을 먹을지니라. 내가 너로 여자와 원수가 되게 하고 너의 후손도 여자의 후손과 원수가 되게 하리니 여자의 후손은 네 머리를 상하게 할 것이요, 너는 그의 발꿈치를 상하게 할 것이니라 하시고, 또 여자에게 이르시되 내가 네게 잉태하는 고통을 크게 더하리니 네가 수고하고 자식을 낳을 것이며 너는 남편을 사모하고 남편은 너를 다스릴 것이니라 하시고, 아담에게 이르시되 네가 네 아내의 말을 듣고 내가 너더러 먹지 말라 한 나무 실과를 먹었은즉 땅은 너로 인하여 저주를 받고 너는 종신토록 수고하여야 그 소산을 먹으리라. 땅이 네게 가시덤불과 엉겅퀴를 낼 것이라. 너의 먹을 것은 밭의 채소인즉 네가 얼굴에 땀이 흘러야 식물을 먹고, 필경은 흙으로 돌아가리니, 그 속에서 네가 취함을 입었음이라. 너는 흙이니 흙으로 돌아갈 것이니라 하시니라. 아담이 그 아내를 하와라 이름하였으니, 그는 모든 산 자의 어미가 됨이더라. 여호와 하나님이 아담과 그 아내를 위하여 가죽옷을 지어 입히시니라.

여호와 하나님이 가라사대 보라 이 사람이 선악을 아는 일에 우리 중 하나같이 되었으니, 그가 그 손을 들어 생명나무 실과도 따먹고 영생할까 하노라 하시고 여호와 하나님이 에덴동산에서 그 사람을 내어 보내어 그의 근본된 토지를 갈게 하시니라. 이같이 하나님이 그

136

사람을 쫓아 내시고 에덴동산 동편에 그룹들과 두루 도는 화염검을
두어 생명나무의 길을 지키게 하시니라.[11]

이 이야기에 대해서는 많은 의문거리들이 제기될 수 있을 것이
다. 도대체 따먹어서는 안 되는 선악과는 왜 동산 한가운데에 그
토록 먹음직스럽게 만들어 놓았는가? 그토록 간사한 뱀은 왜 만
들어 놓아 이브나 아담으로 하여금 꼬임에 빠지게 하였는가? 하
나님은 선악과를 먹으면 죽으리라 하고, 뱀은 죽지 않으리라 하였
는데, 그 순간 이브가 죽음이 무엇인지를 알기나 했겠는가? 이브
에게 뱀이 해준 말, '눈이 밝아 하나님과 같이 되어 선악을 알게
되리라'는 것을 이브가 원한 것이 잘못일까? 먹으면 죽으리라는
선악과를 그럼에도 불구하고 선악을 알기 위해 먹은 것은 진리를
위해 목숨을 내거는 구도정신이 아닌가? 개인적으로나 사회적으
로나 삶의 개혁이나 혁명은 언제나 사회 관습적으로 또는 법적으
로 금지된 것을 감행하는 데에서 비롯된다. 그것이 곧 자기 혁신
의 모험정신이다. 신이 인간을 그런 존재로 만들어 놓고 그 한번
의 실수 때문에 낙원으로부터 추방한다는 것, 그것은 인간 부모라
면 차마 그리하지 못할 것을 신으로서 행하는 무자비한 처벌이
아닌가?

이런 의문들과 더불어 이 구절을 일체의 권위와 신의 명령에조
차 불복하며 선악을 알고 진리를 알기 위해 목숨을 내걸고 투쟁
하는 인간, 무지한 상태의 순종에서만 가능한 안락한 낙원의 삶도
포기하며 스스로 주체적으로 판단하고자 선악의 과실을 따먹는

11) 《성서》〈창세기〉, 제3장 제1절~제24절.

인간, 자기 행동에 대한 책임을 지고 스스로의 삶을 개척하기 위해 척박한 대지 위에서 애써 노동하는 인간, 그런 인간의 역사를 그리기 위한 것으로 거꾸로 읽어내지 않는 한, 위의 모든 의문들에 대한 기독교적 답변은 단 한마디이다. 선악과를 따먹은 것은 죄악이다. 그것은 하나님의 명령을 어겼기 때문이다.

명령을 어긴다는 것은 위계질서를 인정하지 않는다는 뜻이다. 눈이 밝아 신과 같이 되려는 그 생각 자체가 이미 오만불손함이며 자기 분수를 모르는 방자함의 극치이다. 인간은 신이 될 수 없다는 것, 인간과 신은 질적으로 다르다는 것, 인간은 흙에서 나와 흙으로 돌아가야 할 존재라는 것을 망각한 짓이다. 인간의 지혜가 신의 미련함에도 미치지 못한다는 것, 인간이 지혜로써 신에 다가설 수는 없다는 것을 모르는 것이다. 그것을 모르고 명령을 어겼기에 인간은 죄인이다. 아담과 이브뿐만 아니라, 그 이후의 자손 모두가 자신의 창조자인 하나님에 순종하지 않는 한, 아담과 이브처럼 모두 죄인이다. 신의 명령을 어긴 그 죄가 대대로 이어지는 원죄가 되는 것이다. 그 죄로 인해 낙원에서 추방되었으며, 결국은 죽을 수밖에 없는 운명을 벌로 받게 된 것이다.

> 한 사람으로 말미암아 죄가 세상에 들어오고, 죄로 말미암아 사망이 왔으니, 이와 같이 모든 사람이 죄를 지었으므로 사망이 모든 사람에게 이르렀느니라.[12]

낙원 아닌 이 지상 위에 태어나 땀흘려 일하고 애 낳고 살다

---

12) 《성서》 〈로마서〉, 제5장 제12절.

138

죽는 것이 죄로 인한 대가인 형벌의 삶이기에 인간은 신으로 하여금 그 죄를 사하여 줄 것을 간청하게 된다. 사망의 늪에서 벗어나게 해달라고 간청하는 것이다. 그리고 그 구원은 인간으로부터가 아니라 신으로부터 온다. 죄짓고 사망의 늪에 빠진 인간으로서 할 수 있는 일은 간청과 기도 이외에는 아무것도 없다.

그리고 신은 그 기도소리를 듣는다. 신은 죄인들을 구원하기 위해 인간의 모습으로 몸소 이 땅에 찾아온다. 죄를 벌하기 위해서가 아니라, 죄를 사해 주기 위해 오는 것이다. 인간이 그 앞에 무릎 꿇고 자신의 죄를 회개하며 용서를 빌 때, 그 인간을 용서하기 위해, 죽음의 늪으로부터 구원하기 위해 오는 것이다. 그렇게 온 자가 바로 예수이다. 예수는 신이 인간을 구원하기 위해 친히 보낸 신의 아들이다. 그렇다면 신 자신은 아니지 않는가? 여기에서도 인간이 자신의 지혜로 헤아려려서는 안 된다. 성부와 성자와 성령은 하나이다. 그러므로 예수는 바로 우리를 구원해 줄 신인 것이다. 이것은 우리 미련한 자들이 머리로 헤아려 알 수 있는 것이 아니다. 인간이 믿어야 할 것은 최초의 인간인 아담의 죄지음으로 인해 인간 모두에게 원죄가 전해지게 되었지만, 다시 신의 아들인 예수에 의해 그 죄로부터의 사함을 받을 수 있게 되었다는 것이다.

한 범죄로 많은 사람이 정죄에 이른 것같이 의의 한 행동으로 말미암아 많은 사람이 의롭다 하심을 받아 생명에 이르렀느니라.[13]

---

13) 《성서》〈로마서〉, 제6장 제18절.

구원의 손길이 신으로부터, 신인 예수로부터 뻗어온다면, 인간
이 할 수 있는 일은 오직 그 손길을 믿고 마주잡는 것뿐이다. 예
수를 신의 아들로 믿고, 즉 인간을 구원해 줄 구세주로 믿고 매달
리는 것뿐이다. 예수가 스스로를 그렇게 선포하였다. 인간이 할
수 있는 일은 다만 그를 믿어 구원에 이르느냐 아니면 사망의 구
렁텅이로 떨어지느냐 둘 중 하나인 것이다.

> 예수께서 가라사대 내가 곧 길이요 진리요 생명이니 나로 말미암
> 지 않고는 아버지께 올 자가 없느니라.[14]

이렇게 해서 인간의 본질은 오로지 신앙이다. 인간이 얼마만큼
지혜로운가 지혜롭지 못한가, 인간이 얼마만큼 율법을 잘 지키는
가 지키지 못하는가, 도덕적인가 도덕적이지 못한가는 중요한 것
이 아니다. 인간은 아무리 지혜로워봤자 신의 미련함만 못하고 아
무리 도덕적이어봤자 신의 명령에 불복한 죄의 후손일 뿐이다. 오
로지 예수를 우리를 구원할 구세주로 믿는 그 신앙만이 인간을
구원할 만한 가치 있는 존재로 만드는 유일한 단서인 것이다.

3. 불교: 해탈의 인간

> 어리석고 무지한 범부들은 오온[五蘊: 색·수·상·행·식]에 대
> 하여 그것이 항상되다 안온하고 아프지 않다고 생각하며, 그것이

---

14) 《성서》 〈요한복음〉, 제14장 제6절.

140

나요 나의 것이라고 생각하여, 그 오온을 보호하고 아낀다. 그러다 가 최후에는 그 오온의 원수에게 해를 당하는 것이 마치 장자가 거 짓으로 친한 척한 원수에게 해를 당하기까지 그것을 깨닫지 못하는 것과 같다. 그러나 지혜로운 자들은 오온에 대해 그것이 병과 같고 종기와 같고 가시와 같고 죽음과 같으며, 무상하고 괴로움이고 공 이고 나도 아니고 나의 것도 아니라는 것을 관찰한다. 그래서 오온 에 집착하지도 않고 받아들이지도 않는다. 받아들이지 않으므로 집 착하지 않고, 집착하지 않으므로 열반을 자각한다. 그래서 나의 생 은 이미 다하였고, 범행이 이미 서고, 해야 할 바를 이미 하였으며, 후생을 받지 않음을 스스로 알게 된다.[15]

불교의 출발점은 우리의 인생은 고통스럽다는 것이다. 태어나 늙고 병들고 죽는 것이 괴롭고, 사랑하는 사람과 헤어져야 하고 싫은 사람과 만나야 하는 것이 괴로우며, 구하나 얻지 못하는 것 이 괴롭다. 이러한 인생의 고통은 무엇에서 비롯되는가? 불교는 인생의 고통은 바로 집착에서 비롯되며, 모든 집착의 근저에는 곧 자아에 대한 집착, 즉 아집이 놓여 있다는 것, 그리고 그 아집은 그렇게 집착할 만한 자아가 존재하지 않는다는 것을 알지 못하는

---

15) 《雜阿含經》, 제5권, 104경, 《大正藏》 2, 31下, "愚癡無聞凡夫於五受陰作常想 安隱想不病想我想我所想. 於此五受陰保持護惜. 終爲此五受陰怨家所害如彼長 者爲詐親怨家所害而不覺知. 多聞聖弟子於此五受陰觀察如病如癰如刺如殺. 無 常苦空非我非我所. 於此五受陰不著不受. 不受故不著 不著故自覺涅槃. 我生已 盡梵行已立所作已作自知不受後生." 《雜阿含經》은 장기간에 걸쳐 구전되어 오 던 석가의 설법을 기록하여 원시근본 불교사상을 밝혀주는 《阿含經》 중의 하 나인데, 그 중에서도 석가의 설법이 가장 본래적 형태로 남아 있다고 간주되 는 경전이다.

우리의 무지, 즉 무명(無明)에 기반하고 있다는 것을 설한다. 종교
로서의 불교가 궁극적으로 지향하는 바는 해탈이다. 고통과 번뇌
의 근거인 아집으로부터의 벗어남이 그것이며, 아집의 근원인 무
명으로부터의 벗어남이 그것이다. 심정적·정서적으로 번뇌를 벗
어나는 해탈을 심해탈(心解脫)이라고 하고, 지성적·이지적으로
무명을 벗어나는 해탈을 혜해탈(慧解脫)이라고 한다. 결국 해탈에
이르는 길은 집착할 만한 자아란 존재하지 않는다는 무아(無我)를
깨닫는 것이다.

　불교의 오온설(五蘊說)은 바로 이 무아를 설하기 위한 것으로,
범부에 의해 집착된 자아란 바로 색(色)·수(受)·상(想)·행
(行)·식(識)의 오온화합물에 지나지 않는다는 것을 밝히는 것이
다. 그렇다면 우리가 일상적으로 나라고 간주하는 자아는 어떤 의
미에서 색·수·상·행·식의 오온화합물인가? 인간에 대해 생각
할 때, 우리는 흔히 그 몸과 마음을 두 가지 서로 다른 방식의 존
재로 구분하여 생각한다. 몸은 눈에 보이는 물질적인 것이고, 마
음은 눈에 보이지 않는 정신적인 것으로, 우리의 일상적 논리가
바로 정신과 물질을 둘로 구분하는 이원론적 사고이기 때문이다.
우리에게서 몸과 마음이 구분되듯이, 일체 존재는 색(色)과 명(名)
으로 구분된다. 색은 가시적인 것, 특정 공간을 차지하기에 서로
대립되고 장애가 되는 것이다. 이에 반해 명은 비가시적인 것, 정
신적인 것이다. 그리고 그 명은 다시 더 세분되는데, 그것이 곧 느
낌과 생각 그리고 의지와 인식이다. 불교는 이 각각을 수·상·
행·식이라고 한다. 대상 세계와 접하여 생겨나는 상(像)을 수동
적으로 받아들임으로써 생겨나는 느낌이 바로 수(受)이다. 신체적
느낌에는 즐거운 느낌인 락수(樂受), 괴로운 느낌인 고수(苦受) 그

142

리고 즐겁지도 괴롭지도 않은 느낌인 사수(捨受)가 있고, 이를 바탕으로 한 마음의 느낌에는 기쁜 느낌의 희수(喜受), 슬픈 느낌의 우수(憂受) 그리고 기쁘지도 슬프지도 않은 사수가 있다. 세계와 내가 마주치는 최초의 방식을 불교는 이성이나 의지가 아닌 바로 느낌으로 이해하고 있는 것이다. 세계와의 마주침에서 발생하는 최초의 것은 세계에 대한 인식도 세계를 향한 의지도 아니고 그냥 즐겁거나 괴로운 또는 그다지 즐겁지도 괴롭지도 않은 그런 느낌들인 것이다. 그 다음 그러한 상을 능동적으로 마음에 취하는 것이 바로 상(想), 즉 생각이다. 경계의 상을 취하는 과정에서 각종 명언(名言), 즉 언어를 시설하게 된다. 그 다음 행(行)이란 마음의 조작을 뜻한다. 마음이나 말이나 몸으로 짓게 되는 각종 업(業)이 바로 이 마음의 조작인 행에서 비롯된다. 마지막으로 식(識)이란 세계를 이러저러하게 분별하여 인식하는 과정이다. 우리가 자아라고 생각하며 아끼고 집착하는 것, 자기 자신을 그 안에서 발견하며 자신과 동일시하는 그런 것들이 바로 이러한 몸이나 느낌, 생각, 의지, 인식들에 다름 아니다.

　이와 같은 방식으로 불교는 우리가 집착하는 자아란 사실 오온 화합물에 지나지 않는다는 것을 밝히면서, 다시 그 오온의 실상을 분석하여 그 안에 자아라고 집착할 만한 것이 존재하지 않는다는 것을 논한다. 즉 우리에 의해 집착된 자아의 개념과 실제 자아를 형성하는 오온의 실상이 서로 일치하지 않는다는 것을 보이는 것이다. 불교에 따르면 우리의 자아에 대한 집착은 곧 상일주재(常一主宰)적 자아에 대한 집착이다. 다시 말해 변하지 않고 항상되며 단일한 상일(常一)의 자아, 그리고 바로 나 자신이기에 내 뜻대로 할 수 있는 주재(主宰)적 자아가 존재한다고 집착하는 것이다.

반면 우리에게 있어 흔히 자아로 간주되는 오온의 실상을 보면,
그 안에 결코 상일 주재적 자아란 존재하지 않는다는 것이다.
색·수·상·행·식의 오온화합물이라는 것 자체가 벌써 그것이
단일한 실체가 아니라 요소들이 모여 쌓인 요소들의 화합물이라
는 것을 말해 주고 있다. 온(蘊)이란 곧 화합물이라는 뜻이다. 일
(一)이 아니라 다(多)의 화합물인 것이다. 따라서 오온으로서의 자
아는 그것을 이루는 요소들이 화합함으로써 그것으로 존재하는
것이지만, 인연이 다해 요소들이 해체되면 더 이상 존재하지 않게
된다. 따라서 상(常)이 아니라 무상(無常)한 것이다. 그것은 인연
화합하여 단지 그렇게 있는 듯이 나타나는 가상일 뿐이다. 마치
다섯 손가락을 모으면 주먹이 있게 되지만, 다섯 손가락을 펴면
주먹이 사라지고 없기에, 주먹이란 본래 있는 것이 아니듯이, 또
는 집이라는 것이 지붕이나 담벽 등등 여러 요소들의 결합물에
붙여진 이름일 뿐 그에 상응하는 실체가 따로 있지 않듯이, 여러
요소들의 적취물에 불과한 온은 본래 인연화합의 결과로서 존재
하다가 다시 인연이 다하여 요소들로 흩어지면 사라지게 되는 단
순한 가상에 불과한 것이다. 도대체 나라고 집착할 만한 고정된
하나의 실체는 존재하지 않는다는 것이다. 나아가 오온화합물로서
의 나는 결코 내 마음대로 주재(主宰)할 수 있는 것이 아니다. 내
가 아무리 아끼고 사랑해도 결국 내 뜻대로 되지 않고 오히려 내
뜻에 반하기에, 그 오온을 내게 친한 척하다가 결국은 복수하고
마는 옛 원수와도 같은 것이라고 하는 것이다. "어리석고 무지한
범부들은 오온에 대하여 그것이 항상되다 안온하다 아프지 않다
고 생각하며, 그것이 나요 나의 것이라고 생각하여, 그 오온을 보
호하고 아낀다. 그러다가 최후에는 그 오온의 원수에게 해를 당한

다"는 것이다. 오온에 있어 항상된 자아, 주재적 자아는 존재하지 않는다. 그것은 오온화합물로서도 그렇고 오온 각각으로서도 그렇다. 자아를 이루는 오온 각각을 보아도 그 안에 자아라고 집착할 만한 것은 존재하지 않는 것이다. 나의 신체가 나이겠는가? 우리의 외적 신체는 계속 바뀌고 변화한다. 늙으면 주름지고 결국은 목숨이 다해 썩어 없어진다. 느낌이나 생각도 무상하기는 마찬가지이다. 느낌도 생각도 바뀌며, 그 안에 나라고 고집할 만한 것은 없다. 의지도 인식도 그렇다. 이처럼 오온 전체로도 오온 그 각각으로도 그 안에 '그것이 나다'라고 할 만한 그런 단단한 알맹이, 즉 자아의 실체가 존재하지 않음을 불교는 파초나무의 비유를 들어 설명한다.

> 비유하면 눈이 밝은 사람이 단단한 재목을 구하려고 날이 선 도끼를 가지고 산속으로 들어가서 큰 파초나무가 통통하고 곧고 길고 큰 것을 보고, 곧 그 뿌리를 베고 꼭대기를 자르고 입사귀를 차례로 벗겨 보아도 도무지 단단한 알맹이를 찾을 수 없는 것과 같다. … 거기에는 아무 것도 없어 건실한 것도 없고 알맹이도 없고 단단한 것도 없다. 그것은 병과 같고 종기와 같으며, 가시와 같고 독기와 같아서 덧없고(無常) 괴로우며(苦) 비어 있고(空) 내가 아니다(無我). … 물질은 모인 물방울 같고 느낌은 물 위의 거품 같으며, 생각은 봄철의 아지랑이 같고 행위는 파초나무와 같으며, 의식은 꼭두각시와 같음을 관하라.[16]

---

16) 《雜阿含經》, 제10권, 265경, 《大正藏》 2, 68下～69上. "譬如明目士夫求堅固材, 執持利斧入於山林, 見大芭蕉樹, 庸直長大. 卽伐其根, 斬裁其峯, 葉葉次剝都無堅實 … 無所有無牢無實無有堅固. 如病如癰如刺如殺. 無常苦空非我. … 觀

우리는 현상적으로 자아로 여겨지는 것이 있으면 그 핵심에 자아를 자아이게끔 하는 실체가 놓여 있다고 생각한다. 자아뿐 아니라 이 세계 현상적 사물에 대해서도 그 각각을 그것이게끔 하는 실체가 현상 배후의 근거로서, 단단한 알맹이로서 존재한다고 생각하는 것이다. 그러나 불교는 그와 같은 자기 동일적인 항상적 실체란 존재하지 않는다는 것을 강조한다. 파초나무 또는 양파처럼 현상을 들춰내고 그 배후의 실체를 찾으려고 할 때, 결국 그 마지막에 우리가 부딪치게 되는 것은 단단한 알맹이가 아니라, 오히려 아무 것도 들어 있지 않은 비어있음, 공(空)인 것이다. 단일한 실체의 기반 위에 색·수·상·행·식의 현상들이 쌓여 있는 것이 아니라, 그러한 실체적 자아 없이 색·수·상·행·식의 오온이 서로 인연이 되어 화합해 있을 뿐이다. 인연에 따라 형성된 연기(緣起)적 존재인 것이다. 인연이 화합하여 내가 나라고 생각하는 그러한 현상적 자아가 형성되는 것이다. 나의 신체나 느낌, 생각이나 의지 그리고 인식 등 그 모든 것은 처음부터 나의 본질로 정해져 있던 것이 아니라, 나의 유전적 조건들 그리고 나를 둘러싼 사회 문화적 또는 자연적 환경에 의해 그렇게 형성된 것이며, 따라서 환경의 변화에 따라 항상 바뀌어갈 수 있는 그런 것들이다. 그러므로 그 어느 것도 절대적으로 나 또는 나의 것이라고 집착할 이유가 없다. 이와 같이 집착할 만한 자아란 존재하지 않는다는 무아의 깨달음이 바로 해탈로 나아가는 지름길이 된다. 아집을 극복케 할 무아의 깨달음이 어느 정도 심각하게 받아들여져야 하는가는 다음의 비유가 잘 말해 주고 있다.

色如聚沫 受如水上泡 想如春時燄 諸行如芭蕉 諸識法如幻."

146

　어떤 사람이 남의 심부름으로 멀리 가서 빈방에 혼자 있는데, 밤중에 귀신이 송장 하나를 메고 와서 그의 앞에 던진다. 이내 뒤를 이어 다른 귀신 하나가 따라와서 앞의 귀신을 꾸짖되 "이 시체는 나의 것인데 어째서 네가 메고 왔느냐?" 하니, 앞의 귀신이 답하기를 "이것은 나의 것이므로 내가 메고 왔다" 하였다. 그러나 나중의 귀신이 말하기를 "이 시체는 실로 내가 메고 왔다"고 하여 마침내 두 귀신이 서로 시체의 팔을 하나씩 잡고 다투다가 먼저 귀신이 이렇게 제의를 했다.

　"여기 인간이 하나 있으니 그에게 물어보자."

　이 말에 따라 나중의 귀신이 물었다.

　"이 시체는 누가 메고 왔는가?"

　그 사람이 생각하기를 "이 두 귀신은 힘이 센데, 사실대로 말해도 내가 죽음을 당할 것이요, 거짓을 말해도 죽음을 당할 것이다. 어차피 죽음을 당할 것이라면 거짓말을 해서 무엇하랴" 하여 사실대로 "그 시체는 앞의 귀신이 메고 왔다"고 하였다.

　그러자 나중의 귀신이 화를 내어 그 사람의 팔을 뽑아 땅에 던져 버리니, 먼저 귀신이 시체의 팔 하나를 뽑아다가 그에게 붙여주어 멀쩡하게 되었다. 이와 같이 하여 두 팔, 두 다리, 머리, 허리 등 온몸을 모두 시체의 것과 바꿔놓은 뒤에 두 귀신은 뽑아 버린 사람의 몸을 다 먹고 입을 닦으면서 어디론가 가 버렸다.

　이 때 그 사람이 생각하였다. "나는 지금 어머니가 낳아 주신 몸을 몽땅 두 귀신에게 먹히고, 나의 이 몸은 몽땅 저 시체의 것이니, 나는 지금 몸이 있는 것인가, 몸이 없는 것인가? 몸이 있다고 하자니 모두 귀신에게 먹히었고, 몸이 없다고 하자니 지금 이렇게 존재하고 있지 않은가?"

이렇게 걱정하기를 마치 미친 사람 같더니, 이튿날 아침에 길을 떠나 가다가 목적한 국토에 이르렀는데 불탑과 스님들이 있었다. 그는 찾아가서 다른 말은 하지 않고 오직 "자기의 몸이 있는가, 없는가?"만을 물었다. 비구들이 도리어 묻기를 "그대는 누구인가?" 하니, 그는 "나도 사람인지 사람이 아닌지 모르겠소"라고 하면서 지난 일을 자세히 이야기하였다.

비구들은 그 사람이 무아의 도리를 잘 알아서 제도하기 쉬울 것을 알고 그에게 말했다. "그대의 몸은 본래부터 항상 나가 없었다. 새로운 사실이 아니다. 다만 사대가 화합하기 때문에 내 몸이라는 생각을 내었을 뿐이니, 그대 본래의 몸이 지금의 것과 다름이 없다." 비구들이 제도해 주니, 도를 닦아 번뇌를 끊고 곧 아라한을 이루었다. 이것이 때로는 남의 몸에 대하여 나라고 생각하지만, 실제로 너와 나를 구분하여 나가 있다라고 말하지 못하는 도리이다.[17]

일반적으로 우리는 자아의 정체성이 팔이나 다리 또는 몸통에

---

17) 龍樹 造, 鳩摩羅什 譯, 《大智度論》, 제12권, 《大正藏》 25, 148下, "有一人受使遠行獨宿空舍. 夜中有鬼擔一死人來著其前. 復有一鬼逐來瞋罵前鬼. 是死人是我物. 汝何以擔來. 先鬼言是我物我自持來. 後鬼言是死人實我擔來. 二鬼各捉一手爭之. 前鬼言此有人可問. 後鬼卽問是死人誰擔來. 是人思惟此二鬼力大. 若實語亦當死. 若妄語亦當死. 俱不免死 何爲妄語. 語言前鬼擔來. 後鬼大瞋捉人手拔出著地. 前鬼取死人一臂拊之卽著. 如是兩臂兩脚頭脅擧身皆易. 於是二鬼共食所易人身拭口而去. 其人思惟我人母生身眼見二鬼食盡 今我此身盡是他肉. 我今定有身耶爲無身耶. 若以爲有盡是他身. 若以爲無今現有身. 如是思惟其心迷悶譬如狂人. 明朝尋路而去. 到前國土見有佛塔衆僧. 不論餘事但問己身爲有爲無. 諸比丘問汝是何人. 答言我亦不自知是人非人. 卽爲衆僧廣說上事. 諸比丘言此人自知無我易可得度. 而語之言汝身從本已來恒自無我非適今也. 但以四大和合故計爲我身. 如汝本身與今無異. 諸比丘度之爲道斷諸煩惱. 卽得阿羅漢 是爲有時他身亦計爲我. 不可以有彼此故謂有我."

놓여 있다고는 생각하지 않으므로 그것을 남의 것으로 대치해도 나는 나라고 생각할 것이다. 단지 나의 머리, 즉 두뇌만은 나의 본질이기에 남의 것으로 대치될 수 없는 것이라고 생각할 것이다. 따라서 이 비유에서 머리를 뒤바꿨는데도 동일한 자기 의식이 유지된다는 것은 말이 안 된다고 반박하려 할 것이다. 그러나 여기에 등장하는 두 귀신을 옛 나를 먹어치우고 새로운 나를 가져다주는 과거와 미래의 두 시간으로 이해한다면, 두 귀신 사이에서 당황하고 있는 이 이야기의 주인공은 바로 우리 자신이게 된다. 10년 전의 나가 더 이상 없듯이 1년 전의 나, 어제의 나, 1시간 전의 나는 이미 사라지고 없다. 그런 만큼 현재의 나는 어제도, 한시간 전에도 없었던 나이다. 내가 나라고 생각하는 색·수·상·행·식 오온의 이 나는 그렇게 없다가 생겨나고 생겨났다가 다시 멸하는 그런 무상한 현상인 것이다. 이와 같이 오온의 무상, 고, 공, 무아를 깨달아 오온에 집착하지 않음으로써 집착에서 오는 고통과 번뇌를 벗어날 수 있게 되는 것이다. 따라서 "지혜로운 자들은 오온에 대해 그것이 병과 같고 종기와 같고 가시와 같고 죽음과 같으며, 무상하고 고이고 공이고 나도 아니고 나의 것도 아니라는 것을 관찰한다"고 한다. "그래서 오온에 집착하지도 않고 받아들이지도 않는다."

　이상과 같이 불교는 우리가 자아라고 생각하며 집착하는 오온이 결코 상일주재의 자아가 아니라는 것, 그 안에는 결코 자아라고 집착할 만한 것이 존재하지 않는다는 것을 설한다. 오온으로서의 자아는 인연화합하여 형성된 무상한 것이고, 내 주관대로 되지 않는 비주재적 존재라는 것이다. 이러한 자아관은 어찌 보면 상일주재적 자아개념을 더 이상 간직하고 있지 않은 현대적 인간 이해를 대변하고 있는 것처럼 보인다. 공공연히 "주체는 죽었다"를 선언하는 포스트모더니즘적 사유에 따르면 항상된 자기 동일적 자아정체성이란 더 이상 존재하지 않는다. 자아는 생물학적 요인들 및 사회 문화적 관계 안에서 형성되고 만들어지는 것일 뿐이다. 자아 또는 인간이란 것 자체가 자연적으로 사회적으로 진화되고 발전되어 온 것이며, 따라서 자아란 그러한 자연적·사회적 법칙과 관계들을 통해 규정되고 형성된 것이다. 그러나 이와 같이 '자아는 자연 및 사회적 규정과 관계의 총합일 뿐이다'라고 주장하는 현대의 유물론자 또는 경험주의자들은 '자아는 오온일 뿐이다' 또는 '오온으로서의 자아가 존재한다'라고 말할 것이다.

반면 불교는 '자아는 오온일 뿐이다'라고 말하지 않고 오히려 '자아는 공이다'라고 말한다. '오온으로서의 자아가 존재한다'라고 말하지 않고, 오히려 '자아는 존재하지 않는다'고 주장한다. 이는 무엇을 의미하는가? 이는 곧 현상적 자아는 오온으로 구성되어 있지만, 그러한 현상적인 규정들을 결코 자아로 인정할 수는 없다는 것이다. 다시 말해 일체의 자연 및 사회로부터 비롯되는 현상적 규정성 전체를 부정하며 넘어서는 인간의 초월성이 강조되고 있는 것이다. 이는 곧 인간이란 본질적으로 그러한 경험적 규정 너머의 존재라는 것, 그럼에도 불구하고 그것은 현상과 같은 방식으로 존재하는 것이 아니기에 현상적으로 규정 불가능하다는 것, 따라서 그것에 대해서는 현상적 존재성을 부정하거나 아니면 현상적 유와 무를 넘어섰다는 의미에서 공(空)이라고 표현할 수밖에 없다는 것을 말해주는 것이다.

이렇게 보면 아공(我空)을 깨닫는다는 것은 아집과 그로 인한 고통을 벗어나는 것 이상의 의미가 있다. 아가 공이라는 것을 깨달음과 동시에 새로운 차원이 열리게 되기 때문이다. '자아는 존재하지 않는다' 또는 '오온화합물로서의 자아는 공이다' 라는 것을 아는 그 지혜는 과연 어떻게 가능한가? 상일주재의 자아가 존재하지 않음을 아는 그 지혜, 오온의 본질이 공이라는 것을 아는 그 지혜는 우리 존재가 철두철미 인연화합의 오온에 국한된 존재라면 생겨날 수 없는 지혜이다. 인연화합의 현상 전체를 총괄하여 그 현상이 공임을 아는 그 지혜는 현상적 차원에서 인연화합하여 형성되는 식온(識蘊)의 식과는 구분되는 것이다. 현상을 총괄하여 그 공성을 깨닫는 지혜는 현상 초월적 지혜다. 오온의 자아가 공임을 알 수 있기 위해 우리는 현상적 오온의 한계를 넘어선 존재이어야 한다. 그러나 현상 너머 실체는 없다고 하지 않았는가? 현상 너머는 공이 아닌가? 바로 여기에 불교의 묘미가 있다. 현상 너머는 공이다. 그리고 현상이 공임을 아는 그 지혜는 현상 너머의 존재에게서만 가능하다. 결국 현상 너머의 공이란 바로 그 공성을 깨닫는 우리 자신의 마음인 것이다. 현상성이 소멸된 현상 너머의 공이란 바로 그러한 현상을 인식하는 우리 자신의 마음이라는 것을 불교는 다음과 같이 설한다.

　　진리에 들어가는 길이 많으나 그대에게 한 문을 가리켜 그대로 하여금 근원에 돌아가게 하리라. 그대는 까마귀 우는 소리나 까치 우는 소리를 듣는가?
　　그렇소.
　　그대는 그대의 듣는 성을 돌이켜 들어보라. 거기에도 과연 많은 소리가 있는가?
　　그 속에 들어가서는 어떤 소리도 어떤 분별도 있을 수 없소.

그렇다. 그대는 그 속에서는 어떤 소리도 어떤 분별도 얻을 수 없다고 하였으니, 이미 얻을 수 없다면 그것은 허공이 아닌가?

원래 공한 것이 아니라 밝고 밝아 어둡지 않소.

그 공하지 않은 것의 본체는 무엇인가?

모양이 없으므로 말로 나타낼 수 없소.

그것이 모든 부처와 조사의 명맥이니 다시는 의심하지 말라. 이미 모양이 없는데 크고 작음이 있겠으며, 크고 작음이 없는데 한계가 있겠는가? 한계가 없기 때문에 안팎이 없고 안팎이 없으므로 멀고 가까움이 없으며, 멀고 가까움이 없기에 저것과 이것이 없다. 저것과 이것이 없으므로 가고 옴이 없으며, 가고 옴이 없으므로 나고 죽음이 없고, 나고 죽음이 없으므로 예와 지금이 없다. 예와 지금이 없으므로 미혹과 깨침이 없고, 미혹과 깨침이 없으므로 범부와 성인이 없으며, 범부와 성인이 없으므로 더럽고 깨끗함이 없으며, 더럽고 깨끗함이 없으므로 옳고 그름이 없다. 옳고 그름이 없으므로 모든 이름과 말이 있을 수 없다. 모두가 다 없어져서 모든 감관과 대상과 일체의 망념과 나아가 온갖 모양과 온갖 이름과 말이 다 있을 수 없으니, 이것이 어찌 본래부터 비고 고요하며, 본래부터 아무것도 없는 것이 아니겠는가? 그러나 모든 법이 다 공한 그 곳에 신령스런 앎이 어둡지 않아 무정(無情)과 다르게 성이 스스로 신령스럽게 아나니(性自神解), 이것이 바로 그대의 비고 고요하며 신령스러이 아는 청정한 마음의 본체(空寂靈知 淸淨心體)이다. 이 청정하고 비고 고요한 마음은 삼세의 모든 부처의 깨끗하며 맑은 마음이며 또한 중생의 근본의 깨닫는 성이다. 이것을 깨치어 지키는 자는 앉아서 움직이지 않고 해탈할 것이요, 이것을 모르고 등지는 자는 여섯 길로 나아가 오랫동안 헤맬 것이다.[18]

152

색깔있는 것, 소리나는 것, 향기있는 것, 그런 것들은 모두 모양을 갖춘 것이고 자기 한계를 가진 것이다. 그 한계 또는 경계를 통해 일체는 자신 밖의 자신 아닌 것과 구분되어 이것 또는 저것으로 불리며, 그렇게 지각되고 인식되는 것이다. 그러나 그렇게 색깔있고 소리나는 일체의 것을 인식하는 그 마음은 어떠한가? 그 마음 자체는 색깔도 없고 소리도 없고 맛도 없다. 그것은 아무런 모양을 갖추지도 않고 아무런 자기 한계도 갖고 있지 않다. 한계가 없기에 그것은 그것 아닌 것과 구분되지 않고 따라서 이것 또는 저것으로 규정할 수도 없다. 그것은 자기 경계가 없기에 결국 없지 않고 있다고 말할 수도 없게 된다. 이처럼 한계 안에 규정지을 수 없는 것, 한계를 지니지 않은 것, 무한한 것, 따라서 유와 무의 분별을 넘어선 것, 그것이 바로 공(空)이다. 그러므로 '본래무일물'(本來無一物)이라고 하는 것이다.

그렇다면 그것은 일체의 사물존재를 배제한 단순한 없음, 단순한 비어 있음, 허공이 아닌가? 마음은 허공이 아닌가? 그러나 중요한 것은 그 비어 있는 고요한 공적(空寂)의 바로 거기에 단순한

18) 知訥, 《牧牛子修心訣》, 《韓國佛敎全書》, 권4, 710中下, "入理多端指汝一門令汝還源. 汝還聞鴉鳴鵲噪之聲麼. 曰聞. 曰汝返聞汝聞性 還有許多聲麼. 曰到這裏一切聲一切分別俱不可得. 曰奇哉寄哉. 此是觀音入理之門. 我更問儞. 儞道到這裏一切聲一切分別揔不可得 旣不可當伊麼時 莫是虛空麼. 曰元來不空明明不昧. 曰作麼生是不空之體. 曰亦無相貌言之不可及. 曰此是諸佛諸祖壽命更莫疑也. 旣無相貌還有大小麼. 旣無大小還有邊際麼. 無邊際故無內外. 無內外故無遠近. 無遠近故無彼此. 無彼此則無往來. 無往來則無生死. 無生死則無古今. 無古今則無迷悟. 無迷悟則無凡聖. 無凡聖則無染淨. 無染淨則無是非. 無是非則一切名言俱不可得. 旣揔無如是 一切根境一切妄念乃至種種相貌種種名言俱不可得. 此豈非本來空寂. 本來無物也. 然諸法皆空之處 靈知不昧 不同無情 性自神解 此是汝空寂靈知淸淨心體 而此淸淨空寂之心是三世諸佛勝淨明心亦是衆生本源覺性. 悟此而守之者 坐一如而不動解脫. 迷此而背之者 往六趣而長劫輪廻."

정적, 혼돈, 어두움이 아니라, 바로 밝디밝은 신령한 앎이 있다는
것이다. "법이 다 공한 그 곳에 신령스런 앎이 어둡지 않아 무정
(無情)과 다르게 성이 스스로 신령스럽게 아나니, 이것이 바로 그
대의 비고 고요하며 신령스러이 아는 청정한 마음의 본체(空寂靈
知 淸淨心體)이다"가 그것이다. 본성이 스스로를 신령스럽게 아는
앎인 성자신해(性自神解)를 가지고 있기에 그 공이 곧 심(心)인 것
이다.

> 성이 스스로를 신령스럽게 알므로, 이름하여 심이라고 한다.[19]

이 심은 단순한 인식 능력이 아니라, 그 안에 비춰지는 일체 존
재와 원리들을 스스로 창출해 내는 존재론적 근원인 능력이며 힘
이다. 그것은 일체를 포괄한 전체로서 시비와 분별을 넘어서고 언
어와 사념을 넘어선 것이기에 말로 규정하기 힘든 것인데, 억지로
이름하여 일심이라고 하는 것이다.

> 이와 같은 도리는 말을 떠나고 생각을 넘어선 것이므로 뭐라고 이
> 름할지 알 수 없지만, 억지로 칭하여 일심(一心)이라고 하는 것이
> 다.[20]

인간 본질을 이처럼 무한하며 절대적인 마음, 불생불멸(不生不
滅) 불거불래(不來不去)의 마음으로 본다면, 불교는 어째서 그럼에

---

19) 元曉, 《大乘起信論疏記會本》, 《韓國佛敎全書》, 권1, 741上, "性自神解 故名爲
心."
20) 元曉, 앞의 책, 741中, "如是道理 離言絶慮 不知何以目之 强號爲一心也.

154

도 불구하고 무아를 말하는가? 그것은 그 일심이 자아로 규정될
수 있는 것이 아니기 때문이다. 마음은 저것 아닌 이것, 너 아닌
나로 규정될 수 있는 것이 아니다. 그것은 일체의 현상적 차별성
을 넘어선 규정될 수 없는 것, 말로 다할 수 없는 것, 사유로 경계
지을 수 없는 것이기 때문이다. 그러므로 마음은 얻거나 버리거나
할 수 있는 것이 아니다.

> 과거의 마음은 불가득이다. 현재의 마음은 불가득이다. 미래의 마
> 음도 불가득이다.[21]

마음을 이런저런 것으로 규정하거나 이런저런 것으로서 얻을
수 없는 것은 마음 자체가 우리가 바깥에서 찾고 얻을 수 있는
그런 객체가 아니기 때문이다. 마음은 찾아 얻을 수 있는 대상이
아니라, 찾는 바로 그 당사자이기 때문이다. 마음은 현상 안에서
보여지고 만져질 수 있는 그런 대상이 아니라, 그 스스로 현상을
보고 만지는 그 당사자이기 때문이다. 따라서 그 스스로 현상을
보는 자이지만, 그 자체는 현상 내에 보여질 수 없는 것이라는 것
을 알 때, 우리는 마음이 무엇인가를 아는 것이 된다. 자아가 무엇
인가를 찾으려 하지만, 자아란 그렇게 찾아 얻을 수 있는 것이 아
니라는 것을 알게 될 때, 즉 무아를 자각하게 될 때, 다시 말해 자
아의 공성을 자각할 때, 그 때 비로소 그 지혜 안에서 마음이 자
각되는 것이다. 자아란 존재하지 않는다는 무아의 깨달음은 바로
그 마음으로부터 생겨나는 것이다. 이처럼 마음은 그 자체 주체적

---

21) 《金剛般若波羅蜜經》, "過去心不可得, 現在心不可得, 未來心不可得."

으로 자각될 수 있을 뿐, 현상적 사물처럼 대상화하여 규정될 수 있는 것이 아니다.

　　삼계의 고뇌는 마치 불타는 집과 같거늘 어찌 그대로 머물러 긴 고통을 달게 받겠는가? 생사를 면하려 하면 부처가 되기를 구하는 길밖에 없다. 부처가 되기를 구한다고 하지만, 부처는 바로 이 마음이다. 마음을 어찌 멀리서 찾을 것인가? 이 몸을 떠나지 않는다. 이 육신은 헛것으로 나기도 하고 죽기도 하지만, 참 마음은 허공과 같아서 끊어지지도 않고 변하지도 않는다. …… (문) 어떤 방편을 써야 문득 제 본성을 깨닫겠는가? (답) 다만 그대 자신의 마음인데, 다시 무슨 방편을 쓰겠는가? 만일 방편을 써서 다시 알기를 구한다면, 그것은 마치 어떤 사람이 제 눈을 보지 못하므로 눈이 없다 하여 다시 보려고 하는 것과 같다. 이미 제 눈인데 왜 다시 보려 하는가? 만일 잃지 않았음을 알면 그것이 곧 눈을 보는 것이다. 다시 보려는 마음이 없는데, 어찌 보지 못했다는 생각이 들겠는가? 자신의 신령한 앎도 그와 같아 이미 제 마음인데, 어찌 다시 알려 하는가? 만일 알려고 하면 얻을 수 없음을 알게 되리니, 다만 알 수 없는 것임을 알면, 그것이 곧 성을 보는 것이다.[22]

---

22) 知訥, 《牧牛子修心訣》, 《韓國佛敎全書》, 권4, 708中, 710上, "三界熱惱猶如火宅. 其忍淹留甘受長苦. 欲免輪廻 莫若求佛. 若欲求佛 佛卽是心. 心何遠覓. 不離身中. 色身是假 有生有滅. 眞心如空 不斷不變. … 問作何方便一念廻機便悟自性. 答只汝自心 更作什麼方便. 若作方便更求解會 此如有人不見自眼以爲無眼. 更欲求見 旣是自眼 如何更見. 若知不失 卽爲見眼. 更無求見之心 豈有不見之想. 自己靈知 亦復如是. 旣是自心 何更求會. 若欲求會 便會不得. 但知不會 是卽見性."

156

마음이 현상 초월적 존재라는 것을 깨치어 아는 자, 따라서 현상에 따라 이끌리지 않고 언제나 그 마음 자리를 지키어 떠나지 않는 자가 곧 부처이다. 그리하여 더 이상 차별적인 현상 세간에 매여 거기 머물지 않는 마음이 바로 해탈한 마음인 것이다. 불교가 궁극적으로 지향하는 것이 바로 이 해탈이다. 즉 궁극적 관심은 바로 인간 자신의 존재를 바로 인식하는 것, 그리하여 어두운 무명을 벗어나 참된 지혜, 밝음을 획득하는 일이다. 무엇에 대한 어두움이 근본 무명인가? 바로 자신의 허령한 본체를 자각하지 못하여 "그것을 모르고 등지는 것"이 무명이다. 무명으로 인해 육도를 윤회하게 된다. 마음이 그 본래의 자리에 머무르지 못하고 세간에 매인 채 세간 속의 허상을 나로 집착하여 뒤쫓기 때문이다. 무명에 쌓인 중생은 세간 속에서 형성된 색・수・상・행・식의 오온화합물을 자아인 줄 알고 그것을 아끼고 사랑하고 집착하여 그에 매인 채 계속적인 업을 쌓음으로써 더욱더 그 매임을 단단히 하여 결국 그러한 업력으로 인한 육도 윤회를 벗어나지 못하게 된다. 스스로를 주체로 자각하지 못하고 객체화된 현상과 동일시하면 그 동일시된 오온을 따라 전전하게 되는 것이다.

세간적 오온화합물에의 집착을 버릴 때, 규정된 일체의 것을 내가 아닌 것으로 부정하여 그 마음의 완전한 비어 있음, 공성을 자각할 때, 그 때 비로소 밝음을 체험하게 된다. 마음의 경계 없음과 공성을 자각하는 것이 바로 마음의 본래 진면목의 자각이기 때문이다. 그 때 비로소 마음 본래의 성을 증득하게 된다. 따라서 마음의 본성을 증득하면 곧 부처가 된다는 "견성성불"(見性成佛)이 성립한다.

이처럼 불교에서 인간 삶의 궁극적 지향점은 견성하여 성불하

는 것이다. 그것이 곧 마음 본래의 공성을 자각하여 세간에의 일
체 집착을 벗어나는 해탈이 의미하는 바이다. 지각된 것으로서의
감각 대상세계나 사유된 것으로서의 이성적 사유세계인 법계도
모두 인간 식의 대상일 뿐이며, 그 대상을 인식하는 식 자체로부
터 분화된 분별적 식일 뿐이다. 일체 분별은 그 둘을 포괄하는 무
분별적 무경계의 마음 안에서 연기에 따라 빚어지는 허망한 환상
일 뿐이다. 감각 또는 사유하는 자로서의 분별적 마음이나 감각
또는 사유대상으로서의 분별적 대상세계, 그 어느 곳에도 매이거
나 집착함이 없이 그 어디에도 머무름이 없는 마음이 곧 해탈한
마음이다.

4. 유가: 도덕적 인간

사람에게는 모두 다른 사람에게 차마 어쩌지 못하는 마음(不忍之
心)이 있다고 말하는 것은 다음과 같다. 지금 누구든 한 어린 아이가
우물에 빠지려고 하는 것을 본다면 누구나 다 놀라며 측은히 여기는
마음이 생길 것이다. 그것은 그 어린 아이의 부모와 교제를 맺으려고
하는 것도 아니고, 마을 사람들로부터 칭찬을 들으려고 하는 것도 아
니며, 다른 사람들의 비난 소리가 듣기 싫어서 그런 것도 아니다.

이렇게 보면 측은히 여기는 마음이 없으면 사람이 아니고, 부끄러
워 싫어하는 마음이 없으면 사람이 아니며, 사양하는 마음이 없으면
사람이 아니고, 옳고 그름의 마음이 없으면 사람이 아니다. 측은히
여기는 마음은 인(仁)의 단서이고, 부끄러워 싫어하는 마음은 의(義)
의 단서이며, 사양하는 마음은 예(禮)의 단서이고, 옳고 그름의 마음

158

은 지(智)의 단서이다. 사람에게 이와 같은 네 가지 단서가 있는 것은 사람에게 네 개의 지체가 있는 것과 같다. 이런 사단을 가지고 있으면서도 스스로 그것을 실행할 수 없다고 말한다면 그것은 스스로를 해치는 것이 된다.

사단이 나에게 있다는 것을 알아 모두 넓혀서 채우면(擴充), 불이 타기 시작하고 샘물이 흐르는 것과 같다. 채울 수 있으면 능히 사해를 보존할 수 있고, 채울 수 없으면 자기 부모도 제대로 섬기지 못할 것이다.[23)]

유가에서 인간의 본질이라고 생각된 것은 보편적 진리에 대한 이성적 인식도 아니고 세계 초월적 창조자에 대한 신앙도 아니며 그렇다고 고통스런 세간적 삶에 대한 집착과 무명으로부터의 해탈도 아니다. 인간의 인간다운 점을 유가는 인간의 도덕성, 바로 인·의·예·지의 도덕성에서 찾는다. 남에게 차마 어쩌지 못하는 마음은 곧 남을 배려하는 마음을 뜻하며, 그것이 바로 인간 도덕

23) 《孟子》〈公孫丑章句 上〉, "所以謂人皆有不忍人之心者 今人乍見孺子 將入於井 皆有怵惕惻隱之心 非所以內交於孺子之父母也 非所以要譽於鄕黨朋友也 非惡其聲而然也. 由是觀之 無惻隱之心非人也 無羞惡之心非人也 無辭讓之心非人也 無是非之心非人也. 惻隱之心仁之端也 羞惡之心義之端也 辭讓之心禮之端也 是非之心智之端也. 凡有四端於我者 知皆擴而充之矣 若火之始然 泉之始達 苟能充之足以保四海 苟不充之不足以事父母." 《孟子》는 공자의 《論語》와 더불어 선진유가사상을 담고 있는 중국 고전이다. 여기에 《大學》과 《中庸》을 더하면, 송대 이후 중국에서뿐 아니라 우리나라에서까지도 유학의 근본 고전으로 간주한 사서(四書)가 된다. 《論語》가 인간의 도덕적 행위방식과 구체적 마음가짐에 대해 논한 것에서 한발 더 나아가 《孟子》는 좀더 철학적으로 인간 심성의 본성을 논의한다. 이 부분은 인간 심성의 선(善)함을 제시하는 예이며, 그에 이어 마음의 성(性)과 그 마음의 네 가지 단서인 사단(四端)을 논하고 있다.

성의 표현인 것이다.

그렇다면 인간이 그와 같은 도덕성을 지닐 수 있는 근거는 무엇인가? 일체 존재는 우주의 원리인 태극의 이치로부터 발생하는 음과 양 두 기(氣)의 화합으로 생성된다. 모두 다 우주의 기를 따라 그 기의 발현으로 존재하게 되는 것이다. 이는 인간의 경우도 마찬가지이다. 인간 역시 태극으로부터 발생하는 음양 이기의 화합결과이다. 단지 인간만이 빼어난 기, 즉 바르고 통하는 기를 얻어 태극의 리를 알 수 있다. 그 이치는 바로 우주 자연 이치이며 동시에 인간 도덕적 심성의 이치이므로, 인간은 그 이치에 따라 도덕을 실현하게 되는 것이다. 이렇게 보면 인간 정신은 우주적 이치의 존재론적 근거가 아니라, 단지 객관 초월적인 이치를 알아 실현할 수 있는 도덕적 실천 능력이 된다.

천지의 리를 생각할 줄 아는 인간의 정신 능력을 맹자는 심(心)이라고 하였다. 심은 곧 하늘이 부여한 능력이며, 사유하는 능력이다. 사유란 인간 개체의 사적 욕망이나 경향성에 의해 좌우되지 않고 보편적 관점에 따라 행동하게끔 하는 정신활동을 의미한다. 동물의 의식은 바로 자기 자신의 신체의 한계 내에 머무르는 한정된 것인 데 반해, 인간의 의식이 자신의 신체적 한계를 벗어나서 전체를 생각하고 고려할 줄 아는 것은 바로 인간에게 이러한 사유 능력으로서의 마음이 있기 때문이다. 마음이 있기에 인간은 보편적 관점에서 사유하며 역지사지(易地思之)할 수 있는 것이다. 자신의 사적 관심에만 매여 있지 않고 그것을 넘어 일체 존재를 자기 자신과 평등한 것으로서 사유하는 것이 곧 마음이다. 이 마음을 확립하고 보존하는 자가 곧 대인(大人)이다.

눈과 귀의 기관은 생각하지 않으며 사물에 의해 가려져 있으므로,
사물이 접촉하게 되면 그것에 이끌리게 될 뿐이다. 마음의 기관은 생
각을 하는 것이다. 생각을 하면 얻게 되고, 생각을 하지 않으면 얻지
못하게 되는 것이 바로 하늘이 나에게 부여한 것, 즉 마음이다. 먼저
큰 것을 세우고 나면 작은 것은 그것을 빼앗을 수 없으니, 이것이 곧
대인이다.[24]

인간은 생각할 줄 아는 마음(心)의 기관과 생각 없이 사물에
의해 이끌리는 눈과 귀 등의 감각기관인 신체를 가지고 있다. 신
체적 감각기관으로부터 사적 욕망이 생긴다. 눈은 아름다운 것을
보려 하고, 입은 맛있는 것을 먹으려 하며, 신체는 부드러운 것,
따뜻한 것을 접촉하려 한다. 이 욕망에 따라서만 생각 없이 움직
인다면, 인간이 동물과 다를 바가 없을 것이다. 그러나 인간은 그
와 같은 욕망을 적절히 제어하고 통제할 수 있는 마음을 가지고
있다. 사적 욕망을 넘어서서 타인을 배려함으로써 보편적 관점에
서 사유할 줄 아는 것이다. 이것을 하늘이 내게 부여한 마음의 기
관이라고 말한다. 사적 욕망은 인간에 있어 식욕·색욕 등의 자연
적 욕망, 자연성을 의미하며, 반대로 보편적 사유, 마음 등은 욕망
을 다스리고 통제하는 도덕성을 의미한다. 이처럼 맹자는 인간의
본성을 도덕성으로 간주함으로써 인간 본성은 동물의 본성과 구
분되며, 그 자체 선한 것이라고 보았다.

이에 반해 인간의 본성은 그 자체 선도 아니고 불선도 아니라

24)《孟子》〈告子章句 上〉, "耳目之官不思而蔽於物. 物交物則引之而已矣. 心之官
則思. 思則得之 不思則不得之. 此天之所與我者. 先立乎其大者則其小者不能奪
也. 此爲大人而已矣."

고 보는 고자(告子)는 본성을 단지 날 때부터 타고난 것으로 이해
한다.

　　고자는 타고난 것을 성이라고 한다.[25]

　그리고 이처럼 인간이 본래부터 타고난 것을 바로 식욕과 색욕,
즉 식색지욕(食色之慾)으로 규정한다. 따라서 고자에게 있어 인간
의 성은 곧 식색지욕이 된다.

　　고자는 식[욕]과 색[욕]을 성이라고 한다.[26]

　식욕이 생명체로서의 자기 자신을 보존하고자 하는 자기 보존
욕구라면, 색욕은 자기 후손을 남기도록 짝을 찾아 교합하게 하는
종족 보존 욕구에 해당한다. 그런데 이것은 인간뿐 아니라 일체의
생명체가 가지고 있는 본능으로서 그 자체 도덕적 선악의 범주로
분류할 수 있는 것이 아니다. 고자는 바로 이것을 인간 본성이라
고 간주하였기에, 인간 본성이란 그 자체 선도 악도 아니라고 주
장한 것이다. 이렇게 보면 맹자와 고자는 인간에게 있어 동일한
성을 놓고 그것을 선 또는 무선무불선으로 달리 생각한 것이 아
니라, 실은 인간에게 있어 서로 다른 두 가지 측면을 놓고 그 중
각기 하나씩만을 본성으로 간주하여 선 또는 무선무불선이라고
평가한 것이다. 이는 다음과 같이 정리될 수 있다.

---

25)《孟子》〈告子章句 上〉, "告子曰生之謂性."
26)《孟子》〈告子章句 上〉, "告子曰食色性也."

```
┌─ 맹자의 성선설의 성    = 도덕성
└─ 고자의 성무선무불선의 성  = 식색지욕
```

  선진의 맹자와 고자는 둘 중 하나만을 성으로 강조한 데 반해, 송대 신유학자들은 그 두 측면 다를 인간의 본성으로 간주하여 차별적으로 설명한다. 맹자가 강조한 성선(性善)의 성인 도덕성은 무형의 인간 마음 안에 간직된 본래적 성이란 의미에서 "본연지성"(本然之性) 또는 하늘로부터 부여받은 성이란 의미에서 "천지지성"(天地之性)으로 간주되고, 고자가 강조한 무선무불선의 식색지욕은 기(氣)에 의해 형성된 인간 신체로부터 발생하는 성이란 의미에서 "기질지성"(氣質之性)으로 간주된다. 이와 같이 유학의 원류인 맹자에게서 배제되었던 기질지성을 인간 본성 논의로 끌어온 공적을 주희(朱熹)는 횡거 장재(張載)와 명도 정호(程顥)에게 돌린다.[27] 장재는 다음과 같이 천지지성과 더불어 기질지성을 논하고 있으며, 정호 역시 맹자적 성과 기질의 기는 함께 논해져야 함을 강조한다.

  형태가 생긴 이후에 기질지성이 있으니, 잘 돌이키면 천지지성이

---

27) 《朱子語類》, 권4, 64조목, "아부가 물었다. 기질에 관한 학설은 누구로부터 시작되었습니까? 대답하였다. 그것은 횡거 선생과 이정 선생으로부터 기원하였다. 나는 그들이 우리의 학문에 위대한 공적을 남겼고 후학들에게도 도움을 주었다고 생각하였기에 사람들에게 그들의 작품을 읽혀 깊은 감동을 받도록 하였는데, 그 전에는 일찍이 그렇게 설명한 사람이 없었다"(道夫問氣質之說 始於何人. 曰此起於張程. 某以爲極有功於聖門 有補於後學 讀之使人深有感於 張程 前此未曾有人說到此). 이것으로 보아 주희의 본연지성은 원시유가로부터, 기질지성은 장재와 이정으로부터 비롯된 것임을 알 수 있다.

그대로 존재한다. 기질지성은 군자가 성으로 여기지 않는다.[28]

　성을 논하면서 기를 논하지 않으면 [논의가] 다 갖추어진 것이 아니며, 기를 논하면서 성을 논하지 않으면 [논의가] 불분명하다.[29]

이렇게 해서 인간 본성을 논함에 있어 선한 도덕성과 식색지욕의 기질지성이 함께 논의되게 되었지만, 실제 중요한 문제는 그 둘이 과연 어떤 관계에 있는가 하는 것이다.

　타고난 것을 성이라고 할 때, 그 성은 곧 기이며 기가 곧 성이다. 타고난 것을 말하는 것이다. 인간이 타고나는 것은 기품이다. … 어려서부터 선한 자도 있고 어려서부터 악한 자도 있는데, 이는 기품이 그러하기 때문이다. … 대개 사람들이 성을 말할 때는 '그것을 계승하는 것이 선이다'를 말한다. 맹자가 말하는 인간의 본성은 선하다는 것이 그것이다.[30]

고자가 주장한 성은 선과 악 양 방향으로 전개 가능한 것으로서 단지 '타고난 것'을 의미하며, 이는 바로 타고난 기품의 성, 즉 기질지성이다. 반면 맹자가 주장한 성은 선으로 간주되는 성을 의미한다. 따라서 이는 하늘이 인간에게 부여하고, 인간이 이를 계

---

28) 《張子全書》, 권2, "形而後有氣質之性. 善反之則天地之性存焉. 故氣質之性君子有弗性者焉."
29) 《二程全書》〈遺書〉, 권6, "論性不論氣不備. 論氣不論性不明."
30) 《二程全書》〈遺書〉, 권1, "生之謂性性卽氣氣卽性生之謂也. 人生氣稟. … 有自幼而善有自幼而惡是氣稟有然也. … 凡人說性只是說繼之者善也. 孟子言人性善是也."

승하고 완성해야 하는 도덕성을 의미하는 것이다. 그러므로 신유
학자들에게 있어 인간의 사명은 바로 기질에서 비롯되는 사적 욕
망으로부터 벗어나 인간의 보편적 도덕성인 본연지성 또는 천지
지성을 따르는 것이 된다. 따라서 맹자와 같은 군자는 기질지성을
성으로 간주하지 않은 것이다. 기질지성으로 인한 한계를 극복하
고 천지지성을 완성하는 것이 군자적 삶의 목표가 된다. 즉 인욕
을 극복하고, 잘 돌이켜서 천리를 보존하는 것, 한마디로 "존천리
거인욕"(存天理 去人慾)이 삶의 지향점이 되는 것이다.

　인간 본성을 논함에 본연지성과 기질지성을 함께 논해야 하는
것은 다른 자연 만물과 마찬가지로 인간 역시 리와 기의 산물로
서, 인간에게 있어 리와 기가 따로 분리되어 존재하는 것이 아니
기 때문이다. 따라서 주희 철학에 있어 핵심이 되는 태극의 리와
음양 이기의 "불상리 불상잡"(不相離 不相雜)의 원리는 인간 본성
에 있어서도 그대로 적용된다. 즉 기가 없으면 리가 머무를 곳이
없기에, 기질지성이 없으면 본연지성이 실현될 수가 없는 것이다.
기가 응취된 곳에만 리가 머무를 수 있기에, 기질지성이 자리한
바로 그 곳에 본연지성이 있으며, 본연지성이 있는 곳에 기질지성
이 있다. 그러므로 본연지성의 도심(道心)만이 아니라 기질지성을
갖춘 인심(人心) 역시 심 안에 포섭된다. 결국 심은 성과 정을 통
섭하는 것이다.

　　사람이 태어나는 까닭은 리와 기가 화합하기 때문이다. 천리가 실
　　로 광대하여 끝이 없지만, 기가 없으면 리가 있어도 머무를 곳이 없
　　다. 반드시 음양 이기가 교감하여 응취한 후에야 리가 머무를 곳이
　　있게 된다.[31]

만일 천명지성이 있으면, 곧 기질도 있다. 만일 천명지성이 마음에 뿌리내리고 있다면, 기질지성 또한 [다른] 어느 곳에 있을 수 있겠는가? ⋯ 그러므로 도심만이 심이고 인심은 심이 아니라고 말할 수 없다.[32]

이처럼 인간이 태극의 리와 음양 이기의 산물인 만큼, 그 인간의 성품 안에는 천리로부터의 본연지성과 기로부터의 기질지성이 함께 하고 있다. 이러한 주희의 성을 맹자·고자의 성과 연결해 보면 다음과 같이 맹자의 인의예지의 도덕성과 고자의 식색지욕의 본성이 그대로 태극으로부터의 본연지성과 기질로부터의 기질지성으로 이어지고 있음을 알 수 있다.

맹자의 성 = 도덕성 → 본연지성 = 태극의 리
고자의 성 = 식색지욕 → 기질지성 = 음양의 기 ⎤ 주희의 성

그렇다면 맹자의 성과 주희의 본연지성은 내용상으로도 완전 동일한 것이겠는가? 그 둘 사이에 차이가 있다면, 바로 그 차이를 통해 선진 유학과 주희 성리학의 차이가 밝혀질 수 있을 것이다. 그 둘 사이의 관점의 차이는 위의 두 가지 성 중 어느 성을 인간 특유의 성으로 간주하는가, 즉 인간이 인간다운 것은 어느 성에 의해서인가라는 문제를 통해 드러나고 있다.[33] 맹자가 인간 본성

---

31) 《朱子語類》, 권4, 41조목, "人之所以生 理與氣合而已. 天理固浩浩不窮 然非是氣則雖有是理而無所湊泊. 故必二氣交感凝結生聚 然後是理有所附著."

32) 《朱子語類》, 권4, 39조목, "如有天命之性 便有氣質. 若以天命之性爲根於心 則氣質之性又安頓在何處. ⋯ 不成只道心是心 人心不是心."

을 도덕성으로 규정한 것은 도덕과 무관한 식색지욕은 인간과 그
밖의 다른 동물이 함께 공유하는 것으로서 그것에 의해서는 인간
의 인간다움이 규정될 수 없다고 보았기 때문이다. 즉 인간의 인
간다운 점, 인간의 본성, 인간성이라고 말할 수 있는 것은 다른 존
재와 달리 인간만의 특징이어야 하며, 맹자는 그것을 바로 도덕성
이라고 본 것이다. 그러므로 인간 본성을 식색지욕으로 생각하는
고자가 본성이란 타고나는 것이라고 주장했을 때, 맹자는 다음과
같이 반문한 것이다.

> 그렇다면 개의 본성은 소의 본성과 같으며 소의 본성은 사람의 본
> 성과 같단 말인가?[34]

이 말은 인간 본성과 개나 소의 본성이 결코 같을 수 없다는
것이다. 즉 인간 본성의 물음은 당연히 인간 본성을 다른 것들의
본성과 구분짓는 인간만의 독특한 성격이어야 한다는 것을 전제
한 것이다. 도덕성은 다른 존재에게서는 찾아볼 수 없는 인간만의
고유한 본성이 되는 것이다. 반면 주희에게 있어 본연지성은 인간
만의 본성이 아니다. 그것은 하늘이 만물에 부여한 이치로서 태극
의 리이며 천지만물의 리이다. 태극은 만물에 내재되어 있는 하나
의 보편적 원리이다. 존재하는 모든 것 안에 하나의 리, 하나의 태

---

33) 조선 성리학에 있어 인물성동이론(人物性同異論)이 그렇게 치열하게 논의
   될 수 있었던 것도 이런 문맥에서 이해될 수 있을 것이다. 조선 성리학이 주
   희를 계승한다고는 하지만, 주희에 의한 맹자 사상의 변천 또는 왜곡이 조선
   성리학자들의 눈에 가려졌을 리가 없다. 바로 그 차이를 들추어내는 데에 가
   장 명료한 논쟁거리가 바로 인물성동이의 문제였을 것이다.
34) 《孟子》〈告子章句 上〉, "然則犬之性猶牛之性 牛之性猶人之性與."

극이 들어 있다. 그렇다면 만물의 차별성은 어디에서 오는가? 그
것은 리의 차이가 아니라, 그 리를 담고 있는 구체적 존재가 어떤
기질의 존재인가의 차이일 뿐이다. 기가 응집하여 형태가 갖추어
지면, 그 안에 리가 깃들게 되는데, 각 존재의 차이는 바로 그 기
질의 차이에서 비롯되는 것이다. 바르고 통하는 기로 형성된 것이
인간이고, 치우치고 막힌 기로 형성된 것이 동식물과 사물이다.
인간 중에서도 맑은 기로 형성된 인간은 성인에 가깝고 흐리고
탁한 기로 형성된 인간은 범인과 하우가 되는 것이다. 인간과 사
물, 인간과 인간 사이의 차별성 역시 기질의 차이일 뿐이며, 그들
전체를 총괄하는 리는 하나이다. 이는 천지의 리가 하나이고, 태
극의 리가 하나이기 때문이다.

> 천지지성은 태극 본연의 이치로서 상이한 만물 중의 하나의 근본
> 이다. 기질지성은 두 기가 교운하여 발생하는 것으로 근본은 하나이
> 나 만물의 상이성을 이룬다.[35]

이처럼 주희에서는 우주만물의 이치가 동일한 하나의 리, 하나
의 태극의 원리이므로 다 동일한 것으로 이해된다. 우주 만물이
동일한 리, 동일한 성을 가지는 것이다. 이런 의미에서 인간의 도
덕성 역시 우주적 이치와 일치시킨다. 따라서 맹자에서는 인간에
게만 적용되던 도덕적 본연지성이 주희에서는 인간 종을 넘어서
서 일체 존재에 적용된다. 인간뿐 아니라 개나 소 심지어 나무나
돌들도 모두 동일한 우주적 이치, 천지지리를 갖춘 것이 된다. 즉

---

35) 《張子全書》, 〈正蒙〉, 朱熹注, "朱子曰天地之性則太極本然之妙萬殊之一本也.
氣質之性則二氣交運而生一本而萬殊也."

168

인간과 사물은 천지지성의 본성에서는 동일하고, 오직 그 기질지
성에서만 다른 것이 된다.

> 인간과 사물의 본성은 본래 같으며, 단지 품부받는 기만이 다를
> 뿐이다.[36]

우주만물 역시 인간과 동일한 우주적 원리를 담고 있으므로, 주
희에서 공부론은 단지 도덕실천의 차원에서 마음을 닦는 거경(居
敬)의 존덕성(尊德性) 공부뿐 아니라, 사물에 나아가 사물의 이치
를 궁구하는 궁리(窮理)의 도문학(道問學) 공부를 포괄하게 된다.
우주 전체가 하나의 이치로 일관되어 있으므로 격물치지(格物致
知)하여 지를 확장하다 보면 어느 순간 하나의 이치에 도달하여
활연관통(豁然貫通)하게 된다고 보는 것이다. 이상 본연지성과 기
질지성의 보편성과 차별성에 대한 맹자와 주희의 관점의 차이를
다음과 같이 정리해 볼 수 있을 것이다.

	맹자	주희
본연지성	인간만의 도덕적 본성 (인간과 동물의 차별성)	태극의 원리 (인간, 동식물, 사물의 보편성)
기질지성	인간과 동물 일반의 식색지욕 (인간과 동물의 보편성)	음양 이기의 산물 (인간, 동식물, 사물의 차별성)

그렇다면 왜 주희는 맹자에게 있어 인간만의 특수한 본성이었

---

36) 《朱子語類》, 권4, 13조목, "人物性本同 只氣稟異."

던 도덕성의 본연지성을 그처럼 우주 만물의 보편적 원리로 보편화한 것일까? 그것은 맹자가 강조하고자 한 인간 마음의 도덕성을 보다 확고하게 확립할 수 있는 그 존재론적 기반을 찾았기 때문일 것이다. 맹자 이전부터 중국인들은 이미 인간이 실현해야 할 도덕성이라는 것은 인간을 인간답게 하는 가장 중요한 대체(大體)이지만, 그럼에도 불구하고 또 인간 성품 중에 확인하여 보존하기 가장 힘든 아주 미세한 작은 부분이라는 것을 알고 있었다.

> 인심(人心)은 오직 위태롭고, 도심(道心)은 오직 은미하다.[37)

동물과 마찬가지로 식색지욕에 따라 삶을 영위해야 하는 인간은 그 욕망과 습성 등으로 인해 도덕적 마음을 보존하기가 힘들다는 것이다. 보존하기 힘든 이 마음, 인간을 동물로부터 구분짓는 이 미세한 차이를 맹자는 인간성으로 간주하였다. 그러나 도심의 미세함으로 인해 인심이 위태로워진다면, 인심의 위태로움을 벗어나는 길은 도심을 확고하게 확립하는 것이 아니겠는가? 즉 인간 심성이 지녀야 할 도덕성을 존재론적 내지는 형이상학적으로 기초짓는 작업을 주희는 시도한 것이다. 하늘이 부여한 도덕심은 맹자가 생각하듯이 오로지 인간에게만 부여된 것이 아니다. 도덕심은 전체 우주가 간직하고 있는 우주적 원리, 천지의 원리인 것이다. 이렇게 해서 인간이 도덕적으로 실현해야 할 도덕 원리의 당위성은 이미 자연 안에 구비되어 있는 천지 원리로서의 존재성에 기반한 것이 된다. 그만큼 도덕의 기반이 확고해지는 것이다.

---

37) 《周易》, "人心惟危 道心惟微."

인간의 도덕심에 상응하는 자연의 마음은 곧 만물을 생하는 마음, 즉 "생물지심"(生物之心)이다. 이와 같이 주희는 맹자의 도덕심인 "불인지심"(不忍之心)을 천지 자연의 "생물지심"에 기반한 것으로 설명하는 것이다.[38]

> 천지는 만물을 낳는 것을 마음으로 삼기 때문에 태어난 만물은 각각 천지의 생물지심을 부여받아 자신의 마음으로 삼는다. 따라서 사람은 모두 차마 어쩌지 못하는 마음을 가지고 있다.[39]

이렇게 해서 인간은 다시 자연의 일부로 이해된다. 맹자의 심이 인간을 자연적 동식물이나 자연 사물로부터 구분짓는 인간의 자연초월적 본성을 의미하는 것이었다면, 주희는 그 초월적 마음을 다시 자연화한 것이라고 볼 수 있다. 이는 우주 자연 안에 그 자리를 갖지 못하는 그러한 초월적 본성은 보존하기 힘들다고 판단되기 때문일 것이다. 결국 도덕성을 지키기 위해 그 도덕적 마음을 우주 안에 위치시키는 것이다. 우주 안에 그 자리를 확립하여 우주론적으로 도덕성을 근거짓는 것이다.

그러나 그처럼 자연화된 도덕성이 과연 순수한 도덕적 의미를 지닐 수 있는 것일까? 본래적으로 현상 초월적인 인간 마음을 그처럼 단지 도덕성을 확립하기 위해 현상 내적 존재로 자연화하고 마는 것이 과연 인간 본질을 제대로 설명할 수 있는 것일까?

---

38) 물론 이것은 《周易》에 기반한 사상이기도 하다. 즉 이미 《周易》에서부터 인간 심성에 구비된 인·의·예·지의 도덕성은 우주만물에 갖추어진 원(元)·형(亨)·이(利)·정(貞)의 원리에 기반한 것으로 설명되고 있다.

39) 朱熹, 《孟子集註》〈公孫丑章句 上〉, "天地以生物爲心 而所生之物 因各得夫天地生物之心以爲心 所以人皆有不忍人之心也."

결언: 인간의 본질은 근원적 일자에의 추구이다.

현대의 자연과학적 인간 이해에 따르면 인간이란 원시박테리아로부터의 돌연변이와 자연도태 과정을 통해 진화한 고등동물일 뿐이며, 사회과학적으로 보아도 인간이란 사회적 제반관계 안에서 규정된 역할에 따라 자기 정체성을 형성해 나가는 경험과 문화의 산물에 불과하다. 여기에는 인간 신체가 물질로 이루어져 있으며 인간 정신 역시 그러한 물질적 신체의 작용에 불과하다는 유물론적 인간관이 전제되어 있다. 인간의 근원을 우주의 근원과 마찬가지로 객관적이고 경험적인 물질로 간주하는 것이다. 따라서 인간의 본질 역시 그러한 물질적 법칙에 의해 지배되는 것으로 이해된다. 즉 인간의 본질은 다른 일반 생명체나 동물과 마찬가지로 자기 자신과 종족을 보존하며 또 그러기 위해 힘과 권력을 확보하고자 하는 본능과 욕구로 설명되는 것이다.

그러나 인간에 의해 경험적으로 객관화된 물질에 의해 인간이나 우주의 근원을 온전하게 설명해낼 수는 없다는 형이상학적 자각은 인간과 우주의 근원을 객관화된 물질에 선행하는 관념적 이데아나 신 또는 물질을 포괄하는 마음이나 천리 등에서 구하게 한다. 그리고 인간이나 우주의 근원을 그와 같이 물질이 아닌 정신의 대상 또는 정신 자체에다 둘 때, 인간 본질에 대한 이해 역시 달라질 수밖에 없다. 인간의 본질은 바로 인간 자신 안에서 그 근원을 회복하기 위한 근원에의 추구 이외의 다른 것이 아니기 때문이다.

희랍의 철학적 사유에 있어 인간과 우주의 근원은 물질적 현상 세계를 규정하는 영원한 원형으로서의 형상 또는 이데아이다. 따라서 희랍인이 지향한 것은 바로 변화하는 현상 물질 세계 너머에서 변화하지 않는 영원한 이데아를 올바로 인식하는 것이다. 결국 희랍에 있어 인간의 본질은 영원불변하는 이데아를 참되게 인식하는 능력, 즉 이성이 된다. 이성은 변화하는 현상 세계만을 인식하기에 참된 진리에는 도달할 수 없는 감성의 한계를 넘어서서 영원한 참된 진리에로 나아갈 수 있는 신적 능력으로 간주된 것이다.

그러나 기독교 사상은 인간 이성의 한계 또는 인간 지혜의 한계를 강조한다. 인간이나 우주의 근원 자체도 인간 이성으로 접근 가능한 영원한 원형 또는 질서로서의 이데아가 아니라, 그런 이데아를 넘어서며 인간 이성으로는 도저히 파악할 수 없는 유일신으로 간주된다. 따라서 인간의 본질은 이데아의 인식에 있는 것이 아니라, 바로 인간의 근원인 신과의 바른 관계에 있는 것이다. 그러나 신은 인간의 인식 범위를 넘어선 자이기에, 신에 대해 인간이 할 수 있는 것은 오직 믿음뿐이다. 머리로 사유하고 이성으로 인식하는 것이 아니라, 가슴으로 믿고 의지하는 길밖에 없다. 따라서 기독교에 있어 인간의 본질은 바로 신에 대한 신앙이 된다.

반면 불교적 사유에 따르면 인간 바깥에 외적 존재로 설정된 유일신이란 오히려 인간 자신의 본질을 객관화하여 외화시켜 놓은 것에 지나지 않는다. 불교는 인간이나 우주의 근원을 객관화된 유일신으로 보지 않고 무수한 유정의 마음의 핵심인 진여(眞如)로 간주한다. 각 생명체의 마음 안에 우주를 창출해 내는 신적 본질이 내재해 있다고 보는 것이다. 인간은 스스로 경험적 현상 세계를 형성하는 자로서 그 자체는 현상적이고 경험적인 규정성을 넘어서는 현상 초월적 존재이다. 그러므로 불교가 지향하는 바는 인간 스스로 그 내면의 신적 본질인 진여 또는 불성을 자각하여 우주와 인생 전반에 대한 신비를 깨달아 앎으로써 현상 세계에 대한 집착을 벗어 자유를 얻는 것이다. 인간의 본질은 곧 해탈이 된다.

불교가 인간 심성의 현상 초월적 본질을 강조하였듯이, 공맹의 원시유가 역시 인간의 본성을 금수의 동물적 본능을 넘어서는 초월성 또는 도덕성에서 구하지만, 다시 그 근원을 인간 주체 자체에 두지 않고 하늘의 이치인 천리에 둔다. 즉 유가에 있어 인간 또는 우주의 근원은 리 또는 태극이다. 주희 성리학에 오면 태극인 리가 우주 자연 만물 일반의 원리로 간주되기는 하지만, 그래도 오직 인간만이 맑고 바른 기를 타고나서 그 리를 궁구하고 실천할 수 있는 존재로 이해된다. 자연의 이치이며 동시에 인간 심성의 원리인 리는 유가에 있어 인간의 이성적 인식 대상이라기보다는 오히려 도덕적 차원에서 실천되어야 할 인·의·예·지의 도덕성으로 파악된다. 천리로부터 부여된 인간의 본질은 바로 그 천리를 올바르게 실천수행하는 도덕성에 놓여 있는 것이다.

이상과 같이 보면 인간 본질의 이해는 곧 인간 및 우주의 근원을 무엇으로 이해하는가와 직결된다. 이 둘 사이의 연관에 초점을 맞춰 이상의 논의를 다음과 같이 정리해 볼 수 있겠다.

	인간 및 우주의 근원	인간의 본질
희랍	이데아 = 이성 인식의 대상	이성 = 이데아의 인식 능력
기독교	신 = 신앙의 대상	신앙 = 신을 믿는 것
불교	심 = 주체 자체	해탈 = 주체성의 회복
유가	리 = 도덕실천의 대상	도덕 = 리의 실천

　이성적 인식이나 감정적 신앙 또는 도덕적 실천 등은 모두 인간의 구체적 삶의 양상에 속하는 것들이다. 따라서 그 어느 것 하나도 인간에게 있어 비본질적인 것 또는 비인간적인 것으로 소홀히 될 수 없는 것이다. 그러한 행위들은 모두 인간 심성에서 비롯되는 행위로서 그 행위는 각각 그 행위 안에서 지향되는 바의 대상을 전제한다. 이성적 인식은 인식 대상으로서의 진리를 전제하며, 신앙은 신앙 대상인 신을 전제하고, 도덕적 실천은 실천하고자 하는 바의 도덕률의 정당성을 전제하는 것이다. 이 모든 행위들은 그 대상을 통해 행위의 타당성과 힘을 얻게 되며, 따라서 그러한 대상 자체가 그런 행위의 원천으로서 간주되고 절대시되기도 한다. 이렇게 해서 인식 대상의 이데아 또는 신앙 대상의 신 또는 실천 대상의 도덕원리가 인간 정신과 우주 자연의 절대적 근원으로 간주되는 것이다.

　반면 불교적 사유의 독특성은 그러한 대상적 사유의 한계를 폭로하며 끊임없는 사유의 주체화를 요구한다는 것이다. 대상적 사유 속에서 인간 자체의 본질이 인식 대상 또는 신앙 대상 또는 도덕 실천의 대상으로 객관화되고 절대화됨으로써 오히려 인간 주체가 그로부터 소외되기 때문이다. 이와 같이 대상적 사유를 비판하며 그것을 넘어서고자 하는 시도 속에는 그처럼 대상화된 일체의 가치, 즉 이데아와 신과 도덕 등의 가치를 포괄하는 인간 마음 자체의 무한한 능력과 신비적 작용력에 대한 확신이 자리잡고 있다. 이는 불교가 단지 인간 심성에 대한 이론적 고찰에 그치지 않고 마음 자체를 내적 지관(止觀)의 수행방식을 통해 직접적으로 통찰하고 직관한 결과이기도 하다. 그와 같은 인간 내적 본질인 신성 또는 불성의 자각 위에서만 인간 자신에 대한 주체적 사유가 가능하기 때문이다.

  그러나 인간이나 우주의 근원을 대상적으로 파악하든 주체적으로 파악하든 그 모든 관점에 있어 공통적 특징은 인간의 본질을 바로 그 근원을 통해 이해한다는 점이다. 근원이 대상적으로 이해되면, 인간의 바른 삶의 길은 곧 그 대상을 향해 나아가는 삶이 되며, 근원이 주체적으로 이해되면, 인간이 걸어야 할 인생의 길은 바로 그 주체의 회복이 된다. 따라서 어느 경우이든 인간의 본질은 결국 근원적 일자의 추구로 이해되고 있음을 알 수 있다.

3 인간 삶의 끝

서언: 인간은 죽음과 더불어 어떻게 되는가?

인간을 이해하는 데 있어 인간 삶의 끝인 죽음 또는 사후의 문제가 과연 중요한 핵심문제로 등장해야 하는 것일까? 죽음이 무엇을 뜻하는가, 사후에 인간은 어떻게 되는가 등의 물음에 대해 공자는 오히려 다음과 같이 답하였다.

생도 미처 모르는데, 어찌 사를 말하겠는가?[1]

이는 일상적이고 평범한 삶 속에서 도덕을 실천하고 자아를 실현하는 것이 중요하지 괴상하고 기이한 것, 귀신이나 사후세계에 대해 관심을 가질 필요가 없다는 건전한 삶의 자세를 말해 주는 것일 것이다. 그러므로 공자는 괴·력·난·신(怪力亂神)에 대해서는 말하지 않았다고 한다.[2] 어떻게 사느냐가 중요한 물음이며, 그 물음의 답이 도덕적 자아를 실현하는 것이라고 할 때, 그것은 죽고 나서 어떻게 되는가와는 상관없이 행해져야 하는 것이기 때

1) 《論語》〈先進〉, "未知生焉知死."
2) 《論語》〈述而〉, "子不語怪力亂神."

180

문이다.

  그럼에도 불구하고 우리는 인간의 삶에 대해 생각할 때, 그 삶의 끝인 죽음의 문제를 제외시킬 수가 없다. 그리고 그것은 단지 괴상하고 기이한 것을 향한 단순한 호기심의 발로는 아닐 것이다. 인생 또는 삶이라는 것이 탄생에서부터 죽음에 이르기까지 지속되는 현상이라면, 탄생과 죽음은 바로 그 삶의 경계가 된다. 그 경계를 모르고서 우리가 어떻게 그 중간 과정을 바로 이해할 수 있겠는가? 한 사람이 걷고 있다고 할 때, 그 사람이 어디에서 와서 어디로 가고 있는 것인지, 그 걸음걸이의 시작과 끝을 모른다면, 우리가 어떻게 그 사람의 행로를 바로 이해할 수가 있겠는가? 이렇게 보면 우리는 공자에게 오히려 다음과 같이 반문할 수 있을 것이다.

     죽음을 모르는데, 어찌 삶을 알 수 있겠는가?

  경계가 되는 죽음을 앎으로써 우리는 그 중간 과정인 삶의 의미를 더 정확히 포착할 수 있을 것이다. 또는 중간 과정 자체가 경계를 통해 성립하는 것이기에, 중간이 이미 끝을 포함하고 삶이 이미 죽음을 포함하는 것인지도 모른다. 그러므로 하이데거(M. Heidegger)는 인간을 "죽음으로 던져진 존재"로 규정하고 있다. 삶의 문제와 죽음의 문제가 별개의 문제가 아니라는 것, 삶 안에 이미 죽음이 깃들어 있다는 것을 불교의 다음 비유가 잘 표현해 주고 있다.

     숲속에서 호랑이를 만났다. 도망쳐 뛰어가다가 깊은 구덩이가 있고 넝쿨이 드리워져 있어 넝쿨을 잡고 구덩이 아래로 내려가 숨었다. 조금 있다가 사각사각 소리가 들려 위를 보니 매달려 있는 넝쿨을 흰 쥐와 검은 쥐가 갉아먹고 있다. 다 갉아먹어 떨어지게 되면 어떻게 하나 하고 밑을 보니 깊은 구덩이 아래 커다란 뱀이 입을 벌리고 있다. 넝쿨을 타고 다시 올라갈까 하고 위를 보니 호랑이가 입구에서 입을 벌리고 기다리고 있다. 넝쿨이 오래 버텨주기를 바라지만 두 마리 쥐가 쉬지 않고 갉아먹고 있다. 그 때 입 안으로 달콤하게 맛있는 꿀이 한방울씩 떨어진다. 머리 위 멀리 나무 위에 매달린 꿀통에서 꿀이 떨어지는 것이다. 머지않아 넝쿨이 끊어지리라는 것을 잊어버리고 잠시 달콤한 꿀을 빨아먹고 있다.

넝쿨을 갉아먹는 흰 쥐와 검은 쥐가 각각 낮과 밤의 교대하는 두 시간대를 의미한다면, 우리는 누구나 갉아 먹히고 있는 넝쿨에 매달려 조금씩 죽음으로 다가가고 있는 삶을 살고 있는 것이다. 오직 살기만 하다가 그 삶이 끝날 때 비로소 죽는 것이 아니라, 삶 속에 이미 죽음이 함께 하고 있는 것이다. 그러므로 살아 있음을 의식할 때, 그 경계로서의 죽음이 동시에 의식될 수밖에 없는 것이다. 그에 반해 죽음의 의식을 배제한 삶의 태도는 오히려 자신의 삶의 상황을 바로 인식하지 못하고 단지 입 안으로 떨어지는 꿀의 단맛에 취해 있는 어리석음으로 비유된다. 죽음을 의식하지 못한다는 것은 삶을 제대로 보지 못한다는 뜻이 된다. 그러므로 인간의 삶, 인간의 본질을 바로 이해하려면, 그 삶과 더불어 있는 죽음이 과연 무엇을 의미하는지가 밝혀져야 하는 것이다. 이처럼 철학에 있어서는 죽음을 삶과 분리되지 않은 채 삶과 함께 의식되어야 할 삶의 조건으로 간주하고 있다면, 현대과학은 죽음을 어떻게 규정하고 있는가?

　과학에 있어 죽음은 유기체적 생명의 끝, 즉 삶의 끝이다. 과학적으로 생명이란 세포로 이루어진 생체가 각 조직과 장기에 필요한 에너지를 몸 밖으로부터 섭취하여 이를 몸 안에 흡수 분배하여 몸 안의 조직과 장기를 통괄하고 유지시켜 나가는 것이다. 여기서 생명유지에 필요한 에너지는 영양물질과 산소인데, 특히 산소는 우리 몸이 합성할 수 없고 오래 저장할 수도 없어 그 공급이 중단될 경우, 신체 세포는 금방 그 기능을 잃어 죽게 된다. 따라서 산소의 섭취와 분배활동에 직접적으로 관계하는 조직이 생명유지에 결정적 역할을 하는데, 그것이 곧 폐(肺, lung)와 심장(心, heart) 그리고 뇌(腦, brain)이다. 폐는 늑간막과 횡경막의 수축 이완에 의해 조절됨으로써 외부의 산소가 폐로 들어오고 폐속의 이산화탄소가 다시 외부로 나가게 되는 호흡 운동을 담당한다. 호흡으로 체내에 들어온 산소는 폐포를 거쳐 폐의 혈액 중 헤모글로빈에 녹아 들어가 심장으로 흘러간다. 심장은 전신으로 혈액을 순환하게 하는 펌프와 같은 역할을 하는 기관인데, 폐로부터 산소가 많은 혈액을 받아 그것을 대동맥을 통해 전신으로 보내어 온몸의 세포로 공급해 주며 동시에 각 세포로부터 이산화탄소가 많이 녹아 있는 혈액을 받아 대정맥을 통해 거둬들인 후 그것을 다시 폐로 보내어 몸밖으로 내보내게 한다. 그리고 늑간막과 횡경막을 조절하여 폐로 하여금 호흡하게 하며, 또 심장을 뛰게 하여 피가 돌 수 있게 하는 것, 즉 호흡과 심장박동을 조절하는 것은 바로 뇌의 뇌간 중의 연수이다. 체내 혈액내 이산화탄소 양에 따라 연수에 있는 호흡중추가 자극되어 호흡을 하게 된다. 그리고 연수에 있는 교감신경은 심장박동을 촉진하고 부교감신경은 심장박동을 억제함으로써, 그 둘 간의 조절에 의해 적절한 심장박동이 유지된다. 이와 같이 폐와 심장과 뇌가 생명유지에 가장 예민한 기관이므로, 이들 셋을 합하여 생명기관이라고 부르기도 하는데, 이 중 어느 하나의 기능상실만으로도 죽음이 닥치게 된다.

어느 순간을 죽음으로 판정할 것인가에 따라 의학적으로 두 가지 설이 있다.[3] 하나는 호흡이 정지되는 폐 기능 정지와 심장이 뛰지 않는 심장 기능 정지를 기준으로 삼아 죽음을 정의하는 심폐 기능설이고, 다른 하나는 뇌 기능의 정지를 기준으로 삼아 죽음을 정의하는 뇌사설이다. 전자의 심폐 기능설은 폐와 심장의 기능 정지에 따라 죽음을 판정하는 것으로, 그 기능이 정지되었는지의 여부는 외적으로 호흡이 멎고 심장이 뛰지 않는 것으로서 손쉽게 알 수 있으므로, 예부터 따라왔던 기준이다. 그 중에서도 호흡이 먼저 정지되고 나중에 심장박동이 정지되면 폐장사, 심장박동이 멎고 나서 나중에 호흡이 정지되면 심장사라고 구분한다. 예를 들어 질식에 의해 죽으면 폐장사, 심장마비로 죽으면 심장사이다. 반면 뇌의 호흡 중추 기능의 정지나 뇌의 심장 및 혈압 중추 기능의 정지로 죽을 경우는 폐장사나 심장사가 아니라 엄밀히 말해 뇌사가 된다. 그런데 심폐 기능설에 대해서는 다음과 같은 문제점이 제기된다. 우선 현대 의학기술의 발달로 인해 자연적으로 작동하지 않는 심장과 폐를 인공적으로 작동시킬 수 있다는 것이다. 인공호흡기를 사용하면 인공적으로 호흡을 연장시킬 수 있으며, 인공심장박동기 또는 심장이식을 통해 쇠퇴하거나 정지된 심장도 활동하게 할 수 있다. 나아가 인간의 죽음을 생체의 모든 세

---

3) 이하 죽음을 정의하는 두 가지 설에 대해서는 배영기, 《죽음의 세계》(교문사, 1993), 33면 이하를 참조하였음.

포의 기능 상실로서의 세포사로 규정한다면, 시체 전신이 부패해야 죽은 것이 된다. 그런데 세포사는 일시에 일어나지 않고 점차적으로 발생한다. 심폐가 멎은 후에도 시체의 모발과 손톱이 자라기도 하며, 심장이 멎은 후 24시간 후에 피부를 채취 이식하고 48시간 후에 골이나 동맥을 이식하여도 성공할 수 있다.

뇌사설은 뇌 기능이 영구히, 즉 불가역적으로 정지한 것을 인간 죽음의 최종 판단 기준으로 삼는 것이다. 인간 뇌의 무게는 약 1,350g인데, 이는 신체의 약 1/40이다. 그럼에도 불구하고 뇌는 인체의 혈액 중 약 15%를 소비하며, 산소의 20~25%를 소비한다. 뇌로의 혈액공급이 15초 가량 중단되면 의식불명이 되고, 4분 정도 중단되면 뇌세포에 치명적 손상이 온다. 그만큼 뇌는 인체 중 가장 예민하고 복잡한 기관이며 생명 유지에 필수적인 기관으로서, 뇌 기능이 멎을 때 사망에 이르게 된다. 그러나 뇌 기능 상실이라고 해도 모든 뇌세포가 동시에 그 기능을 잃는 것은 아니므로, 뇌 중 어느 부분의 기능 상실에 주목하느냐에 따라 전(全)뇌사, 대뇌사, 피질사, 뇌간사 등으로 구분된다. 뇌 중에서 대뇌, 소뇌의 기능은 마비되었으나 뇌간의 기능이 정상일 경우, 의식은 없지만 호흡과 심장박동 등 생명현상은 유지되므로 이 경우의 사람은 식물인간이라고 하지 죽었다고 하지는 않는다. 호흡 중추와 심장 박동 중추가 있는 뇌간이 마비된 경우에만 호흡과 심장박동 등 생명현상이 정지되며, 이 경우 뇌사(뇌간사)가 된다. 그러나 뇌사상태에서도 생체의 다른 장기 기능은 인공호흡, 약물요법, 수액, 전해질 보급 등으로 어느 기간 동안 유지 가능하다. 그렇지만 그 경우도 대부분 뇌 기능 정지 후 1~5일 또는 1~2주 사이에 심 기능도 정지한다. 죽음의 의미를 뇌사로 받아들일 경우에도, 구체적으로

어떤 기준에 따라 뇌사를 판단할 것인가의 문제가 제기되는데, 이에 대해서는 여러 가지 설이 있다.[4]

이러한 뇌사설에 대해서는 뇌사 판단이 그렇게 간단하지 않다는 것, 그리고 뇌사 상태에서도 인공적으로나마 숨을 쉬고 심장이 뛰는 것이 가능하기에 죽었다고 판단하기에는 이른 듯한 느낌이 든다는 문제점이 있다.

그러나 이상의 심폐 기능설이나 뇌사설은 인간 신체에 국한된 경험적이고 과학적인 대답이지, 인간의 죽음이 과연 무엇을 의미

---

4) 뇌사의 기준에 대해 각 학계에서는 다음과 같은 기준을 제시한다. 1. 전뇌 기능정지를 중시한 1968년 하버드 대학이 제시한 뇌사 기준은 ① 깊은 혼수상태로 어떤 감각자극도 수용하지 않음, ② 1시간 관찰해도 어떠한 자발적인 몸의 미세한 움직임도 없음, ③ 3분 동안 인공호흡기 떼는 경우 자발적 호흡이 없음, ④ 척수반사 포함한 모든 반사가 소실됨, ⑤ 증폭율을 5mV/cm로 최대화해도 등전(等電) 또는 평탄뇌파를 보이며, 이러한 상태가 24시간 이상 지속되어야 한다는 것이다. 2. 뇌간의 비가역성손상을 중시한 1971년 미네소타 대학이 제시한 기준은 ① 원인은 알되 회복 불가능한 두개내병변을 가짐, ② 자발 운동 없음, ③ 인공호흡기를 4분간 제거해도 자발적 호흡 없음, ④ 뇌간 반사소실이며 이상 상태가 12시간 이상 지속되어야 한다. 이중 뇌파검사는 필수가 아니며, 뇌간반사 아닌 사지의 건(腱)반사소실여부는 중요하지 않다. 왜냐하면 건반사소실은 척수의 기능 상실에 따른 것으로, 뇌사 후에도 지속될 수 있기 때문이다. 3. 뇌간 기능 상실뿐 아니라 대뇌피질 기능의 상실도 강조하는 1972년 코넬대학 뇌사 판정 기준은 ① 기질적 질환과 비가역적인 전신성대사질환에 의한 혼수로서 12시간 이상 그 상태 지속(약물중독이나 저체온 상태에서 오는 혼수 아니어야 함), ② 대뇌 기능 상실의 기준: 대후두공 위쪽 부위의 유해자극으로도 아무 행동이나 반사반응 보이지 않음. 증폭율 5~10mV/cm에서 60분간 등전(等電) 뇌파를 보임, ③ 뇌간 기능 소실 기준: 고정된 동공과 55cc 냉수로 칼로리검사하여도 안구진탕반응 보이지 않고, 동맥내 이산화탄소분압이 정상인 상태에서 3분간 산소를 계속 주입시키면서 인공호흡기를 떼었을 때 자발성 호흡이 없으나, 전신혈액순환은 정상일 수 있으며 순수 척수반사도 유지될 수 있을 경우이다. 이상의 뇌사 판정 기준에 관해서는 배영기, 《죽음의 세계》(교문사, 1993), 37면 이하 참조.

하는가에 대한 철학적 대답은 아니다. 과학적 차원에서 대답될 수 있는 것은 경험적 차원에서 관찰 가능한 인간 신체상의 변화일 뿐이다. 심장이 멎어 피가 돌지 않아 결국 몸이 차갑게 식어버린 다거나 뇌세포와 전신의 세포가 죽어 결국 온몸이 썩어 들어가 흙이 되어버린다는 것일 뿐이다. 그러나 문제는 그와 같은 신체의 죽음이 곧 영혼의 죽음을 단적으로 증명하는 것은 아니라는 것이 다. 다시 말해 인간에게 있어 영혼이 신체와 동일한 것인가 별개 의 것인가의 문제, 즉 사후에 영혼이 존재하는가 아닌가의 문제는 과학이 답할 수 있는 물음이 아닌 것이다. 우리의 의식활동 또는 정신활동이 우리의 신체, 특히 우리의 두뇌 신경활동과 밀접히 연 관되어 있다는 것이 과학적으로 증명된다고 할지라도, 그것이 곧 영혼과 신체가 하나라는 것, 따라서 신체의 죽음과 더불어 영혼이 사멸한다는 것을 말해 주는 것은 아닌 것이다. 왜냐하면 과학이 밝히는 바 정신활동이 두뇌활동에 의존한다는 것은 그 둘 간에 밀접한 연관성이 있다는 것만을 말해 줄 뿐이지 그 둘 간의 엄밀 한 동일성을 증명하는 것은 아니기 때문이다. 나아가 증명되는 그 연관성도 죽기 전까지의 삶에 있어 타당한 연관성이지 죽음 이후 에 있어서도 타당할 것이라는 것을 증명하는 것은 아니기 때문이 다.

　우리는 흔히 두뇌의 어느 특정 부분이 손상당하면 그것이 특정 한 정신활동에 영향을 미친다는 것을 알게 됨으로써 그 정신활동 을 바로 그 두뇌활동의 산물로 간주하려 한다. 두뇌의 활동이 정 신활동을 야기시킨다고 보는 것이다. 일인칭적으로 직접 의식되는 심리적 현상을 삼인칭적으로 관찰 가능한 물리적 두뇌활동의 산 물로 보는 것이다. 심지어 손을 들려는 생각에 따라 손이 올라가

게 되는 경우처럼 심리적인 것이 물리적인 것의 원인이라고 여겨
질 때도, 그러한 인과관계는 표면적인 거시적 차원의 인과관계에
지나지 않는 것이며, 실제로 손을 들려는 생각 자체가 이미 심층
미시적 차원에서 발생하는 물리적 두뇌 신경 활동의 결과이므로,
일체의 심리활동은 물리적인 두뇌활동이 야기시키는 부수적 현상
으로 간주되는 것이다. 모든 심리적 삶은 결국 물리적 두뇌가 일
으키는 현상이 된다. 내가 내적으로 의식하게 되는 나의 생각들은
모두 나의 두뇌가 일으킨 생각이 된다.

　그러나 A(심리활동)가 있기 위해서는 B(두뇌활동)가 반드시 있
어야 하며 B가 없이는 A가 있을 수 없다는 것으로부터, 그러므로
A는 B가 일으키는 부수현상이라고 말할 수 있는 것일까? 피아노
연주가 있기 위해서는 피아노가 반드시 있어야 하며 피아노 없이
피아노 연주가 있을 수 없다는 것으로부터, 그러므로 피아노 연주
는 피아노가 일으키는 것이라고 말할 수 있는가? 두뇌의 일부분
이 손상되면, 일부 정신활동이 약화되듯이, 피아노의 일부분이 손
상되면, 일부 연주는 제대로 음을 내지 못하게 된다. 그렇듯 피아
노 연주는 전적으로 피아노의 존재 및 그 피아노의 상태에 의존
하고 있는 것이다. 그러나 그렇다고 해서 피아노 연주가 피아노
자체의 활동결과라고 말할 수는 없다. 오히려 연주자가 따로 있어
피아노를 치지 않으면 피아노 연주는 있을 수 없는 것이다. 마찬
가지로 의식 현상이 두뇌 존재 및 그 상태에 전적으로 의존하고
있다고 해서 그것이 곧 의식 현상은 두뇌 자체의 활동 결과임을
말해 주는 것은 아니다. 오히려 두뇌를 움직이는 영혼이 따로 있
어 두뇌를 활동시킴으로써 두뇌활동 및 의식활동이 있을 수 있는
것인지도 모른다. 만일 우리 눈에 피아노 연주자는 보이지 않고

피아노만 보인다면, 우리는 피아노 자체가 움직여서 피아노 소리가 난다고 생각할 것이다. 피아노가 부서져 버린다면 더 이상 피아노 연주는 들을 수 없기에 더욱더 그렇게 생각할 것이다. 그리하여 피아노 건반과 현의 길이 등을 정확히 연구한다면, 그 피아노가 일으키는 피아노 연주의 모든 것이 다 밝혀질 수 있을 것이라고 생각할 것이다. 피아노의 기계적 인과법칙을 잘 파악하여, 그 법칙에 따라 피아노를 만들어 놓으면 그로부터 피아노 연주가 저절로 발생할 것이라고 생각할 것이다. 그렇듯이 유물론자들은 우리 두뇌의 법칙만 정확히 파악되면, 정신 세계의 모든 것이 다 밝혀지리라고 생각한다. 두뇌 신경세포의 물리화학적 법칙을 그대로 유지하는 인공 지능이 개발되기만 한다면, 그것이 곧 인간에 다름 아니라고 생각할 것이다.

이와 같이 우리의 두뇌를 피아노로, 두뇌활동과 동시에 발생하는 심리 상태를 피아노 연주로 비유할 때, 내려지는 결론은 무엇인가? 피아노 연주가 피아노의 움직임과 동시에 발생하며 그 피아노의 상태에 의존하지만, 피아노 자체가 연주를 행하는 것은 아니듯이, 심리 상태가 두뇌활동과 동시에 발생하며 그 두뇌 상태에 의존하기는 하지만, 두뇌 자체가 심리 상태를 만들어내는 것은 아니라는 것이다. 오히려 피아노 연주에 피아노를 움직이는 연주자가 필수적이듯이, 심리 현상에는 두뇌를 움직이는 영혼이 필수적인 것이 된다.

물론 이 비유에 따를 경우에도 우리가 일상적으로 경험하고 인식하는 심리 현상은 영혼 자체의 직접적 자기 인식이 아니다. 영혼은 두뇌를 활동시키는 주체임에도 불구하고 우리는 두뇌와 독립적으로 영혼을 인식할 수가 없는 것이다. 마치 피아노 연주에서 우리가 듣거나 보게 되는 것이 연주자 자체가 아니라 연주자에 의해 연주된 음악이며 그 연주에는 피아노가 필수적이듯이, 심리 현상에서 우리가 경험하는 것은 영혼 자체가 아니라 영혼에 의해 활성화된 심리 현상이며 그 현상에는 두뇌가 필수적인 것이다. 우리에게는 영혼이 그 자체로 주어지지 않고, 영혼이 두뇌에 남긴 흔적만이 주어질 뿐이다. 그러므로 나의 두뇌가 손상되면, 내가 인식하고 경험할 수 있는 것도 손상을 입게 되는 것이다. 피아노가 고장나면 피아노 연주가 제대로 되지 않고, 피아노가 아주 망가져 버리면 피아노 연주가 더 이상 가능하지 않듯이, 두뇌가 고장나면 심리적 활동도 제대로 되지 않고, 두뇌가 아주 죽어버리면 우리가 경험할 수 있는 심리 현상도 정지하게 된다.

그러나 그럼에도 불구하고 연주가 끝날 때 자리에서 일어서는 연주자를 떠올리듯이, 우리는 두뇌활동과 더불어 그에 의거한 심리 현상이 멎는 그 때에 그 자리를 떠나가는 영혼을 생각할 수 있다. 그렇다고 그것이 우리가 전혀 인식할 수 없는 "기계 속의 유령"을 떠올리는 것은 아니다. 왜냐하면 우리는 살아 있을 때에도 자기 자신을 연주된 음악이 아니라 연주자라고 의식하기 때문이다. 우리 의식에 주어지는 것이 영혼 그 자체가 아니라 영혼이 두뇌에 남긴 흔적이라는 것은 맞는 말이지만, 그보다 더 놀라운 사실은 우리가 누구나 이미 자기 자신을 인식 대상인 그 흔적과 동일시하는 것이 아니라, 바로 그런 흔적을 남기는 영혼 자체와 동일시한다는 것이다.

그렇다면 왜 나의 두뇌를 움직이는 나 자신인 영혼 자체는 인식되지 않는단 말인가? 그것은 영혼 또는 나 자신이 그 자체 주체이지 대상이 아니기 때문이다. 영혼이 그 자체 인식 대상이 아니라 일체의 대상을 인식하는 궁극적 주체이기 때문이다. 그리고 인간은 누구나 자기 자신을 그러한 궁극적 활동주체로서 자각한다. 즉 자신을 물리적 또는 심리적 현상으로 객관화 불가능한 주체로 자각한다는 말이다. 이론적 인식에 있어서나 도덕적 실천에 있어서나 항상 자기 자신을 다른 것으로 환원하거나 다른 것으로 대치할 수 없는 궁극적 주체로, 인생의 연주자로, 영혼으로 자각한다는 말이다. 그리고 그 주체에 의해 인식되고 실현된 모든 것을 그 주체의 흔적으로 이해하는 것이다. 따라서 인식되는 것, 의식에 주어지는 것이 영혼 자체가 아니라 영혼의 흔적이라는 것은 오히려 당연한 것이 된다. 그리고 바로 그 때문에 자기 자신을 궁극적 주체로, 즉 영혼으로 자각할 때, 그 자각은 바로 내가 나 자신을 알지 못한다는 "무지의 지"와 함께 하게 되는 것이다. 그리고 바로 거기에 존재의 신비가 놓여 있다.

이처럼 자신을 인식된 현상 너머의 주체로, 인생을 연주하는 연주자로 자각함으로써만 비로소 영혼과 육체의 문제 또는 사후 영혼의 존속의 문제가 과학이 아닌 철학의 문제로 부각되게 된다. 우리는 삶에 있어서도 삶의 궁극 주체인 자기 자신의 정체성을 바로 알지 못한다. 과학은 삶의 궁극 주체인 영혼에 대해서는 아무런 감각도 갖고 있지 않다. 과학이 관심을 가지는 것은 오로지 영혼이 남긴 흔적, 물리적 현상과 심리적 현상 간의 관계일 뿐이다. 즉 과학은 우리 의식 활동이 우리의 신체, 특히 우리의 두뇌 중 어느 부분의 어느 신경활동과 밀접히 연관되어 있다는 것만을 밝힐 수 있을 뿐이다. 그것은 지금까지 논한 것처럼 영혼 자체의 존재론적 위상에 대해서는 아무것도 말해 주는 것이 없다. 과학은 경험적으로 인식 가능하고 관찰 가능한 대상들만을 다루지만, 철학적으로 문제가 되는 것은 그렇게 인식되고 관찰되는 대상이 아니라 오히려 그렇게 인식하고 관찰하는 주체 자체인 것이다. 그러므로 과학의 방법으로 철학의 문제를 답할 수는 없는 것이다. 영혼과 육체가 하나인가 아닌가의 물음은 오히려 영혼이란 무엇인가, 그리고 인간이란 무엇인가에 관한 철학적 논의와 결부되어 있는 것이다.

결국 영혼과 관계하여 죽음이 무엇을 의미하는가의 물음, 영혼이 사후에 존속하는가 그렇지 않는가의 물음은 과학이 아닌 철학 또는 종교의 물음이 된다. 영혼의 활동을 신체활동의 부산물로 간주하는 유물론적 관점에 서면, 신체의 죽음은 곧 영혼의 소멸을 뜻할 것이다. 그러나 영혼을 신체 독립적 존재로 간주하는 이원론 또는 신체활동을 영혼활동의 결과로 간주하는 유심론적 관점에 선다면, 신체의 죽음이 곧 영혼의 죽음을 의미하는 것은 아니게 된다. 오히려 죽음이란 썩어 없어질 신체로부터 영혼이 벗어나는 육과 영의 분리를 뜻하게 된다. 대부분의 종교는 이와 같은 이원론 또는 유심론적 관점에서 죽음을 이해한다.

이처럼 죽음 이후 영혼이 존속하는가 그렇지 않는가의 문제는 인간의 신체와 영혼이 어떤 관계에 있는가 하는 형이상학적 문제와 밀접히 연관되어 있다. 사후에도 영혼이 존속한다는 것을 주장하기 위해서는 무엇보다도 인간 영혼이 인간 신체와는 독립적인 존재라는 것이 논해져야 하는 것이다. 그러므로 죽음과 연관하여 과학을 넘어 제기되는 철학적 문제는 다음과 같은 것이다. 인간 영혼은 과연 어떤 존재인가? 영혼은 신체와 어떤 관계에 있는가?

1. 희랍: 영혼불멸설

소크라테스: 이제 어떤 것이 흩어지고 소멸하기 때문에 우리가 그 종말을 두려워하는 것인지, 그리고 어떤 것은 그렇지 않으므로 두려워할 필요가 없는 것인지 생각해 봅시다. 그 다음 영혼이 그 중 어디에 속하는지 알아봅시다. 그러면 영혼에 관해 희망을 품을 것인지 두려워할 것인지를 알게 될 것입니다.

케베스: 옳습니다.

소크라테스: 그런데 합성되어 있는 것은 그 본성상 분해 가능한 것이겠지요? 이와 반대로 합성되어 있지 않은 것은 분해 가능하지 않은 것이겠지요?

케베스: 그런 것 같습니다.

소크라테스: 합성되지 않은 것은 항상 그대로 있으면서 불변하고, 합성된 것은 항상 변화하고 절대 그대로 있지 않겠지요?

케베스: 그런 것 같습니다.

소크라테스: 그러면 아까 말하던 것으로 돌아가 봅시다. 우리가 참으로 존재하는 것으로 본 이데아는 항상 그대로 있는 것입니까, 아니면 변화하는 것입니까? 같음 자체, 아름다움 자체 또는 그 밖의 그 자체에 있어 존재하는 이데아 말입니다. 이것들은 언제나 그대로 있고 불변의 모습으로 독립적으로 존재하며 언제 어디서나 달라지는 법이 없겠지요?

케베스: 그렇습니다.

소크라테스: 그러면 많은 아름다운 것들은 어떻습니까? 사람이나 말이나 옷이나 그 밖의 아름답다는 말을 듣게 되는 수많은 개별적인 아름다운 것들은 불변하겠습니까? 아니면 언제나 변하며 그대

로 있는 법이 없겠습니까?

케베스: 항상 변화합니다.

소크라테스: 그것들은 우리가 손으로 만지고 눈으로 보고 또 다른 감관으로 지각할 수 있는 것들이지요. 반면 불변하는 것들은 오직 이성의 사유에 의해서만 파악할 수 있는 것이고, 볼 수 있는 형태가 없어서 눈에는 보이지 않겠지요?

케베스: 그렇습니다.

소크라테스: 그러면 존재하는 것에는 두 가지 종류가 있다고 할 수 있겠지요. 눈에 보이는 것과 보이지 않는 것 말입니다.

케베스: 그렇습니다.

소크라테스: 눈에 보이는 것은 변하는 것이고, 눈에 보이지 않는 것은 변하지 않는 것이겠지요?

케베스: 그럴 것입니다.

소크라테스: 그런데 우리 자신을 볼 때, 그 일부는 육체이고, 다른 일부는 영혼이지요?

케베스: 그렇습니다.

소크라테스: 육체는 어떤 것에 더 가깝고 어떤 것을 더 닮았다고 할 수 있을까요?

케베스: 눈에 보이는 것에 가깝지요. 누구나 그렇게 생각할 것입니다.

소크라테스: 영혼은 어떻습니까? 눈에 보이는 것입니까, 보이지 않는 것입니까?

케베스: 적어도 사람에게는 보이지 않는 것이지요.

소크라테스: 보인다 안 보인다는 사람의 눈으로 볼 수 있는가 아닌가를 말하는 것이 아닐까요?

케베스: 물론이지요.

소크라테스: 그럼 영혼은 보이는 것입니까, 안 보이는 것입니까?

케베스: 안 보이는 것입니다.

소크라테스: 그러면 형태가 없는 것이겠지요.

케베스: 네.

소크라테스: 그럼 영혼은 형태 없는 것에 가깝고, 육체는 형태 있는 것에 가깝겠지요?

케베스: 그렇지요.

소크라테스: 아까도 말했지만, 영혼이 지각의 수단으로서 신체를 사용할 때, 즉 시각이나 청각이나 그 밖의 다른 감각을 사용할 때, 영혼은 신체에 이끌리어 변화하는 것들의 세계로 휩쓸려들어가 방황하며 혼미에 빠지는 것이 아닐까요? 그리하여 술취한 사람처럼 방황하는 것 아닐까요?

케베스: 그렇습니다.

소크라테스: 그러나 제 정신이 들어 고요히 사유하게 되면, 순수하고 영원하며 불멸하고 불변하는 것의 세계로 향하게 되는 것이 아닐까요? 이것은 영혼과 동질적인 것이므로, 만일 영혼이 제 자신으로 돌아오기만 하면 영혼은 언제나 이것과 함께 하는 것입니다. 그러면 영혼은 그릇된 길에 들어가기를 멈추고 불변하는 것과 함께 함으로써 그 자체 불변하는 것이 됩니다. 영혼의 이런 상태를 지혜라고 하는 것이 아닐까요?

케베스: 맞습니다.

소크라테스: 그럼 결국 영혼은 어느 종류에 더 가깝고 동질적인 것입니까?

케베스: 지금까지의 말을 들은 사람은 누구나 영혼은 변하는 것

보다 불변하는 것에 더 무한히 닮았다고 생각할 것입니다. 아무리 무식한 사람이라도 그것을 부인하지 못할 것입니다.

소크라테스: 그럼 육체는 변하는 것과 더 비슷합니까?

케베스: 네.

소크라테스: 이렇게 생각해 봅시다. 영혼과 육체가 함께 결합되어 있을 때, 자연은 영혼으로 하여금 주인이 되어 지배하게 하고, 육체는 노예가 되어 섬기도록 해놓았습니다. 이 둘 중 어느 것이 더 신적인 것입니까? 그리고 어느 것이 사멸할 인간적인 것입니까? 당신은 신적인 것은 지배하고 인도하는 것이요, 인간적인 것은 지배를 받고 섬기는 것이라고 생각하지 않습니까?

케베스: 그렇게 생각합니다.

소크라테스: 그럼 영혼은 그 중 어느 것을 더 닮았지요?

케베스: 영혼은 분명히 신적인 것을 닮았고, 육체는 사멸할 것을 닮았지요.

소크라테스: 그럼 결론을 내려 봅시다. 영혼은 신적인 것과 유사하여 불멸하고 예지적입니다. 영혼은 한결같은 모습으로 분해되지 않고 불변하는 것입니다. 반면 육체는 인간적이고 사멸할 것이며, 비예지적이고, 각양각색이고 분해될 수 있으며 가변적입니다. 아닙니까?

케베스: 맞습니다.

소크라테스: 그럼 육체는 얼마 안 가서 분해되고 말겠지요? 그리고 영혼은 결코 분해되지 않는 것이겠지요?

케베스: 그렇습니다.

소크라테스: 그럼 사람이 죽으면 가시적 부분인 신체는 가시적 세계에 속한 것으로서 시체라고 불리게 되는데, 이것은 그 본성상

196

분해되고 소멸하고 말겠지요?…

　케베스: 그렇지요.

　소크라테스: 그러나 영혼은 하데스, 즉 영혼처럼 보이지 않으며 순수하고 고상한 곳, 선하고 지혜로운 신이 계신 곳으로 가겠지요… 그런데 이런 본성을 지닌 영혼이 육체를 떠나는 즉시 다른 사람들이 말하는 것처럼 바람에 흩날리고 소멸하는 것일 리가 있습니까? 절대로 그럴 수는 없지요. 오히려 이 세상에 사는 동안 육체와 어울리기를 애써 피하면서 자기 자신을 가다듬던 영혼은 육체를 떠날 때에 깨끗하며 육체의 흔적을 전혀 가지지 않기에 더욱 그럴 수는 없겠지요. 그처럼 육체에서 해방될 것을 일생동안 추구한 영혼, 즉 참으로 철학적인 영혼은 항상 죽음을 연습해 온 것입니다. 철학은 바로 죽음의 연습이 아니겠습니까?

　케베스: 그렇습니다.[5]

　이 글은 감옥에 갇힌 소크라테스가 사형이 집행되기 몇 시간 전 그의 죽음을 슬퍼하며 찾아든 제자들과 더불어 죽음에 대하여 논한 글이다. 이야기의 단초는 죽음을 슬퍼하지 말라는 것이다. 죽음은 단지 영혼과 육체의 분리를 뜻할 뿐이며, 육체로부터 분리된 영혼은 오히려 육체의 구속을 벗어나 자유를 누리게 된다는 것이다. 육체적 욕망의 필연성으로부터 영혼의 자유를 지키는 것

5) 플라톤, 《파이돈》, 79a~81a. 《파이돈》은 플라톤 중기의 대화편으로서 그의 스승 소크라테스가 사형당하던 날 감옥에서 제자들과 삶과 죽음의 문제에 관하여 논의한 내용을 담고 있다. 영혼이 단지 신체의 부수현상인 것이 아니라 오히려 신체 독립적 실재성을 가진다는 이원론적 관점이 길게 논증된 후에, 죽음이란 그러한 영혼이 육체의 감옥으로부터 벗어나는 사건이라는 것, 철학이란 그런 죽음의 연습이라는 것 등이 언급되고 있다.

이 철학의 활동이라면, 육체로부터 영혼의 완전한 분리, 즉 완전한 자유를 뜻하는 죽음은 결국 철학이 궁극적으로 지향하는 바의 것이다. 철학은 바로 그러한 죽음을 향하여 그 죽음을 연습하는 활동인 것이다. 이처럼 끊임없이 철학을 통해 죽음을 연습해 왔는데, 바로 그 죽음에 임박하여 슬퍼한다는 것은 있을 수 없는 일이라는 것이다. 따라서 소크라테스는 스승의 죽음을 눈앞에 두고 슬픔에 젖어 울고 있는 제자들을 오히려 나무라면서, 죽음을 슬퍼할 이유가 없다는 것을 논하고 있다.

죽음은 단지 육체와 영혼의 분리일 뿐이라는 것, 따라서 육체는 죽음과 더불어 소멸해 가도 영혼은 계속 존속 가능하다는 것을 논하기 위해 우선 증명되어야 할 것은 영혼과 육체가 존재론적으로 하나가 아니라 서로 별개의 존재라는 것이다. 이 점을 소크라테스는 육체의 물리적 특성과 영혼의 정신적 특성의 차이를 밝힘으로써 논증하려 한다. 즉 물리적인 것은 합성된 것이고, 따라서 그것을 이루는 요소로 분해 가능한 것인 데 반해, 정신적인 것은 합성된 것, 요소로 분해 가능한 것이라고 말할 수 없다. 여기서 소크라테스는 물리적인 것, 즉 물체를 물질의 기본 요소로서의 입자들이 모여 이루어진 것으로 이해하고 있음을 알 수 있다. 즉 입자적 물질관을 주장하고 있다. 물질은 입자적 요소들로 이루어져 있기에, 어떤 물질이든 그것은 그것을 이루는 요소로 분해 가능한 것이 된다. 육체 역시 그와 같은 물질 덩어리로 보았을 때, 육체는 그것을 이루는 보다 기본적 요소들로 분해 가능하다. 우선은 머리·몸통·사지로 나눌 수도 있을 테고, 또 다르게는 뼈와 살과 피 등으로 나눠볼 수도 있으며, 다시 더 세분하여 체세포, 신경세포 등으로도 분해할 수 있을 것이다. 이처럼 육체는 요소들이 화합하여 이루어진 것으로 다시 요소로 분해 가능하며, 이런 의미에서 생성 변화하는 것이다. 즉 요소들이 화합하여 육체의 형체를 이루면 생성되는 것이고, 다시 요소들로 분해되면 육체의 모습이 와해되며 소멸하는 것이 된다. 이에 반해 영혼은 물질적 입자들의 결합체가 아니며, 다른 어떤 요소들의 결합체도 아니다. 분해될 수 없는 단일성을 영혼의 특징으로 보는 것이다. '나'라는 자기의식은 둘이나 셋으로 분해되어 반쪽의 나 또는 삼분의 일의 나로 나뉘어질 수 있는 것이 아닌 것이다. 영혼으로서의 나는 분해될 수 없는 단일성을 지닌 것이다. 따라서 요소로 분해되어 해체되거나 소멸될 수 없는 것, 변하지 않는 것이 된다.

육체와 영혼을 이렇게 요소로 분해 가능한 것과 요소로 분해될 수 없는 것으로 이해할 경우, 죽음이란 무엇을 뜻하는가? 탄생이 요소들이 통합되어 육체로 형성되기 시작한 기점이라면, 죽음은 그러한 요소들의 통합체로서의 육체가 다시 그 요소들로 분해되기 시작하는 기점이 된다. 따라서 죽음은 물질적 요소들의 화합과 해체를 통한 육체의 생성과 소멸에 관계되는 것이지, 그러한 물질적 요소들의 결합체가 아닌 영혼과는 무관한 것이 된다. 즉 죽음으로써 육체의 삶은 끝나게 되지만, 그것이 곧 영혼의 끝을 의미하는 것은 아니라는 것이다. "[영혼과 같이] 합성되지 않은 것은 항상 그대로 있으면서 불변하고, [신체처럼] 합성된 것은 항상 변화하고 절대 그대로 있지 않는다"는 것이다.

그 다음 논의는 육체는 감각적으로 경험 가능한 가시적 현상계에 속하는 것이고 영혼은 감각적으로 경험될 수는 없고 오직 이성적으로 사유만 가능한 비가시적 이데아계에 속하는 것이라는 차이점에 근거해서 죽음이 곧 영혼의 사멸을 뜻하는 것이 아니라는 것을 논하는 것이다. 이것은 플라톤의 이원론적 세계관에 근거한 논의이다. 개체적이고 구체적 사물들로 이루어진 현상계는 생성 소멸하는 것들의 세계이고, 추상적이고 보편적인 이데아들로 이루어진 이데아계는 생성과 소멸이 없는 존재 자체의 세계이다. 현상적 사물은 감각적으로 보고 만질 수 있는 것이지만, 이데아는 비가시적이며 사유 가능할 뿐이다. 이처럼 현상계와 이데아계는 존재방식이 상이한 서로 구분되는 두 영역인 것이다. 나아가 그 두 존재 영역에 대해 플라톤은 현상계가 이데아계에 의존하지, 이데아계가 현상계에 의존하는 것이 아님을 강조한다. 현상계의 개별 사물들은 이데아에 참여함으로써, 또는 이데아를 분유함으로써 바로 그런 특정 사물로서 존재할 수 있는 것이다. 이에 반해 이데아 자체는 그 자체로, 즉 자기 원인적으로 존재하는 것이다.

이와 같은 이데아계의 현상 초월성 및 자립적 존재성에 입각하여 소크라테스는 이데아계에 속하는 인간 영혼은 현상계에 속하는 인간 육체로부터 독립적 존재라는 것을 주장한다. 눈에 보이지 않는 영혼은 눈에 보이는 현상적 육체와는 다른 존재질서를 가지는 것이다. "영혼은 분명히 신적인 것을 닮았고, 육체는 사멸할 것을 닮은" 것이다. 그런데 죽음은 눈에 보이는 육체가 눈에 보이는 방식으로 소멸해 가는 것을 뜻한다. 따라서 그 죽음은 눈에 보이지 않는 영혼 존재에 대해서는 아무것도 말해 주는 바가 없으며, 그런 죽음이 비가시적 영혼에 어떤 영향을 미치리라고 볼 수도 없다는 것이다. 결국 죽음은 육체의 죽음이지 영혼의 죽음을 뜻하지는 않는다는 것이다.

그 다음은 도덕적 차원에서 우리가 이상적이라고 생각하는 육체와 영혼의 관계에 입각하여 영혼이 육체 독립적이라는 것을 논

200

하는 것이다. 즉 우리는 육체로부터 발생하는 욕망, 예를 들어 식
욕이나 성욕 등에 주체적 결단 없이 이끌려 다니는 것보다는 정
신적 결단력에 의해 그러한 육체적 욕망을 절제하거나 제어하는
것을 보다 인간적 또는 도덕적이라고 생각한다. 한마디로 말해 영
혼과 육체의 관계는 주인과 노예의 관계가 되어야 한다는 것이다.
"영혼과 육체가 결합되어 있을 때, 자연은 영혼으로 하여금 주인
이 되어 지배하게 하고, 육체는 노예가 되어 섬기도록 해놓은" 것
이다. 결국 영혼이 원하는 바를 달성하기 위해 육체가 사용되고
길들여져야 하는 것이지, 육체가 원하는 바에 따라 영혼이 이끌려
다녀서는 안 되는 것이다. 그리고 이런 관계가 가능한 것은 영혼
이 육체에 종속되는 것이 아니라, 육체로부터 독립적인 존재와 힘
을 가졌기 때문이다. 즉 영혼은 사멸하는 육체와는 독립적으로 존
재하며, 따라서 그런 육체를 지배하고 인도해야 할 도덕적 지위를
가질 수 있는 것이다. 그리고 지배하고 인도해야 할 영혼은 신적
인 것이고, 지배받고 인도받아야 할 육체는 동물적인 것이다. 신
적인 영혼은 불멸하는 아름다운 것이고, 신적이지 않은 동물적 육
체는 사멸하는 것이며 아름답지 못한 것이다.
　철학이란 바로 이와 같은 영혼의 육체에 대한 지배력 및 육체
적 욕망의 강제(필연성)로부터의 자유를 추구하고 실천하고 확립
하는 것을 의미한다. 영혼이 육체로부터 완전히 자유로워지는 것
은 영혼과 육체가 완전히 분리되어 영혼이 육체를 떠나는 죽음에
이르러서이다. 육체로부터 영혼의 자유를 추구하는 철학이란 따라
서 살아 있으면서도 마치 죽은 듯이 사는 것, 즉 영혼의 육체로부
터의 자유를 준비하고 연습하는 과정이 되는 것이다. 여기에서
"철학은 바로 죽음의 연습이다"라는 말이 나오는 것이다. 늘 철학

을 하면서 죽음을 연습해 왔다면, 죽음은 곧 철학의 완성, 다시 말해 철학적 삶의 완성이 되는데, 그것을 슬퍼할 이유가 없다는 것이 소크라테스의 주장인 것이다.

그렇다면 사후 육체를 벗어난 영혼은 과연 어떤 길을 가게 되는가? 이에 대해 플라톤은 어떤 생각을 가졌는가? 《국가론》의 마지막 10장 맨 끝 부분에서 플라톤은 "에르의 신화"를 들어 사후 영혼의 행방을 논하고 있다. 그러면서 플라톤은 그것이 감각적으로 증명 가능한 경험적 사실도 아니고, 이성적으로 근거지어진 철학적 논증도 아니라는 것을 강조하고 있다. 그것은 단지 신화일 뿐이다. 그러나 우리는 바로 그 신화 속에서 플라톤 또는 희랍인들에게 있어 사후 영혼 존재가 어떻게 이해되고 있는가를 읽어낼 수 있다.

내가 이야기하려는 것은 '에르' 라는 한 용감한 남자의 이야기인데, … 그는 언젠가 전투에서 죽었는데, 열흘이 지나 이미 썩어가고 있던 시체들을 거두게 되었을 때, 그를 멀쩡한 상태로 거두게 되었네. 그래서 집으로 날라다가 열이틀째 날에 장례를 치를 참이었는데, 화장을 위한 장작더미 위에서 그가 되살아나게 되었네. 되살아난 그는 자기가 저승에서 보게 된 것들을 이야기해 주었네. 그는 이런 이야기를 했네.

그의 혼이 육신을 벗어난 뒤에 그것은 다른 많은 혼과 함께 여행을 하였는데, 그들은 한 신비한 곳에 이르게 되었고, 이 곳에는 땅 쪽으로 두 개의 넓은 구멍이 나란히 나 있었으며, 이것들과 맞은 편에는 하늘 쪽으로 다른 두 개의 넓은 구멍이 또 나 있었네. 이것들 사이에 심판자들이 앉아 있다가 심판을 한 다음 올바른 자들에게는 심판받은 내용의 표지들을 앞에 두르게 하여 오른쪽의 하늘로 난 구멍을 통해 윗길을 가도록 지시를 하는 반면, 올바르지 못한 자들에게는 그들이 행한 모든 행적의 표지들을 등에 달고서 왼쪽의 아랫길을 가도록 지시했다네. 그런데 그가 나아갔을 때, 그들은 그가 그곳 일들을 사람들에게 알려주는 자가 되어야만 한다고 하면서, 그곳의 일들을 죄다 듣고 보도록 그에게 지시했다는군. 그리하여 그는 거기에서 혼들이 심판을 받은 뒤에 하늘과 땅의 각 구멍을 따라 떠나가는 걸 보았으나, 다른 두 구멍을 따라서는 한쪽으로는 오물과 먼지를 뒤집어쓴 혼들이 도착하는가 하면, 다른 쪽으로는 하늘 쪽에서 다른 순수한 혼들이 내려오더라고 했네. 그리고 언제든 도착하는 혼들은 오랜 여행을 하고 온 것으로 보였으며, 그래서 그들은 축제에 참가하듯 반갑게 초원으로 가서 야영을 하게 된다고 했네. … 그들은 서로 이야기를 들려 주었는데, 한쪽은 천년이 걸리는 지하의 여행에서 자신들이 얼마나 많은 일을 겪고 보았는가를 상기하고서는 비탄과 통탄을 하면서 이야기했고, 하늘 쪽에서 온 혼들은 자신들의 잘 지낸 일들과 아름다움에 있어서 굉장한 구경거리들을 이야기했다는군. … 주된 것은 이런 것이라고 그가 말했네. 사람들이 언젠가 누구한테건 일단 올바르지 못한 짓을 한 그만큼 그리고 각자가 해친 사람들의 그 수만큼 이번에는 그 벌을 죄다 받게 되는데, 그 각각에 대해 열 배로 받는다는군. …

각각의 무리가 초원에서 지낸 지 이레가 되었을 때, 여드레날에는 그들이 이곳에서 일어나 길을 떠나야만 했다네. 나흘 만에 그들은 한곳에 이르러 이곳에서 전체 천구와 지구를 관통해서 기둥처럼 뻗쳐 있는 곧은 빛을 위에서 내려다볼 수 있게 되는데, 그것은 무지개와 비슷하나 그보다 더 밝고 맑다네. 이 빛에는 하룻길을 더 가서 이르렀으며, 여기에서 그는 그 빛의 중간에서 그 빛의 띠(천구를 매어주는 빛의 띠)의 끝들이 하늘로부터 뻗쳐 있는 걸 보았다네. … 그 끝들에서 아낭케 여신의 방추가 뻗쳐 연결되어서 이에 의해 모든 회전이 그 운동을 하게 된다네. …

그들 혼들이 거기에 도착했을 때, 그들은 곧바로 라케시스에게로 나아가지 않으면 안 되었네. 그러자 한 대변자가 그들을 정렬시키더니, 이윽고 라케시스의 무릎에서 제비와 삶의 표본들을 집어들고서는 높은 단 위에 오르더니 이렇게 말하더라네. "이는 아낭케의 따님이며 처녀이신 라케시스의 말씀이시다. 하루살이들인 혼들이여. 이건 죽게 마련인 종족의 죽음을 가져다주는 또 다른 주기의 시작이니라. 다이몬이 그대들을 제비로 뽑는 게 아니라, 그대들이 다이몬을 선택하리라. 첫번째 제비를 뽑는 자는 반드시 함께 할 삶을 맨 먼저 선택하게 되리라. 덕은 그 주인이 따로 없어, 누구나 그걸 귀하게 여기는가 그렇지 않는가에 따라 그것을 더 갖게 되거나 덜 갖게 되리라. 그 탓은 선택한 자의 것이지 신을 탓할 일이 아니니라." 이런 말을 하고 그가 모두를 향해 제비를 던졌는데, 에르를 제외하곤 저마다 자기 옆에 떨어진 것을 집었다네. 에르한테는 그게 허용되지 않았다네. 그걸 집어든 자에게는 자신이 몇 번째로 뽑게 되는지가 분명하다네. 다음으로 삶의 표본들이 그들 앞의 땅바닥에 놓였는데, 그 수는 그 자리에 있는 혼들보다도 훨씬 많았다네. 게다가 온갖 종류의 것이었다는군. 모든 동물의 삶과 함께 특히 모든 인간의 삶이 있었기 때문이네. …

바로 여기에 인간에게 있어서의 모든 모험이 있는 것 같네. 우리 각자가 다른 학문들에 대해서는 소홀히 하더라도 다음과 같은 학문의 탐구자 및 학도가 되도록 최대의 마음을 써야만 하는 것도 이 때문인 것 같네. 누가 자신으로 하여금 유익한 삶과 무익한 삶을 구별

하며, 언제 어디서나 가능한 것들 중에서 최선의 것을 선택할 수 있고 또한 그럴 줄 알도록 해줄 것인지를 어떻게든 배우고 찾아낼 수 있도록 해주는 그런 학문이 만약에 있다면 말일세.… 에르는 대변자가 이런 말을 한 것을 전했네. "마지막으로 오는 자에게도 만약에 그가 이성적으로 선택하여 진지하게 사는 자라면, 나쁘지 않은 만족할 만한 삶이 있느니라. 맨먼저 선택하는 자는 선택을 경솔히 하는 일이 없도록 할 것이며, 마지막에 선택하는 자는 낙담하지 말지어다."

에르의 말로는 각각의 혼이 자신의 삶을 어떻게 선택하는가는 볼 만한 구경거리이더라네. 보기에 딱하기도 하고 우습기도 하고 놀랍기도 했기 때문이라는군. 대개는 전생의 습관에 따라 선택을 하더라네. … [인간이 백조, 꾀꼬리, 사자의 삶을 선택하기도 하고, 백조가 사람의 삶을 선택하기도 하는 등] … 이런 식으로 다른 짐승들에서 사람들로 또한 서로로 이행해가는데, 올바르지 못한 것들은 사나운 것으로, 올바른 것들은 유순한 것들로 바뀌었으며, 온갖 섞임이 이루어지더라네.

어쨌든 모든 혼이 자신의 삶을 선택한 다음, 제비뽑기를 했던 순서대로 차례로 라케시스에게로 나아갔다네. 여신은 각자에게 각자가 선택한 다이몬을 그 삶의 수호자로서 그리고 선택된 것들의 이행자로서 딸려 보냈다네. 다이몬은 … 제비뽑기를 한 혼이 선택한 운명을 확인받고 … 일단 꼰 운명의 실은 되돌릴 수 없도록 만들었다는군.

그들 모두는 무섭도록 이글거리며 숨막히는 무더위를 뚫고 망각(레테)의 평야로 나아갔다네. … 그들은 무심(無心)의 강 옆에서 야영을 하게 되었는데, 이 물은 어떤 그릇으로도 담을 수 없는 것이라네. 그래서 이 물은 모두 어느 정도는 마시기 마련이지만, 분별의 도움을 받지 못한 자들은 정도 이상으로 마시게 된다네. 일단 이를 마시게 된 자는 모든 걸 잊게 된다는군. 그러나 그들이 잠이 들고 밤중이 되었을 때, 천둥과 지진이 일더니 갑자기 그들이 이곳으로부터 저마다 뿔뿔이 제 출생을 향해 마치 유성처럼 위로 이동해 가더라네. 그런데, 에르가 그 냇물을 마시는 건 제지당했다네. 물론 자신이 어떤 식으로 어떻게 해서 제 몸 속으로 돌아오게 되었는지는 알지 못하지만, 꼭두새벽에 눈을 뜨자, 자신이 화장을 위한 장작더미 위에 놓여 있는 걸 보게 되었다네.

글라우콘! 그리하여 이 이야기가 소실되지 않고 보전되었으니, 우리가 이를 믿는다면, 그것이 우리를 또한 구원해줄 것이며, 망각의 강 또한 잘 건너서 자신의 혼도 더럽히지 않게 될 걸세. 그런데 만약 우리가 혼이 불사의 것이며 모든 나쁜 것과 좋은 것을 견디어 낼 수 있다고 믿고서 내 주장에 설득된다면, 우리는 언제나 그 윗길을 가며 모든 방식으로 분별을 갖고 정의를 수행할 것이니, 이는 우리가 우리 자신과도 그리고 신들과도 화목하기 위해서일세. … 그리하여 이승에서도 그리고 앞서 말한 그 천년 동안의 여정에서도 우리는 잘 지내게 될 걸세.[6]

이 신화에서 보면 사후 육체를 벗은 영혼은 일정한 지역으로 가서 심판자에 의해 심판을 받게 된다. 지나온 삶의 행적에 따라 선한 삶을 산 자는 천상으로 그렇지 못한 자는 지옥으로 보내지는 것이다. 천상이나 지옥에서의 삶은 천년에 이르는 긴 삶이지만, 영원히 그곳에 머무르지는 않는다. 천상이나 지옥에서 삶의 대가를 치른 영혼들은 다시 초원으로 모여들어 그 다음 생을 준

---

6) 플라톤, 《국가론》, 제10권, 614b 이하: 에르의 신화.

비하는데, 다음 생의 선택은 반은 우연이고 반은 자기 책임이 된다. 즉 다음 생을 결정하기 위해 제비뽑기가 두 번 시행되는데, 첫 번째 뽑기는 두 번째 뽑기의 순서를 정하기 위한 것으로 신이 던진 제비 중 자기 앞에 떨어진 것을 집어야 하며, 어떤 제비가 내 앞에 떨어질지는 전적으로 우연이다. 그 다음은 그렇게 해서 정해진 순서에 따라 일번부터 다음 생을 선택하는데, 이때 선택하는 자는 그 선택할 생의 내용을 미리 다 알고 선택하는 것이므로, 선택된 삶에 대해서는 자기 책임이 된다. 여기에서도 누구나 자신이 가장 좋다고 생각하는 삶을 선택하겠지만, 문제는 어떤 삶이 진정으로 최선의 삶인가를 알지 못함으로 인해 스스로 불행한 삶을 선택하게도 된다는 것이다. 그러므로 어떤 삶이 정말 선택할 만한 가치가 있는 최선의 삶인가에 대해 항상 미리 생각하고 궁구하여 지혜로워질 필요가 있음을 강조한다.

이와 같은 방식으로 제비뽑기를 통해 결정된 그 다음의 삶을 살기 위해 인간이 다시 이 세상으로 되돌아오게 된다는 것은 희랍의 영혼불멸설이 기독교의 최후의 심판과는 달리 일종의 윤회설에 속한다는 것을 말해 준다. 더구나 윤회하는 영혼에게 있어 그 다음 생의 선택이 "대개는 전생의 습관에 따라" 이루어진다는 것 그리고 선택된 삶이 인간뿐 아니라 그 밖의 다른 동물의 삶일 수도 있다는 것은 불교적 윤회설과도 일맥상통하는 것이다.

2. 기독교: 죽은 자의 부활

그리스도께서 죽은 자 가운데서 다시 살아나셨다 전파되었거늘 너희 중에서 어떤 이들은 어찌하여 죽은 자 가운데서 부활이 없다 하느냐. 만일 죽은 자의 부활이 없으면 그리스도도 다시 살지 못하셨으리라. …

누가 묻기를 죽은 자들이 어떻게 다시 살며 어떠한 몸으로 오느냐 하리니, 어리석은 자여, 너의 뿌리는 씨가 죽지 않으면 살아나지 못하겠고 또 너의 뿌리는 것은 장래 형체를 뿌리는 것이 아니요 다만 밀이나 다른 것의 알갱이뿐이로되 하나님이 그 뜻대로 저에게 형체를 주시되 각 종자에게 그 형체를 주시느니라.

육체는 다 같은 육체가 아니니 하나는 사람의 육체요 하나는 짐승의 육체요 하나는 새의 육체요 하나는 물고기의 육체라. 하늘에 속한 형체도 있고 땅에 속한 형체도 있으나, 하늘에 속한 자의 영광이 따로 있고 땅에 속한 자의 영광이 따로 있으니, 해의 영광도 다르며 달의 영광도 다르며 별의 영광도 다른데 별과 별의 영광이 다르도다. 죽은 자의 부활도 이와 같으니 썩을 것으로 심고 썩지 아니할 것으로 다시 살며, 욕된 것으로 심고 영광스러운 것으로 다시 살며, 약한 것으로 심고 강한 것으로 다시 살며, 육의 몸으로 심고 신령한 몸으로 다시 사나니, 영의 몸이 있은즉 또 신령한 몸이 있느니라.

기록된 바 첫사람 아담은 산 영이 되었다 함과 같이 마지막 아담은 살려주는 영이 되었나니, 그러나 먼저는 신령한 자가 아니요 육 있는 자요, 그 다음에 신령한 자니라. 첫사람은 땅에서 났으니 흙에 속한 자이거니와 둘째 사람은 하늘에서 나셨느니라. 무릇 흙에 속한 자는 저 흙에 속한 자들과 같고 무릇 하늘에 속한 자는 저 하늘에 속한 자들과 같으니, 우리가 흙에 속한 자의 형상을 입은 것같이 또한 하늘에 속한 자의 형상을 입으리라.

형제들아, 내가 이것을 말하노니, 혈과 육은 하나님 나라를 유업으로 받을 수 없고, 또한 썩은 것은 썩지 아니한 것을 유업으로 받지 못하느니라. 보라 내가 너희에게 비밀을 말하노니, 우리가 다 잠잘 것이 아니요, 마지막 나팔에 순식간에 홀연히 다 변화하리니, 나팔 소리가 나매 죽은 자들이 썩지 아니할 것으로 다시 살고 우리도 변화하리라. 이 썩을 것이 불가불 썩지 아니할 것을 입겠고, 이 죽을 것이 죽지 아니함을 입으리로다.[7]

오늘날 대부분의 기독교인들은 사람이 죽으면 몸만 죽을 뿐 영혼은 곧바로 신 앞으로 나아가 신에 의해 심판을 받은 후, 천당이나 지옥으로 보내져 영원토록 그곳에서 행복하거나 또는 불행한 시간을 보내게 될 것이라고 믿고 있다. 육신은 흙에서 나와 다시 흙으로 되돌아가지만, 그 육신을 이끌고 살아온 영혼은 죽지 않고 존속하여 자신의 삶에 대한 대가를 치러야 한다고 생각하는 것이다. 그러므로 죽는 것은 육신이지 영혼이 아닌 것이다.

그러나 오늘날 일부 기독교 신학자들은 이와 같은 죽음의 이해는 육체와 영혼을 이원론적으로 구분하면서 육체를 사멸하는 것으로 그리고 영혼을 사멸하지 않는 불사의 것으로 간주하는 희랍적 사유에 따른 것이지 본래적인 기독교적 죽음관이 아니라고 비판한다.[8] 그들이 강조하는 기독교 생사관의 핵심은 바로 부활이

---

7) 《성서》〈고린도전서〉, 제15장.
8) 오스카 쿨만(O. Cullmann)은 그의 글, "영혼불멸인가 죽은 자의 부활인가?"에서 죽은 자의 부활에 대한 원시 기독교적 소망과 영혼불멸에 대한 희랍적 신념의 차이를 예수 및 사도 바울과 플라톤과의 대비를 통해 분석하고 있다. 오스카 쿨만 외, 전주석 외 역, 《영혼불멸과 죽은 자의 부활》(대한기독교서회, 1965), 7면 이하 참조.

다. 그리고 오로지 죽는 것에 있어서만 다시 그 죽음으로부터 되
살아나는 부활이 있을 수 있음을 강조한다. 영원히 죽지 않는 영
혼이라면, 죽은 적이 없는데 어떻게 다시 되살아나는 부활이 있을
수 있겠는가? 그러므로 부활이 전제하고 있는 것은 한 인간 전체
의 죽음이다. 희랍적 사유와 달리 히브리적 사유에 있어서는 처음
부터 육과 영이 분리된 두 실체로 이해되지 않았으며, 따라서 육
은 죽고 영은 육을 벗어나 계속 존속한다는 영혼불멸을 주장할
수 없다는 것이다. 죽음은 곧 육과 영이 하나로 되어 있는 인간
그 자체의 죽음이다. 죽음이 단지 육체의 죽음만을 뜻하고 영혼은
그 죽음을 통과하여 영원히 죽지 않고 존속하는 것이라면, 죽음은
그렇게 큰 사건으로 부각될 수 없을 것이다. 오히려 죽음은 나방
이 고치를 벗듯이, 우리 영혼이 육신을 벗는 일종의 탈바꿈에 지
나지 않을 것이다. 그러므로 영혼불멸을 확신했던 소크라테스는
죽음을 눈앞에 두고 그렇게 태연자약하게 죽음에 대해 논할 수
있었던 것이다. 그러나 기독교에 있어 죽음이란 하나의 큰 사건이
다. "죄의 값은 사망이다"라고 선포될 만큼 큰 사건인 것이다. 죽
음은 신의 명령을 거역한 인간의 죄지음으로 말미암아 인간이 어
쩔 수 없이 받아들여야만 하는 엄청난 사건인 것이다. 죽음은 생
명의 반대이고, 생명의 부정이며 생명의 끝이다. 죽음을 통과하여
살아남을 영혼이 없기에, 빛도 생명도 없는 철저한 부정이며 어두
움이고 절망인 것이다.

바로 이와 같은 죽음의 이해 위에서만 우리는 예수가 십자가에
못박히기 전 자신의 죽음을 예감하면서 왜 그렇게 불안해하고 괴
로워하였는가를 알 수 있게 된다. 영육의 죽음 앞에 선 예수의 태
도는 영혼불멸을 확신하는 소크라테스의 태도와는 판이하게 다르

210

다. 겟세마네에서 눈앞에 닥친 죽음을 예견한 예수는 그 죽음을 두려워하였다. 그는 자신이 기도하고 있는 동안 제자들이 잠들지 않고 깨어 있기를 원했으나 그들이 잠들어버리자 그들을 책망하며 깨웠다. 그는 삶으로부터의 단절, 삶의 부정인 죽음을 공포스럽게 받아들였으며, 그 불안 속에 홀로 남겨지기를 원치 않았던 것이다. 죽음 앞에서의 예수의 태도는 불안과 공포였다.

> 예수께서 … 심히 놀라시며 슬퍼하사 말씀하시되 내 마음이 심히 고민하여 죽게 되었으니 너희는 여기 머물러 깨어 있으라 하시고 조금 나아가사 땅에 엎드리어 될 수 있는 대로 이 때가 자기에게서 지나가기를 구하여 가라사대 아버지여 아버지께서는 모든 것이 가능하오니 이 잔을 내게서 옮기시옵소서.[9]

이처럼 그 죽음이 운명임을 알면서도 가능하다면 벗어나기를 기도한 것이다.

> 예수께서는 … 자기를 죽음에서 능히 구원하실 이에게 심한 통곡과 눈물로 간구와 소원을 올렸다.[10]

결국 십자가에 매달리게 되자 그의 심정은 더욱 처절해졌다. 그의 마지막 절규는 더욱 절망적이고 비참했던 것이다.

> 나의 하나님, 나의 하나님, 어찌하여 나를 버리셨나이까.[11]

---

9) 《성서》〈마가복음〉, 제14장 제33절~제36절.
10) 《성서》〈히브리서〉, 제5장 제7절.

죽음이 단지 육체의 사멸만을 뜻하고 불멸적 영혼은 육체를 벗어나 신의 나라로 되돌아간다는 확신이 있었다면 예수가 죽음 앞에서 그렇게 두려워했을 리가 없다. 예수의 두려움은 그의 죽음관이 희랍적 영혼불멸 사상과는 거리가 멀다는 것을 말해 준다. 죽음은 곧 생명의 끝이고 개체 존재의 종말이며, 생명인 신으로부터의 단절과 버려짐을 의미하는 것이다. 그것은 그 자체 어두움이자 절망이며 두려움인 것이다.

그러나 죽음이 바로 그렇게 어두움이자 절망이기에, 부활이 의미 있는 것이다. 죽음이 곧 영과 육이 하나된 인간 자체의 죽음이기에, 부활은 바로 그 죽은 자 전체의 되살아남이 된다. 따라서 부활은 바로 "죽은 자의 부활"이다. 육과 영은 함께 죽으며, 따라서 죽은 자가 되살아나는 부활에 있어서도 육과 영은 동시적으로 되살아난다. 그런데 육신은 죽음과 더불어 썩어 없어지는데, 어떻게 그 육신이 다시 살아날 수 있는가?

이에 대해 《성서》〈고린도전서〉는 "썩어 없어질 육의 몸"과 "썩지 아니할 신령한 몸"을 구분한다. 죽음과 더불어 우리의 몸이 썩어 없어지게 되는 것은 누구나 확인하게 되는 경험적 사실이다. 그러나 그렇다고 해서 우리가 부활할 때, 몸 없이 영만이 되살아나는 것은 아니라는 것이다. 그 때 우리는 현재와 같은 육의 몸이 아닌, 새 몸으로 부활한다는 것이다. 썩지 아니할 신령한 몸으로 부활한다는 것이다. 그 몸은 과연 어떤 몸인가? 그것은 썩어 없어질 육의 몸을 가지고 사는 현재의 우리로서는 알 수 없는 일이다. 그것은 부활이 구체적으로 어떤 형태의 되살아남인지를 우리가

11) 《성서》〈마가복음〉, 제16장 제34절.

현재 알 수 없는 것과 마찬가지이다.

그렇다면 죽은 자의 부활은 언제 발생하는가? 《성서》에 따르면 죽는 자는 일단 죽어야 한다. 부활하기까지 죽어 있는 시기를 "잠잔다"고 표현하고 있다. 이에 따르면 요즈음 대부분의 기독교인들이 생각하듯이 죽음과 더불어 육신만 죽고 영혼은 계속 살아 남아 하늘나라 어디론가 이끌려 가는 것도 아니며, 또는 영혼도 같이 죽었다가 바로 그 다음 순간 곧바로 다시 부활하는 것도 아니다. 죽은 자의 육의 몸이 썩어가고 있는 동안 그 영혼은 함께 죽어 있다. 영혼이 활동하지 않고 잠들어 있는 것이다. 영혼이 죽어 잠들게 되는 것이다. 그렇게 인간은 죽는 것이다. 육도 영도 함께 더 이상 살아 있지 않은 것이다. 신으로부터 생명으로부터 단절되어 철저한 어두움 속에 비존재 속에 버려지는 것이다. 그러다가 마지막 나팔 소리에 그 죽은 자들이 다시 되살아난다는 것이다. 큰 소리에 잠에서 깨어나듯이, 마지막 나팔 소리에 죽은 영혼이 다시 살아나되, 그 때는 더 이상 썩지 아니할 신령한 몸으로 다시 되살아난다는 것이다. 그것이 바로 죽은 자의 부활이다.

그런데 문제는 그 마지막 나팔 소리가 과연 무엇을 의미하는가이다. 그것은 지금도 어딘가에서 계속적으로 울리고 있는 것일까? 누군가 죽을 때마다, 잠시 후 그 죽은 영혼을 다시 부활시키기 위해 나팔소리는 끊임없이 울리고 있는 것일까? 돌아가신 나의 아버지 역시 그 나팔 소리를 듣고 일어나셔서 지금은 썩지 않을 몸으로 다시 살아 계신 것일까? 아니면 마지막 나팔 소리는 인류의 역사가 다하는 최후의 어느 날 단 한 번 울려 퍼질 미래적 사건인가? 그렇다면 지금까지 부활한 자는 오직 단 한 사람, 예수밖에 없는 것이 된다. 우리는 예수의 증거를 통해 우리도 언젠가는 부활할 것이라고 믿을 수는 있지만, 그것은 아직 실현된 것이 아니다. 지금까지 죽은 자 또 앞으로 죽을 자들도 모두 다 함께 그 마지막 나팔소리가 울릴 그 날까지 그냥 잠들어 있어야 하는 것이다. 한마디로 그냥 그렇게 죽어 있어야 하는 것이다.

물론 잠들어 있는 자에게 시간의식이 있지 않듯이 죽음의 세계 그리고 부활의 세계에 있어서는 우리가 경험하는 방식대로의 시간이 적용될 수 없으므로, 나팔이 언제 부는가 또는 죽은 자는 부활하기까지 과연 얼마나 긴 시간을 기다려야 하는가 등의 질문이 모두 범주가 잘못 적용된 무의미한 질문이 되는 것인지도 모른다. 그러나 그 말은 결국 우리가 부활이 정확히 무엇을 의미하는지 전혀 알 수 없다는 말이 된다. '죽은 자의 부활'은 우리가 언젠가 철저히 죽게 된다는 것, 즉 몸뿐만 아니라 영혼까지도 함께 죽게 된다는 것, 그러면서도 그 죽음이 완전한 끝은 아니라는 것, 죽은 자가 언젠가는 다시 되살아난다는 것만을 말하고 있을 뿐이다. 죽었다가 다시 되살아나는 그런 기적 같은 일이 부활이라는 이름 아래 발생한다고 하지만, 그러나 그 부활이 언제 어떤 방식으로 일어나는지에 대해서는 아무도 알 수 없는 수수께끼로 남겨질 뿐이다.

3. 불교: 윤회와 해탈

오온은 찰라 동안에 사라지므로 윤회하는 능력이 없지만 자주 익힌 번뇌 업의 소작으로 말미암아 중유의 오온으로 하여금 계속하게 하여 태에 들어가게 하니, 이는 비유컨대 등불의 불꽃이 비록 찰라에

214

없어지지만 능히 계속하여 딴 곳에까지 옮겨가는 것과 같다. 모든 오온도 역시 그러하여 옮겨진다고 말해도 허물이 없게 된다. 그러므로 비록 '나'는 없으나 미혹된 업으로 말미암아 모든 오온이 계속하여 태에 들어가게 되는 뜻이 성립하는 것이다.[12]

흔히 불교가 윤회를 말한다는 점에서 윤회하는 주체인 자아의 존재가 당연히 인정되고 있는 것이 아닌가 생각하게 된다. 그러나 불교는 무아(無我)를 주장한다. 무아라 함은 상일(常一)한 자기 동일성을 유지하며 주재(主宰)적 성격을 가지는 개체적 자아가 존재하지 않는다는 것을 의미한다. 오히려 우리가 일상적으로 상일주재의 자아라고 생각하는 것은 사실 항상되지도 않고 단일하지도 않으며 전혀 주재적이지도 못한 여러 요소들의 화합물, 즉 색·수·상·행·식 오온의 화합물일 뿐이다. 따라서 무아론이 강조하는 것은 그러한 오온화합물로서의 자아는 우리가 집착하는 대로의 그러한 상일주재의 자아가 아니라는 것, 결국 상일주재의 자아란 존재하지 않는다는 것이다.

그럼에도 불구하고 불교는 윤회를 인정한다. 그러면서 강조하는 것은 윤회의 주체가 우리가 생각하듯이 상일주재의 개체적 자아가 아니라는 것이다. 자기 동일적 자아가 존재해서 그것이 계속적으로 겉의 옷만 갈아입으면서 육도(六道)를 윤회하는 것은 아니라는 말이다. 자기 동일성을 전제함이 없이 현재의 오온이 쌓은 업에 의해 또 다른 오온이 쌓이면서 그 오온이 업과 보의 관계로

---

12) 世親 造, 玄奘 譯, 《阿毘達磨俱舍論》, 제9권, 〈분별세품〉, 《大正藏》 29, 47下, "蘊刹那滅於輪轉無能. 數習煩惱業所爲故 令中有蘊相續入胎. 譬如燈焰雖刹那滅而能相續轉至餘方. 諸蘊亦然名轉無失. 故雖無我而由惑業諸蘊相續入胎義成."

이어지기에 윤회가 성립하는 것이다. 한마디로 말해 불교의 윤회는 불변하는 자기 동일적 실체의 엄밀한 자기 동일성에 의해 성립하는 윤회가 아니라, 업에 따라 형성되며 연속적으로 이어지는 오온의 연속성에 의해 성립하는 윤회인 것이다. 오온이 불변하는 항상된 것이 아니기에 엄밀한 의미의 자기 동일성은 없지만, 인과 또는 업과 보의 관계로 이어지는 연속성이 있기에 오온이 윤회한다고 말할 수 있는 것이다. 바로 이 점에서 오온의 윤회는 등불의 이어짐으로 비유된다.

왕은 물었다.

"나가세나존자여, 재생한 자와 사멸한 자는 동일합니까, 동일하지 않습니까?

"동일하지도 다르지도 않습니다."

"비유를 들어주십시오."

"여기 어떤 사람이 등불을 켠다고 합시다. 그 등불은 밤새도록 탈 것입니다."

"그렇습니다. 밤새 탈 것입니다."

"그런데, 왕이여, 초저녁에 타는 불꽃과 밤중에 타는 불꽃과 새벽에 타는 불꽃은 서로 같겠습니까?"

"아닙니다."

"그러면 초저녁에 타는 불꽃과 밤중에 타는 불꽃과 새벽에 타는 불꽃은 각각 다르겠습니까?"

"아닙니다. 불꽃은 똑같은 등불에서 밤새 탄 것입니다."

"왕이여, 인간이나 사물의 연속은 그와 마찬가지로 지속됩니다. 생겨나는 것과 없어지는 것은 별개의 것이지만, 앞서거나 뒷서거나 하지 않은 채 이어집니다. 이처럼 존재는 동일하지도 상이하지도 않으면서 최종 단계의 의식에 포섭되는 것입니다."[13]

이 등불의 비유를 우리에게 보다 익숙한 촛불의 비유로 바꿔보자. 하나의 촛불이 다 타서 불이 꺼져갈 듯 싶으면 우리는 그 촛불의 불꽃을 가지고 다른 하나의 촛불에다 불을 붙인다. 그렇다면 앞의 불꽃과 뒤의 불꽃은 과연 같은 불꽃인가 다른 불꽃인가? 뒤의 불꽃은 앞의 불꽃에 의해 생겨난 것이며, 앞의 불꽃이 없었다면 뒤의 불꽃이 없었을 것이기에 그 둘은 서로 무관한 별개의 것은 아니다. 그러나 그렇다고 해서 그 둘을 동일한 불꽃이라고 말할 수도 없다. 이와 마찬가지로 현생의 오온은 전생의 오온이 남긴 업력에 의해 형성된 것이다. 이처럼 동일하지도 완전히 다르지도 않은 채 오온이 오온으로 이어지는 윤회가 성립하는 것이다.

이와 같은 불교적 윤회관은 당시 인도인들이 생각하던 사후 영혼 존재에 관한 두 가지 관점을 동시적으로 비판하고 있는데, 그 두 관점은 사실 오늘날 우리에게도 그대로 남아 있는 두 상반되는 관점이다. 하나는 사후에도 자기 동일적 영혼이 계속 존재한다는 상견(常見)이며, 다른 하나는 죽음과 더불어 자기 동일적 영혼 역시 사멸하고 만다는 단견(斷見)이다. 신체와 분리되어 영원히 살아남는 영혼을 주장하는 희랍적 영혼불멸설은 상견에 해당할 것이다. 이에 반해 신체의 죽음과 더불어 인간의 개체적 영혼 역시 사멸할 수밖에 없다고 보는 현대의 유물론적 영혼관은 단견에 해당할 것이다. 불교의 윤회는 이 두 관점 모두를 비판하고 있다.

---

13) 東峰 역, 《밀린다팡하》, 64면 이하.

불교에 따르면 오온의 윤회가 성립하는 것은 전생의 오온과 그 오온이 지은 업을 원인으로 하여 후생의 오온이 과로서 형성되기 때문이다. 전생의 오온이 지은 업에 의해 내생의 오온이 형성되기에, 전생의 업이 인이 되고 내생의 오온이 과가 된다. 이렇게 해서 전생과 내생 간의 업과 보 또는 인과 과의 연관관계가 성립하는데, 이것을 윤회라고 하는 것이다. 중요한 것은 이러한 연기적 연관관계가 그 관계 속의 인과 과 두 항의 엄밀한 자기 동일성에 기반한 것도 아니며 그렇다고 그 둘 사이의 상호 독립적 실재성에 기반한 것도 아니라는 것이다. 그러므로 상견이 주장하는 엄밀한 의미의 자기 동일적 실체의 영속성도 존재하지 않고 또 반대로 단견이 주장하는 엄밀한 의미의 단절이란 것도 존재하지 않는다. 즉 인과 과의 연기 관계 위에서 보면, 한편으로는 전생의 오온인 인이 멸하므로 자아가 멸하지 않고 존속한다는 상견이 부정되며, 또 다른 한편으로는 전생의 인에 의해 후생의 오온인 과가 생하므로 자아가 단멸하고 만다는 단견도 부정되고 있다. 결국 영혼이 상주한다는 상견도 영혼이 단멸한다는 단견도 함께 부정되는 것이다. 그렇다면 결국 죽음과 더불어 인간이 어떻게 된다는 말인가? 살아남는 자기 동일적 영혼이 있다는 말인가, 없다는 말인가?

상견과 단견 둘 다에 대한 불교의 부정이 의미하는 바는 우리가 사후의 영혼 존속 여부에 관해 답하기 전에 그 물음 자체의 전제를 다시 검토해 보아야 한다는 것이다. 즉 사후에 상주하는가 아니면 단멸하는가가 문제되는 그 영혼에 대해 우리는 과연 무엇을 알고 있는가? 죽음의 순간 멸하는가 멸하지 않는가를 논하기에 앞서 과연 살아 있는 평생의 기간 중에라도 우리가 과연 자아의 자기 동일성을 유지하고 있는가? 우리가 상주하는가 단멸하는

218

가를 물으며 관심을 가지는 개체적 자아란 단지 오온화합물로서
의 자아일 뿐인데, 그 오온화합물로서의 자아에 대해서는 상주 또
는 단멸이 의미있게 물어질 수 없다는 것이 상견과 단견의 양비
론(兩非論)을 통해 불교가 말하고자 하는 바이다. 왜냐하면 일정
기간 자기 동일적인 것으로 존속하는 것에 대해서만 그것이 상주
하는가 단멸하는가를 물을 수 있는데, 오온으로서의 자아 안에는
자기 동일적 실체가 존재하지 않기 때문이다. 전생과 내생의 연결
에서뿐 아니라 어제와 오늘의 연결에 있어서도 오온에 있어 자기
동일적 실체는 없다. 두 촛불의 동일성 여부가 문제되기에 앞서,
하나의 촛불에 있어서도 한 순간의 불꽃과 그 다음 순간의 불꽃
은 동일한 불꽃이 아니다. 오온을 형성하는 일체는 매 순간 찰나
생멸하는 것이다. 한 개체로서 살아 있는 기간 중에도 오온으로서
의 자아가 자기 동일적인 것으로 머물러 있는 것이 아니라 매순
간 끊임없이 멸하고 또 생하는 것이라면, 우리가 사후의 존속 여
부를 물을 때, 과연 무엇의 존속 여부를 묻고 있는 것이란 말인
가? 우리는 사후뿐 아니라 생시에 있어서조차 자기 동일성을 가
지고 존속하는 자아를 갖고 있지 않다는 것이 불교가 강조하는
바이다.

개체의 신체를 이루는 물질적 요소들은 우주 전체의 물질로부
터 인연에 따라 취해진 것이며 느낌이나 생각, 의지나 인식 역시
마찬가지로 우주 내 중생의 마음 안에 떠돌던 또 다른 느낌이나
생각, 의지나 인식 등으로부터 인연에 따라 생했다가 또 멸했다가
하는 것들이다. 우리는 일상적으로 그렇게 화합해 있는 오온을 자
아라고 간주하지만, 그렇게 간주된 자아 안에는 자기 동일성을 유
지하는 영속적 실체성이 없다. 어제의 오온과 오늘의 오온이 인과

과의 연속성으로 이어질 뿐이며, 그와 마찬가지로 현생의 오온과 내생의 오온이 업과 보의 연속성으로 이어져 윤회가 성립하는 것이다.

그런데 불교에 있어 윤회와 더불어 함께 고찰되어야 하는 것은 윤회로부터의 벗어남, 즉 해탈이다. 불교 수행론의 궁극 목적은 보다 선한 업을 쌓아 행복한 내생을 기약하자는 것이 아니다. 선한 업으로 인해 천상에 태어나는 것이 악한 업으로 인해 축생이나 지옥에 태어나는 것보다는 다행이라고 할 수는 있겠지만, 불교가 궁극적으로 지향하는 것은 천상이든 지옥이든 인간세든 업으로 인하여 육도를 돌고 도는 끝없는 윤회를 단적으로 벗어나는 것이다. 그리고 그것을 바로 해탈이라고 한다.

그렇다면 해탈은 어떻게 성취되는 것인가? 불교는 해탈을 심해탈과 혜해탈로 구분하며, 심해탈은 아공을 깨달아 아집을 벗음으로써 가능하며, 혜해탈은 법공을 깨달아 법집을 벗음으로써 가능하다고 한다. 아집은 이러저러한 내가 상일주재의 나로서 존재한다는 그릇된 생각과 그로부터 비롯되는 집착을 뜻한다. 너 아닌 나, 세계와 구분되는 내가 실체적으로 존재한다는 허망분별의 망집으로부터 온갖 삶의 번뇌와 고통이 뒤따르는 것이다. 그러한 마음의 번뇌와 고통으로부터 벗어나는 길은 그와 같이 집착할 만한 상일주재의 자아란 존재하지 않는다는 아공을 깨닫는 것밖에 없다. 그러나 집착할 만한 자아가 존재하지 않는다는 것을 심정적으로 깨달았다고 해도, 그 자아를 둘러싸고 있는 일체 세간에 대해 그것을 유정의 마음을 떠난 객관적 실재라고 간주하고 있는 한, 그것 역시 잘못된 허망분별의 망집이다. 이 망집을 주관적 아와 대비되는 객관적 실재에 대한 집착이란 의미에서 법집(法執)이라고 한다. 객관 실재에 대한 집착이 남아 있는 한, 그에 대면하고 있는 자아에 대한 집착 역시 심정적으로만 극복되었을 뿐 이지적 차원에서 그 뿌리는 잔존하고 있다. 일체 법의 분별이 마음의 소산이라는 것, 그 마음을 떠나 아도 법도 따로 존재하지 않는다는 것을 깨닫는 것은 심정적으로 아집을 넘어서는 것과는 또 다른 차원에 속하는 일종의 지혜인 것이다. 그것이 곧 일체 법의 공성을 자각하는 법공의 깨달음이다. 이처럼 아공과 법공을 깨달은 마음을 해탈한 마음이라고 한다.

그렇다면 이 해탈이 의미하는 바는 무엇인가? 어떻게 해서 해탈한 마음은 육도윤회를 벗어나게 된단 말인가? 자아도 법도 공이라는 아공 법공의 깨달음을 통해 해탈하는 것이라면, 그렇게 해탈하는 주체는 또 누구란 말인가?

일체가 공이라는 것을 깨닫는 그 주체는 바로 마음이다. 우리가 일상적으로 자아라고 집착하는 오온이나 세계라고 집착하는 법이나 모두 그 마음을 떠나서 있는 것이 아니다. 따라서 마음이란 생멸하는 오온과 일체 제법을 포괄하는 총괄적 일자이다. 마음이 자기 자신을 자각하게 되는 것은 그 마음이 그 자신 안에 떠오르는 개별적 현상인 아나 법에 매이지 않고, 아나 법의 본래적 공성을 자각함에 의해서이다. 아나 법을 마음 바깥의 객관적 실재로 집착하지 않고 그 현상 안에 내포된 공성을 자각할 때, 그렇게 자각된 공이 바로 마음 자체의 공인 것이다. 그러므로 우리의 의식에서 벌어지는 공의 자각은 곧 마음의 자기 자각 이외의 다른 것이 아니다. 일체 현상의 공성을 자각함으로써, 일체 현상이 그 안에서 전개되고 있는 마음을 자각하게 되는 것이다. 따라서 공을 자각하는 마음은 그 마음 안에서 벌어지는 아와 법의 허망분별, 주와 객의 대립분별을 넘어서 있다.

그러므로 불교는 해탈의 마음을 말하되, 그 마음을 자아라고 부르지 않는다. 마음은 현상 세계 속의 일부분이 아니라 세계 전체를 포괄하는 일자인 데 반해, 우리가 자아라고 생각하는 것은 남이 아닌 나, 또는 세계가 아닌 나이기 때문이다. 마음이란 일체의 차별적 분별을 넘어서 있는 것이다. 또한 마음은 아와 법을 포괄하는 것이기에 아나 법과 동일한 차원에서 있다 없다를 논할 수 있는 것이 아니다. 즉 공이 유와 무의 대립 개념을 넘어선 절대적 개념이듯이, 그 공의 자각으로서의 마음 역시 그 마음 안에 현상화되는 개체적 존재처럼 유와 무로서 분별할 수 있는 것이 아니다. 마음은 유나 무의 분별을 넘어선 것이므로, 무에서 유로 생하고 유에서 무로 멸하는 생멸의 차원을 넘어선 것이 된다. 이처럼 아와 법 또는 자와 타의 분별을 넘어서며 유와 무의 분별도 넘어선 불생불멸의 마음을 불교는 모든 중생의 본래적 모습으로 강조하고 있다. 이 불생불멸의 마음을 현상적인 생멸심과 대비하여 "진여심"(眞如心)이라고 부른다. 인생과 우주 전반의 진리를 깨달아 아는 자, 신적 지혜를 갖춘 자가 부처이고 진여라면, 불교는 인간은 누구나 그와 같이 부처가 될 수 있는 마음, 즉 진여심을 간직하고 있음을 강조한다. 누구나 신적 본성, 신성을 갖고 있다. 그것이 곧 만인 또는 만물 안에 내재된 불성(佛性)이다. 불성이 깃든 그 마음을 우주 만물을 포괄하는 하나의 큰 마음, 일심(一心)이라고 한다. 성불에 이르는 본성의 자각, 즉 불성의 자각은 바로 다름아닌 일심의 회복, 마음의 자기 자각이 된다. 마음의 자기 자각을 통해 마음은 마음 본래의 자리에로 되돌아가게 되는 것이다.

마음이 그 본래 자리에로 나아가 일체 공성의 자각에 머무른다는 것은 곧 마음 안의 일개 현상인 아나 법에 집착하여 매이지 않는다는 것을 의미한다. 현상 사물 그 어느 것에도 매이지 않고, 흐르는 시간 그 어디에도 머무를 바 없는 자유로운 마음이 곧 해탈한 마음이다. 마음이 마음 본래의 자리, 공의 자리에 있으면, 그 마음은 현상적 생멸을 넘어선 것이 된다. 결국 오온의 윤회가 발생하는 연기의 세계를 넘어서 있는 것이다. 이런 의미에서 해탈한 마음은 곧 윤회를 벗어나는 것이다.

이렇게 보면 불교에 있어 윤회를 벗어나는 해탈이란 굳이 사후의 문제가 아니라, 현생적 삶에 있어서도 발생 가능한 하나의 사건이다. 우리가 일상적으로 자아 또는 객관세계라고 집착하는 것이 모두 그렇게 분별 집착하는 마음을 떠나 그 자체 자기 자성을 갖고 존재하는 객관 실체가 아니라는 것, 모두가 인연화합하여 발생하는 연기적 존재라는 것을 단지 논리적으로가 아니라 직관적으로 깨달아 아는 것은 바로 마음의 자기 자각이며, 그것이 곧 견성(見性)인 것이다. 인간 본래의 성품을 온전히 자각한다면, 우주 만물을 포괄하는 일심을 바로 그런 것으로서 확연히 알게 된다면, 그 경지가 곧 부처의 경지이며 신의 경지가 아니겠는가? 그러므로 선(禪)에서는 "견성성불(見性成佛)"이라고 말하며, 공의 깨달음, 마음의 자기 자각을 강조하는 것이다. 마음이 마음 본래의 자리에서 활연 대오하면, 그 마음이 곧 해탈한 마음이며, 해탈한 마음은 더 이상 집착의 업에 따라 육도를 윤회하지 않으며, 현상으로부터의 자유로운 비상, 즉 초월이 가능하기 때문이다.

4. 유가: 기산신멸(氣散神滅)

　　기가 모이면 태어나고, 기가 흩어지면 죽는다. … 사람이 태어나
는 까닭은 정(精)과 기(氣)가 모이기 때문이다. 사람에게는 오직 일
정한 기운이 있어서 반드시 소진될 때가 있다. 기운이 소진되면 혼
기(魂氣)는 하늘로 올라가고 형백(形魄)은 땅으로 돌아가서 죽음에
이른다. 죽음에 임박했을 때, 따뜻한 기운이 위로 나아가는 것을 혼
(魂)이 올라간다고 하고, 하체가 점점 차가워지는 것은 백(魄)이 내
려간다고 한다. 이것이 삶이 있으면 반드시 죽음이 있고, 시작이 있
으면 반드시 끝이 있는 까닭이다.[14]

　　신유학자 주희에게 있어 인간 개체는 철저하게 기의 취합 산물
이다. 물론 우주론적으로 보아 리는 기와 구분되며 오히려 기의
운동을 규정하는 하나의 독립적 형이상학적 원리이기는 하지만,
우주 내의 각 개체에게 있어 리는 단지 추상적 원리로서만 작용
할 뿐, 개체 존재를 형성하는 근본 힘은 바로 기의 힘인 것이다.
기가 모이면 개체의 경계가 형성되어 개체로서 존재하게 되고, 기
가 흩어지면 개체의 경계도 흩어져 개체는 소멸하게 되는 것이다.
　　개체를 형성하는 기는 크게 음기와 양기의 두 기로 대변될 수
있는데, 개체란 결국 그 둘이 화합하여 형성되는 것이다. 이는 곧
거의 모든 생명체가 여와 남 두 성의 화합에 의해 번식되는 것으

---

14) 《朱子語類》, 제3권, 17조목과 19조목, "氣聚則生, 氣散則死. … 人所以生, 精
　　氣聚也. 人只有許多氣, 須有箇盡時. 盡則魂氣歸於天, 形魄歸于地而死矣. 人將
　　死時, 熱氣上出, 所謂魂升也. 下體漸令, 所謂魄降也. 此所以有生必有死, 有始必
　　有終也."

로부터 이끌어진 통찰일 것이다. 단지 개체를 형성하는 그 기에 있어 통하는 기와 막힌 기, 바른 기와 치우친 기, 그리고 맑은 기와 탁한 기 등의 차별이 존재하는데, 그러한 차별성에 따라, 식물과 동물, 동물과 인간이 서로 구분되고 나아가 인간 중에서도 맑은 정신의 인간과 흐릿한 정신의 인간의 구분이 있게 되는 것이다.

인간 역시 철저하게 기의 소산이다. 즉 인간 신체뿐 아니라 정신 역시 기의 취합 결과로 이해된다. 인간에 있어 신체적 형상으로 화하는 기를 백기(魄氣)라고 하고, 정신적 활동으로 화하는 기를 혼기(魂氣)라고 한다. 신체적 형태를 이루는 무겁고 탁한 기를 백기라고 하고, 정신활동으로 작용하는 가볍고 맑은 기를 혼기라고 하는 것이며, 이 점에서 백기는 흔히 음기로 이해되고, 혼기는 흔히 양기로 이해된다.[15] 따라서 우리가 일상적으로 인간을 몸과

---

15) 《朱子語類》에서는 다음과 같은 방식으로 혼이 양기와 연결되고 백이 음기와 연결되어 있다. "고유(高誘)는 《회남홍열해》의 주석에서 '혼은 양의 기운으로서 신이고, 백은 음의 기운으로서 신이다' 라고 했는데, 신(神)이라고 말한 것은 형기(形氣)를 주재하기 때문이다"(제3권, 19조목). 정기(精氣)가 화합해서 인간이 된다고 할 때에는 다시 혼은 기로, 백은 정으로 간주된다. "백은 정이고, 혼은 기이다"(魄是精 魂是氣, 제3권, 22조목). 그러면서도 혼과 백이 둘 다 인간의 활동성으로 해석될 경우에는 혼은 입과 코의 작용(생명호흡작용)으로, 백은 눈과 귀의 작용(총명의 정신작용)으로 간주되는데, 이는 혼이 화(火)로 대표되는 온기(溫氣)이고 백이 수(水)로 대표되는 냉기(冷氣)이기 때문이다. 사량 계탁은 혼의 작용으로, 기억은 백의 작용으로 간주된다. "이전의 유학자가 '입으로 내쉬고 코로 들이쉬는 것은 혼이고, 귀로 듣고 눈으로 보는 것은 백이다' 라고 말한 것도 단지 대략적으로 설명한 것이다. 도리어 모체가 되는 것이 있으니, 바로 감괘(坎卦)의 수(水)와 리괘(離卦)의 화(火)이다. 따뜻한 기운은 혼이 되고, 차가운 기운은 백이 된다. 혼은 기의 신이고, 백은 정의 신이다. 생각하여 헤아릴 수 있는 것은 혼이고, 기억하여 간직할 수 있는 것은

마음의 결합이라고 할 때 그 결합은 주자학에 따르면 백기와 혼기의 결합이 된다. 살아 있는 동안에는 몸과 마음, 백기와 혼기가 서로 결합하여 개체를 형성하고 있지만, 기가 쇠진하여 죽게 되는 것을 혼기와 백기의 흩어짐으로 이해한다. 이때 몸을 이루었던 백기는 다시 땅으로 돌아가고, 정신작용을 일으켰던 혼기는 하늘로 올라간다고 말한다. 백기는 신체적 형태를 이루는 무거운 기이므로 아래로 내려가 땅으로 돌아가고, 혼기는 무형의 정신활동을 일으키는 가벼운 기이기에 위의 하늘로 올라가 흩어진다고 하는 것이다. 인간은 기가 결합하여 있는 동안은 생명을 지닌 개체로서 존재하지만, 기가 다해 혼기·백기로 흩어지게 되면, 몸은 흙으로 돌아가고 정신은 사라져 버린다. 기의 산물로 나타났던 정신활동은 기가 다해 흩어지면 없어지게 되는 것이다. 그러므로 기가 산하면, 신은 멸한다고 말하게 되는 것이다. 즉 혼백이 흩어지면, 정신은 사멸하는 것이다.

위진 시대 중국에 있어 그 전통사상인 유가와 외래 사상인 불가가 함께 벌인 논쟁이 바로 인간이 죽을 때에 그 신(神), 즉 정신은 어떻게 되는가 하는 것이었다. 불가는 신은 현상을 넘어서 존속한다는 신불멸론(神不滅論)을 주장한 데 반해, 유가는 신멸론(神滅論)을 주장하였다.[16] 기의 취산으로 생명현상 및 정신현상을 이

___
백이다"(제3권, 25조목). 수의 냉기(음기)가 정신작용에, 화의 온기(양기)가 신체적 생명작용에 해당하는데도, 음기를 오히려 신체를 이루는 백과 동일시하고, 양기를 정신을 이루는 혼으로 일치시키는 것은 중국의 음양론이 남존여비의 사상 및 신체경멸사상과 뒤섞여서 얼마나 많은 자기 모순적 주장을 함축하고 있는가를 보여주는 하나의 예이다.
16) 이 논쟁에 관해서는 박해당, "신멸과 신불멸 논쟁: 중국 초기 불교의 인간 이해", 이효걸·김형준 외, 《논쟁으로 보는 불교철학》(예문서원, 1998), 90면

226

해하고자 하는 자연주의적 유가사상에 있어서는 당연한 것이었다. 그 때 불가가 유가에 대해 던진 질문은 그처럼 죽음과 더불어 신이 멸한다고 생각한다면, 유가 전통에서 행해지는 죽은 사람을 향한 제사는 무슨 의미를 가지는가 하는 것이었다. 제사는 단지 살아 남은 사람들이 죽은 사람을 회상하고 추억하는 추모제에 불과한 것인가? 그렇다면 위패에 이름을 써놓고 그 혼을 부르는 것은 공연한 수고, 무의미한 장난이 아니겠는가? 제사는 죽은 자와는 무관하게 단지 살아 있는 자들만이 관여하는 의례적 행사에 지나지 않는 것인가?

이와 동일한 물음이 남송 주희에 이르기까지 계속적으로 물어졌던 것 같고 따라서 주희 역시 이 문제를 고민하였던 것 같다. 그가 내린 결론은 제사는 단지 추모제에 불과한 산 사람들만의 행사는 아니라는 것이다. 제사 자체가 의도하는 바 죽은 자와의 교통이 가능하다는 것이다. 그러나 기가 쇠하여 명이 다하는 순간 혼백이 흩어져 분산되었는데, 제사에 응답할 귀신, 돌아올 정신이 어디에 있겠는가? 근본적으로는 기산신멸을 주장하면서도, 제사에 관한 한 주희가 내리는 결론은 다음과 같다.

사람이 비록 죽어서 결국 흩어져 버리지만, 또한 즉시 흩어져 없어지는 것은 아니기 때문에 제사를 지낼 때 느껴서 다가오는 이치가 있게 된다. 먼 선조는 기운이 있는지 없는지 느낄 수 없다. 그러나 제사를 지내는 사람이 그의 자손이라면, 필경 그것은 하나의 기이므로 감통하는 이치가 있다. 그러나 이미 흩어진 기는 다시 모이지 않는

이하 참조.

다.[17)

위의 글은 두 가지 의미를 내포한다. 하나는 사람이 죽어 혼백이 흩어져도 즉시 단번에 흩어지는 것이 아니라 천천히 흩어지게 되므로, 일정 기간 동안은 아직 흩어지지 않은 혼을 불러모으는 것이 가능하다는 것이다. 그러므로 사람이 죽고 나서 혼백이 완전히 분산되어 사라지기 전 일정 기간 동안은 제사를 통해 혼을 불러 그 혼에게 절하고 인사하는 제사가 의미 있다는 것이다. 또 다른 하나의 의미는 제사에서 죽은 자의 아직 흩어지지 않은 혼을 불러들일 경우, 그 제사지내는 자가 죽은 자의 자손일 경우, 그 둘의 기가 본래 하나의 기이었기에, 서로 쉽게 감통하게 된다는 것이다. 이런 의미에서 주희는 일반적 제사는 바로 직계 자손에 의한 자기 조상에 대한 제사로서만 의미가 있으며, 그것도 아주 먼 조상이 아닌 4대조에게까지만 행해지는 것이라고 주장한다. 4대조를 넘어 그 이상의 조상에 대해서는 그 혼백이 이미 완전 분산되었기에 제사를 하여도 혼을 불러올 수 없다는 것이다. 이런 방식으로 주희는 근본적으로 기산신멸을 주장하면서도 기존의 제사제도를 의미있는 것으로 인정하는 출구를 마련하였다. 죽는 순간 혼백이 흩어지기 시작하는 것은 당연한 자연의 이치인데, 그 흩어짐의 과정이 서서히 발생하기에 아직 흩어지지 않고 남아 있는 혼을 불러 절하는 제사가 의미있다는 것이다. 완전히 흩어져 무로 사라지기 전까지 희미하게 남아 떠도는 죽은 자의 혼기를 향해

---

17) 《朱子語類》, 제3권, 19조목, "人死雖終歸於散, 然亦未便散盡. 故祭祀有感格之理. 先祖世次遠者, 氣之有無不可知. 然奉祭祀者旣是他子孫, 必竟只是一氣, 所以有感通之理. 然已散者不復聚."

228

제사한다는 것이다.

죽으면 그 정신이 멸해 없어지고 만다는 기산신멸의 주자학적
관점에 대해 제기되는 또 다른 하나의 반론은 이미 죽은 자의 영
혼이 사라지지 않고 남아 이 세상에 다시 출현하는 귀신의 현상
을 어떻게 설명하겠는가 하는 것이다. 귀신이 직접 출현한다거나
또는 죽은 자가 남의 몸을 통해 자기의 음성으로 말하는 것을 볼
때, 우리는 죽어도 영혼 또는 정신은 살아남는 것이 아닌가 라는
의문을 갖게 되는 것이다. 이 문제에 대해서도 주희는 근본적으로
기산신멸의 관점에 서 있으면서, 단지 혼백으로의 분리가 서서히
일어나기에 발생하는 일시적 현상일 뿐이라고 답한다.

> (문) 세상에 귀신을 보았다는 사람이 매우 많은데, 있는지 없는지
> 살필 수가 없으니, 어떻습니까? (답) 세상 사람들이 보았던 경우가
> 아주 많은데, 어떻게 없다고 말할 수 있겠는가! 단지 정상적인 이치
> 가 아닐 뿐이다. … 그 사람의 기운이 모두 소진되지 않고 강제로 죽
> 으면 혼백이 돌아가지 못하기 때문에 귀신으로 나타나게 된다. … 또
> 는 수명을 다하지 못하고 죽어 원한을 품으니 실로 흩어지지 못함이
> 당연하다. … 사람 가운데 죽음에 굴복하지 않는 사람이 있어 이미
> 죽어서도 그 기운이 흩어지지 않고 요상하고 괴이한 것이 되는 것이
> 다.[18]

---

18) 《朱子語類》, 제3권, 19조목, 20조목, "問世之見鬼神者甚多 不審有無如何. 曰
世間人見者極多 豈可謂無 但非正理矣. … 蓋其人氣未當盡而强死 魂魄無所歸.
… 死於非命 銜冤抱恨 固宜未散. … 人有不伏其死者, 所以旣死而此氣不散, 爲
妖爲怪."

죽은 자는 그 기가 온전히 분산되어 하늘과 땅으로 흩어지는 것이 자연의 이치인데, 긴 시간이 지나도 그렇지 못하고 유령으로 떠돌게 되는 것은 죽는 자가 죽는 순간 자기 자신의 죽음을 받아들이지 못하고 억울한 원한에 싸여 있어 기의 흩어짐을 방해하기 때문이다. 원한이나 불복의 감정이 기를 엉기게 하여 자연스런 흩어짐을 막고 있기에, 흩어지지 못한 기가 요상하고 괴이한 모습으로 등장하게 된다는 것이다. 항상 불가나 도가에 대항하여 유가전통을 계승하고자 노력한 주희는 여기에서도 그처럼 원한이나 미련 등으로 인해 흩어지지 못하고 남아 떠도는 요상한 귀신들을 승려나 도사의 혼이라고 설명한다. 그들은 인간의 생사가 기의 취산에 의해 발생하며, 기가 산할 경우 신 역시 멸하여 없어진다는 자연의 이치를 받아들이지 못하고 정신을 그 이상의 존재로 생각하여 정신을 기르므로 그 정신의 기가 잘 흩어지지 못한다는 것이다.

> 만약 사람이 흉하게 죽거나 승려와 도사가 죽는다면, 대부분 [기가] 흩어지지 않는다. 승려와 도사는 정신을 기르는 데 힘쓰기 때문에 기운이 엉기어 모여 흩어지지 않는 것이다. 만약 성현이라면 죽음을 편안하게 여길 것이므로, 어찌 흩어지지 않고 귀신이나 괴이한 것이 되겠는가![19]

그러나 그처럼 엉기어 잘 흩어지지 못하던 요귀도 결국은 시간이 지나면 그 기가 완전히 분산되어 하늘과 땅 사이에서 사라져

---

19) 《朱子語類》, 제3권, 20조목, "如人之凶死 及僧道旣死, 多不散. 僧道務養精神 所以凝聚不散. 若聖賢則安於死, 豈有不散而爲神怪者乎."

버린다는 것이 주희의 관점이다. 이는 제사를 통해 그 기운의 감통을 느낄 수 있던 조상의 혼도 결국은 몇 대가 지나고 나면 더 이상 불러모을 수 없게끔 흩어져 버리고 마는 것과 마찬가지이다. 단지 기가 소진되어 흩어짐에 있어 느리거나 빠르거나의 차이가 있을 뿐, 어느 누구의 혼백이든 결국은 산산히 흩어져 개체적 신체도 개체적 정신도 모두 사라지게 되는 것이다. 이처럼 인간은 그 신체이든 정신이든 모두 자연적 기의 산물이며 그 작용일 뿐이다. 기가 모이면 개체로서 형태지어지며, 맑은 기가 모이면 정신 작용이 있게 되고, 다시 기가 쇠하여 흩어지면 신체도 멸하고 정신도 함께 멸하게 되어, 흩어진 기 이외에 남는 것은 아무것도 없는 것이다. 그러므로 몸이 멸하고 신이 멸하는 죽음은 자연에 있어 기의 취산활동의 한 단면일 뿐이다. 인간은 자연의 기로부터 생성되어 다시 자연의 기로 되돌아가는 것일 뿐이다. 이와 같은 주희의 자연주의적 생사관은 장자의 자연주의적 생사관과 크게 다르지 않다. 장자 역시 생사는 기의 취산 결과임을 강조하고 있다.

> 인간의 생은 기의 모임이다. [기가] 모인 즉 생이 되며, [기가] 흩어진 즉 사가 된다.[20]

기의 취산을 통하여 생사를 이해하는 장자의 자연주의적 생사관이 함축하는 죽음에 대한 태도는 다음의 이야기를 통해 잘 표현되고 있다.

---

20) 《莊子》〈知樂〉, "人之生 氣之聚也. 聚則爲生, 散則爲死."

장자의 아내가 죽자 혜자는 조상을 갔다. 그 때 장자는 두 다리를 뻗치고 앉아 그릇을 두드리며 노래를 부르고 있었다. 그래서 혜자가 물었다.

"당신은 부인과 함께 살면서 자식도 기르고 몸도 함께 늙어갔습니다. 그가 세상을 떠났는데, 곡을 하지 않는다면 혹시 그럴 수도 있겠지만, 그릇을 두드리며 노래까지 부르고 있는 것은 좀 심하다고 생각되지 않습니까?"

장자가 대답하였다.

"그렇지 않습니다. 그가 막 죽었을 때 내가 어찌 슬프지 않았겠습니까? 그러나 그 처음을 생각해 보니, 본래 생명(生)이란 없었습니다. 생명이 없었을 뿐 아니라 본래 형태(形)도 없었습니다. 형태가 없었을 뿐 아니라 본래 기(氣)도 없었습니다. 망망하고 아득한 곳(망홀지간, 芒芴之間)에 섞여 있다가 변화하여 기가 있게 되고, 기가 변하여 형태가 있게 되고, 형태가 변하여 생명이 있게 되었습니다. 그러다가 이제 다시 변화하여 죽음에 이른 것이니, 이는 춘하추동의 사계절이 운행하는 것과 같습니다. 이제 그는 [천지의] 커다란 방에 편안히 잠들어 있습니다. 그런데도 내가 큰 소리로 따라 곡을 한다면, 이는 스스로 천명에 통하지 못한 것처럼 여겨지기에 울기를 그쳤습니다."[21]

---

21) 《莊子》〈知樂〉, "莊子妻死 惠子弔之. 莊子則方箕踞 鼓盆而歌. 惠子曰與人居 長子老身. 死不哭 亦足矣. 又鼓盆而歌 不亦甚乎. 莊子曰不然. 是其始死也 我獨 何能無槩然. 察其始而本無生. 非徒無生也 而本無形. 非徒無形也 而本無氣. 雜 乎芒芴之間 變而有氣. 氣變而有形 形變而有生. 今又變而之死 是相與爲春秋冬 夏四時行也. 人且偃然寢於巨室. 而我噭噭然隨而哭之 自以爲不通乎命 故止 也." 물론 부인의 죽음 앞에서 노래하는 이와 같은 장자의 태도는 흔히 사랑하던 제자 안회의 죽음 앞에서 "天喪予 天喪予!" 하며 슬퍼하던 공자의 태도와 대조적으로 논해진다. 그리고 공자 및 주희 성리학에 의해 영향받은 유교

죽어서 기가 흩어진다는 것은 개체로서의 한 인간은 완전히 무
화된다는 것을 뜻한다. 개체가 그것을 형성하던 기로 흩어진다는
것은 곧 그 개체는 완전히 사라져 없어지는 것을 뜻하기 때문이
다. 그러나 그럼에도 불구하고 그 기의 흔적은 그래도 남아 있지
않겠는가? 이에 대해 단지 동일한 기의 자손이 있을 경우 그 기
의 흔적이 있기에 기가 완전히 없어지는 것은 아니라고 말한다.
즉 적어도 죽은 자의 자식이 남아 있는 한, 죽은 자와 그 자식이
동일한 기의 존재이기에, 죽은 자의 기가 그 흔적으로 남아 있게
된다고 말할 수 있다는 것이다.

　(문) 죽은 뒤에 그 기운은 비록 흩어지지만 단지 근원으로 돌이켜
돌아간 것이 아닌가? (답) 그렇게 말할 수 없다. 없다고 말하는 것은
아예 없다는 말이다. 단지 감통할 수 있기에 흩어진다고 말한다. 그러
나 흩어지는 것도 역시 없는 것이다. (문) 불꽃은 위로 타올라 점점
없어지지만, 결국 없다고 말할 수 없으니, 그 기운은 이 방 안에 흩어
져 있는 것이 아닌가? (답) 그에게 자손이 있을 경우에만 없다고 말
할 수 없다.[22]

의 조선인들 역시 죽은 자 앞에서는 장자처럼 노래부르는 것이 아니라 곡을
하는 것을 禮로 삼았다. 그러나 죽은 자에 대한 감정 표현이 비록 다르다고
할지라도, 삶과 죽음을 바로 기의 자연적인 취산 과정으로 이해한다는 점에서
는 유가와 도가 사상 간에 차이가 없다고 본다.

22) 《朱子語類》, 제3권, 39조목, "[問]到死後其氣雖散 只反本還原去. 曰不須如此
說. 若說無便是索性無了. 惟其可以感格得來 故只說得散. 要之 散也是無了. 問
燈焰衝上 漸漸無去 要之不可謂之無 只是其氣散在此一室之內. 曰只是他有子
孫在 便是不可謂之無."

이런 문맥에서 보면 유가에서 왜 자식을 통한 대의 이어짐을 소중히 생각하는지가 이해될 수 있다. 개체로서의 한 인간이 완전히 무화되지 않고 무엇인가 비록 그 흔적으로서라도 남아 있을 수 있는 길은 오직 자신과 동일한 기의 자식을 남김으로써이다.

> 자손은 반드시 조상의 기운이다. 그 기운은 비록 흩어져 버렸지만, 그 뿌리는 여전히 자손에게 있다. 진실함과 경건함을 다한다면, 역시 그 기운을 여기에 불러서 모을 수 있다. 마치 물과 파도와 같으니, 뒤의 물은 앞의 물이 아니고 뒤의 파도는 앞의 파도가 아니지만, 단지 하나의 물과 파도로 통하고 있다. 자손의 기운과 조상의 기운도 역시 이와 같다. 조상의 기운은 죽자마자 곧바로 흩어져 버리지만, 그 뿌리는 여전히 자손에게 있다. 뿌리가 거기 있어서 역시 그 기운을 자손에게 불러서 모을 수 있다. 이런 일은 설명하기 어려우니, 단지 각자 스스로 이해해야 한다.[23]

그러나 부모와 자식이 동일한 기로써 자식을 통해 부모의 기가 계속 남아 있게 된다는 것은 정확히 무엇을 의미하는가? 과학적으로 말하자면 그것은 단지 부모로부터 자식에게 동일한 유전자가 전달된다는 것을 의미할 것이다. 그러나 그 경우 우리 각자의 삶의 궁극적 주체는 각 개체가 아니라, 오직 여러 개체의 죽음을 통과하여 죽지 않고 계속 살아남는 유전자일 뿐이다. 유전자가 주

---

23) 《朱子語類》, 제3권, 57조목, "畢竟子孫是祖先之氣. 他氣雖散 他根却在這裏. 盡其誠敬 則亦能呼召得他氣聚在此. 如水波樣 後水非前水 後波非前波 然却通 只是一水波. 子孫之氣與祖考之氣, 亦是如此. 他那箇當下自散了 然他根却在這裏. 根旣在此 又却能引聚得他那氣在此. 此事難說 只要人自看得."

체적·의지적으로 자신을 남기려 할 뿐이고, 우리는 단지 그 의지에 따라 그것을 보호하고 존속시키기 위해 생겨났다 사라지고 또 생겨났다가 사라지는 껍데기에 지나지 않는 것이 된다. 유전자의 자기 보존 본능에 따라 우리는 끊임없이 그 유전자를 존속시키기 위해 다음 세대를 만들어내려는 소위 종족 보존 본능을 갖게 되는 것이다. 그리고 그러한 종족 보존 본능은 인간뿐 아니라 모든 살아 있는 생물체의 본능에 속하는 것이므로, 그 안에서 인간다운 의미를 발견하기는 힘들다. 따라서 동물과 구분하여 인간의 도덕 실천 능력을 강조하는 유가는 자식을 통한 기의 이어짐보다는 오히려 덕이나 공이나 언으로써 자신의 정신을 이어지게 하는 것이 더 의미 있다고 강조하기도 한다.

　　양공 24년 봄에 목숙이 진나라에 갔는데, 범선자가 마중하면서 물었다.

　　"옛사람들의 말 중에 '죽어도 썩지 않는 것(死而不朽)이 있다' 했는데 무엇을 말하는 것입니까?"…

　　목숙이 말하였다.

　　"… 노나라에 선대부가 있었는데, 그가 죽고 나서도 그의 말은 남아 있었으니, 그것을 말하는 것입니다. 제가 듣기로는 죽어도 썩지 않는 최고의 것은 덕(德)을 세우는 것이고, 그 다음은 공(功)을 세우는 것이며, 마지막 것은 말(言)을 남기는 것입니다. 사람이 남긴 덕과 공과 말은 비록 세월이 오래 가도 없어지지 않으므로, 이것을 불후라고 합니다. 그 외에 성을 보존하고, 씨를 받아서 종실을 지켜나가면서 대대로 제사가 끊어지지 않게 하는 것은 나라마다 그런 것이 없는 곳이 없지만, 그처럼 세록이 크다는 것이 불후라고 불릴 수는 없습니다."[24]

    죽어서 비록 육신은 썩어 없어져도 그래도 썩지 않고 남겨지는 불후의 것이 존재한다는 것이다. 그것은 곧 뛰어난 도덕적 인품의 덕(德), 특별히 가치 있는 공적의 공(功) 그리고 참다운 지혜가 담긴 말인 언(言)의 세 가지이다. 이처럼 덕이나 공이나 언을 남기는 것이 자식을 통해 성을 보존하고 씨를 받아 종실을 지키고 제사가 끊어지지 않게 하는 것보다 훨씬 더 의미있는 일이라고 간주하고 있다. 말하자면 동일한 기, 동일한 혈통의 이어짐보다는 동일한 정신의 이어짐에다 더 높은 가치를 부여하는 것이다. 이는 곧 개체의 몸은 죽더라도 그 이름을 남기는 것이 의미 있다는 말이다. 이름을 기억한다는 것은 그 사람의 생애를 기억한다는 말이며, 그렇게 해서 그 사람은 죽어도 그 사람에 대한 기억은 길이 남게 된다. 우리가 죽음을 두려워하고 불안해 하는 이면에는 어쩌면 사람들로부터 영원히 잊혀지는 것에 대한 불안이 함께 하고 있는 것인지도 모른다. 그러나 왜 남의 기억에 그렇게 큰 의미를 부여하겠는가? 내가 태어나기 이전 사람들이 나를 생각하지 못했다는 것은 내게 전혀 문제될 것이 없는데, 왜 내가 죽고 난 후에 사람들이 나를 기억하지 못하리라는 것은 내게 슬픔을 주겠는가? 더구나 나를 기억하던 사람들도 언젠가는 모두 죽게 될 것이고 그러면 그들 안의 기억도 함께 사라져버릴 텐데 말이다.

---

24) 《春秋》〈左傳〉, 양공 24년, "二十四年春穆叔如晉范宣子逆之問焉. 曰古人有言曰死而不朽何謂也. … 魯有先大夫曰臧文仲旣沒其言立 其是之謂乎豹聞之大上 有立德 其次有立功 其次有立言. 久不廢此之謂不朽 若夫保姓受氏以守宗祊世 不絶祀無國無之祿之大子 不可謂不朽."

덕이나 공이나 언을 통해 남들로부터 계속 기억 속에 남겨지고 자 하는 것은 사실 남의 기억을 소중히 생각하기 때문이기보다는 오히려 자기 자신의 생이 남들로부터 기억될 만한 정도로 가치 있는 삶이기를 바라는 마음 때문일 것이다. 스스로 자신의 삶의 가치 있음과 가치 없음을 평가내리기 힘들기에 타인과 사회의 평 가에 의존하게 되며, 가치 있는 삶의 기준을 덕이나 공이나 언으 로 간주하는 것일 것이다.

결언: 인간은 죽음과 더불어 근원적 일자로 돌아간다.

인간이나 우주의 궁극적 근원에 대한 물음이 경험이나 과학이 답할 수 없는 형이상학적 물음에 속하듯이, 인간 사후에 대한 물 음 역시 형이상학적 물음에 속한다. 물론 과학 역시 죽음에 대한 하나의 해석은 가지고 있다. 즉 현대의 과학적 사유에 따르면 인 간 존재 자체가 물질에 기반한 것이기에 물질적 신체의 생명력이 다하면 인간은 그걸로 끝이다. 물질로부터 생명이 나오고 그 생명 체에 정신 작용이 있지만, 생명이 다하면 정신 작용은 멎게 되며 인간은 다시 순수 물질로 되돌아가고 만다. 그러나 물질에서 나와 다시 물질로 화하고 만다는 현대의 과학적 사고 역시 인간은 결 국 인간 자신의 근원으로 되돌아간다는 생각을 반영하고 있다.

희랍에서는 인간 근원을 물질적 질료로 이해하지 않고 물질로 부터 독립적 실재성을 가지는 이데아로 보았으며, 인간 영혼은 그 이데아적 원형으로부터 만들어진 것이기에 불멸적인 것으로 간주 하였다. 따라서 죽음은 인간 신체와 영혼의 분리를 의미하며, 신

체로부터 분리된 영혼은 신체적 제약성으로부터 풀려나 자유로워
진다고 본다.

　기독교 본래의 히브리적 사유는 인간 신체와 영혼을 물질과 정
신이라는 이원론적 틀에 따라 이해하지 않는다. 따라서 인간의 신
체 기능이 정지하는 죽음의 순간에 인간의 영혼 역시 동시적으로
죽는다고 본다. 그러나 기독교에 있어 죽음은 인간 삶의 끝이 아
니다. 죽은 자는 신의 심판대에 서기 위해 다시 부활하게 되기 때
문이다. 부활은 죽음을 전제하며, 따라서 신체와 더불어 영혼도
함께 죽고, 부활의 순간에는 영혼뿐 아니라 신체까지도 썩어 없어
질 몸이 아닌 썩지 않을 몸으로써 다시 살아나게 되는 것이다.

　불교에 따르면 유정이 한 생애에서 지은 업력으로 인해 그 다
음 생의 오온이 다시 형성된다. 새롭게 형성된 오온은 이전 생의
오온에 대해 완전 동일하지도 완전 무관하지도 않은 채 인과 과,
업과 보의 관계로 연관되어 유전하게 된다. 그것이 바로 윤회이
다. 현상 세계에 대한 집착과 무명이 남아 있는 한, 유정은 업을
짓게 되고 그 업력에 의해 유정은 죽음을 넘어서서 육도를 윤회
하게 된다. 그러나 윤회적 삶은 불교의 관점에서 볼 때, 궁극적인
것이 아니다. 불교가 지향하는 것은 유정이 무명과 집착을 벗어
더 이상 유정을 현상에 머물게 하는 업을 짓지 않고, 따라서 육도
를 윤회하지 않는 불생불멸의 마음 본래의 자리에로 되돌아가는
것이다. 그것을 해탈이라고 한다.

　유가의 생사관은 도가의 자연주의적 생사관과 크게 다르지 않
다. 인간과 우주의 근원은 리이지만, 리는 단지 추상적 원리일 뿐
이고, 개체를 형성하는 힘은 바로 기이다. 인간은 기가 화합하면
생명체로 존재하지만, 기가 흩어지면 죽게 된다. 죽음과 더불어

238

인간의 혼기와 백기가 하늘과 땅으로 흩어져 사라지는 것이 자연의 이치이다. 죽음의 자리에 남겨지는 것은 단지 추상적 이치일 뿐이다. 그 이치에 따라 기가 뭉쳤다 흩어졌다 하는 과정 속에 형성되는 인간 생사는 일시적 현상에 지나지 않는 것이다.

이렇게 보면 죽음 또는 죽음 이후의 인간 여정에 대한 이해는 네 관점이 모두 상이하지만, 그럼에도 불구하고 인간의 죽음이 결국은 인간을 인간 또는 우주의 근원에로 복귀시키는 사건으로 이해되고 있는 것만은 공통적이다.

	인간과 우주의 근원	인간의 본질	죽음
희랍	이데아	이성	불멸의 영혼이 이데아계로 복귀
기독교	신	신앙	죽은 자가 신에 의해 부활됨
불교	심	해탈	윤회를 벗어 심 본래의 자리로 돌아감
유가	리	도덕	리에 따른 기의 흩어짐

인간의 삶이 근원적 일자에 대한 추구로 이해된다면, 죽음은 그렇게 추구된 근원적 일자와의 새로운 관계맺음으로 이해된다. 이데아를 추구하던 영혼은 죽음과 더불어 현상계를 벗어 일단 이데아계에 이를 것이며, 신을 신앙하던 인간은 죽음을 거친 후 궁극적으로는 다시 신에 의해 부활을 경험하게 될 것이다. 심의 절대성을 회복하고자 하던 인간이 죽음에 이르도록 무명을 벗지 못해 그 완전성을 회복하지 못했을 경우에는 다시 육도를 윤회하겠지만, 무명을 벗어 완전한 회복에 이르렀을 경우에는 심 본래의 자리에 머무르는 해탈의 경지에 이를 것이다. 천리를 실천하던 도덕적 인간에게 있어 죽음은 다시 그 천리를 따르는 도덕의 완성으

로 이해된다.

그러나 영혼이 불멸하여 이데아계에 이르든 혹은 죽었다가 다시 신에 의해 부활되든 죽음 이후의 삶이 그 근원과 완전히 일치되지 않는 한, 그 삶 역시 죽음 이전의 우리의 삶과 그렇게 크게 다르지는 않을 것이다. 이 점에서 현대 철학자 비트겐슈타인의 다음과 같은 말은 우리가 공감할 만한 말이다.

> 내가 영원히 산다는 것에 의해 수수께끼가 풀리게 되겠는가? 영원한 삶이라고 해도 현재적 삶과 똑같이 수수께끼가 아니겠는가?[25]

근원과 완전히 일치하게 되는 길은 추상적 이치에 따라 완전 무로 소멸해버리든지, 아니면 인간 자신이 근원이 되는 길밖에 없을 것이다. 근원이 대상적으로 파악되는 한, 마지막으로는 오직 근원만 남고 인간의 죽음은 개체로서의 영원한 끝을 뜻한다는 유가 또는 도가적 생각이 오히려 타당할 것이다. 근원이 주체인 한, 우리에게 그 근원이 주체적으로 자각되는 순간에 대한 마지막 희망이 남아 있을 수 있다. 그 때 우리 인생의 길은 해탈을 향한 길이 될 것이며, 자기 각성을 위한 수행의 길이 될 것이다.

---

25) 비트겐슈타인(L. Wittgenstein), 이영철 역, 《논리-철학 논고》(천지, 1991), 141면, 명제 6.4312.